Jens Konerow

Managed DirectX und C#

Jens Konerow

# Managed DirectX und C#

## Einstieg und professioneller Einsatz

entwickler.press

Jens Konerow: Managed DirectX und C#
Einstieg und professioneller Einsatz
ISBN-10: 3-935082-17-4
ISBN-13: 978-3-935082-40-4

© 2007 entwickler.press
Ein Imprint der Software & Support Verlag GmbH

Portion © Microsoft Corporation. All rights reserved

http://www.entwickler-press.de
http://www.software-support.biz

Ihr Kontakt zum Verlag und Lektorat: lektorat@entwickler-press.de

Bibliografische Information Der Deutschen Bibliothek
Die Deutsche Bibliothek verzeichnet diese Publikation in der Deutschen
Nationalbibliografie; detaillierte bibliografische Daten sind im Internet über
http://dnb.ddb.de abrufbar.

Korrektorat: mediaService, Siegen
Satz: mediaService, Siegen
Umschlaggestaltung: Melanie Hahn, Maria Rudi
Belichtung, Druck & Bindung: M.P. Media-Print Informationstechnologie GmbH,
Paderborn

Alle Rechte, auch für Übersetzungen, sind vorbehalten. Reproduktion jeglicher Art
(Fotokopie, Nachdruck, Mikrofilm, Erfassung auf elektronischen Datenträgern oder
andere Verfahren) nur mit schriftlicher Genehmigung des Verlags. Jegliche Haftung für
die Richtigkeit des gesamten Werks kann, trotz sorgfältiger Prüfung durch Autor und
Verlag, nicht übernommen werden. Die im Buch genannten Produkte, Warenzeichen
und Firmennamen sind in der Regel durch deren Inhaber geschützt.

# Inhaltsverzeichnis

| | | |
|---|---|---:|
| | **Vorwort** | **13** |
| | An wen richtet sich dieses Buch? | 13 |
| | Ansprüche an Ihren Computer | 14 |
| | Website und Buch-CD | 14 |
| | Über den Autor | 15 |
| **1** | **Einführung** | **17** |
| 1.1 | Managed DirectX | 17 |
| | Installation | 17 |
| | Die DirectX-Komponenten | 17 |
| 1.2 | Kartesische Koordinatensysteme | 18 |
| | Linkshändiges kartesisches Koordinatensystem | 19 |
| | Rechtshändiges kartesisches Koordinatensystem | 20 |
| 1.3 | Vektoren | 20 |
| | Unterschied: Punkt – Vektor | 20 |
| | Vektor-Darstellung | 22 |
| | Der Null-Vektor | 22 |
| | Die Länge eines Vektors | 22 |
| | Einheitsvektoren | 23 |
| | Addition und Subtraktion | 23 |
| | Skalar-Multiplikation | 24 |
| | Skalar-Produkt (Punkt-Produkt) | 25 |
| | Kreuz-Produkt (Vektor-Produkt) | 25 |
| | Der Vector3-Datentyp | 26 |
| 1.4 | Matrizen | 26 |
| | Diagonal- und Identity-Matrix | 27 |
| | Vektoren als Matrix dargestellt | 27 |
| | Transposition | 28 |
| | Multiplikation mit einem Skalar | 28 |
| | Matrix-Multiplikation | 28 |
| | Multiplikation von Matrizen und Vektoren | 29 |
| 1.5 | Vertices und Primitive | 30 |
| 1.6 | Koordinatentypen | 30 |
| | Objekt-Koordinaten | 30 |
| | Welt-Koordinaten | 30 |
| | Sicht-Koordinaten | 31 |
| | Warum verschiedene Koordinaten verwenden? | 31 |

| | | |
|---|---|---|
| 1.7 | Transformationen | 31 |
| | Skalierungen | 32 |
| | Translationen (Verschiebungen) | 33 |
| | Rotationen | 33 |
| 1.8 | Die Rendering Pipeline | 35 |
| | Tesselation | 35 |
| | Transformation & Beleuchtung | 36 |
| | Clipping, Culling und Rasterization | 36 |
| | Multitexturing-Einheit vs. Pixel-Shader | 36 |
| | Tiefen- und Alpha-Test | 37 |
| | Fog Blending | 37 |
| 1.9 | Zusammenfassung | 37 |

## 2 Direct3D-Grundlagen — 39

| | | |
|---|---|---|
| 2.1 | Initialisierung eines Direct3D-Device | 39 |
| | Die PresentParameters-Klasse | 41 |
| | Die Rahmen-Anwendung | 42 |
| 2.2 | Die Rolle des Back Buffers | 45 |
| 2.3 | Der Vertex Buffer | 46 |
| | Initialisierung des VertexBuffer-Objekts | 48 |
| | Transformierte Vertices | 49 |
| | Zugriff auf die Vertex Buffer-Daten | 49 |
| | Primitive rendern | 51 |
| 2.4 | Auf in die dritte Dimension! | 54 |
| | Die Render States | 57 |
| | Matrizen in der Praxis | 60 |
| | Wiederherstellen des Device-Objekts | 61 |
| 2.5 | Das Flexible Vertex Format (FVF) | 62 |
| 2.6 | Der Index Buffer | 63 |
| | Initialisierung | 64 |
| | Indizes definieren | 64 |
| | Rendern mit einem Index Buffer | 65 |
| | Indexed Primitives in Szene gesetzt | 67 |
| | Zeitsynchronisation | 71 |
| 2.7 | Der Tiefenspeicher (Z-Buffer) | 74 |
| | Z-Buffer aktivieren | 75 |
| | Z-Buffer „säubern" | 76 |
| 2.8 | Ressourcen | 76 |
| 2.9 | Zeig mir was Du kannst! – Hardware-Fähigkeiten prüfen | 77 |
| | Auswahl der Grafikkarte, der Auflösung und des Formats | 79 |
| | Anwendungen im Vollbildmodus ausführen | 83 |
| 2.10 | Zusammenfassung | 85 |

| | | |
|---|---|---|
| **3** | **Texturen und Lichtquellen** | **87** |
| 3.1 | Ausgeben von Texten | 87 |
| | Font-Objekte initialisieren | 87 |
| | Texte rendern | 88 |
| | Ein Wort zur Performance | 89 |
| 3.2 | Texturen | 90 |
| | Texturkoordinaten | 90 |
| | Texturen laden und anwenden | 91 |
| | Kompromisse zwischen Optik und Performance | 93 |
| | Texturadressierung | 93 |
| | Mipmaps | 98 |
| | Pixel-Formate | 99 |
| | Texturfilter | 99 |
| | Das additive Farbmodell | 106 |
| | Texture Blending | 106 |
| | Mehrere Texturkoordinaten pro Vertex | 111 |
| | Texture Blending mit Alpha-Werten | 113 |
| | Alpha Blending | 114 |
| | Alpha-Testing | 120 |
| | Ein Surface als Renderziel verwenden | 121 |
| | Speichern von Surface-Inhalten in einer Datei | 127 |
| 3.3 | Sprites | 128 |
| | Initialisieren und Rendern von Sprites | 128 |
| | Rotieren von Sprites | 129 |
| | Animierte Sprites | 130 |
| | Transparenz | 131 |
| 3.4 | Materialien | 132 |
| | Ambient | 132 |
| | Diffuse | 133 |
| | Specular | 133 |
| | Emissive | 133 |
| 3.5 | Lichtquellen | 133 |
| | Konzept des Beleuchtungsmodells | 134 |
| | Lichttypen | 135 |
| 3.6 | Zusammenfassung | 142 |
| **4** | **Mesh-Objekte** | **143** |
| 4.1 | Mesh-Objekte laden und rendern | 144 |
| | Materialen und Texturen des Meshes berücksichtigen | 145 |
| | Standardkörper | 147 |
| | Dreidimensionale Texte | 147 |
| 4.2 | Hinter den Kulissen eines Mesh-Objekts | 148 |
| 4.3 | Fehlende Normalen ergänzen | 149 |

| | | |
|---|---|---|
| 4.4 | Meshes optimieren | 150 |
| 4.5 | Polygonreduzierung (Simplification) | 152 |
| | Polygonreduzierung mit Simplify() | 153 |
| | Die SimplificationMesh-Klasse | 158 |
| | Progressive Meshes | 159 |
| 4.6 | Patch Meshes (Tessellation) | 161 |
| 4.7 | Frame Hierarchien | 164 |
| | Analysierung der Anforderungen | 164 |
| | Die CustomAllocateHierarchy-Klasse | 165 |
| | Die CustomFrame-Klasse | 166 |
| | Die CustomMeshContainer-Klasse | 167 |
| | Die HierarchicalMesh-Klasse | 168 |
| | Anwendungsbeispiel: Ein drehender Propeller | 174 |
| 4.8 | Zusammenfassung | 179 |
| **5** | **Der Stencil Buffer** | **181** |
| 5.1 | Initialisierung des Stencil Buffers | 182 |
| 5.2 | Der Stencil Test | 183 |
| | Reference Stencil | 184 |
| | Stencil Mask und Stencil Write Mask | 184 |
| | Vergleichsoperationen | 184 |
| | Aktualisieren des Stencil Buffer-Inhalts | 185 |
| | Der Stencil Buffer in Aktion | 185 |
| 5.3 | Simulation eines Spiegels | 188 |
| | Überblick | 188 |
| | Back Buffer und Stencil Buffer beschreiben | 189 |
| | Berechnung der Reflektionstransformation | 190 |
| | Reflektion rendern | 191 |
| 5.4 | Zusammenfassung | 192 |
| **6** | **Szenen-Elemente** | **195** |
| 6.1 | Terrain Rendering | 196 |
| | Heightmaps | 196 |
| | Einlesen von Heightmaps | 197 |
| | Vertex- und Index-Daten berechnen | 199 |
| | Berechnung der Normalen | 200 |
| | Die Theorie der Quadtrees | 202 |
| | Zwischenbilanz | 204 |
| 6.2 | Nebel-Effekte | 204 |
| | Linearer Nebel | 204 |
| | Exponentieller Nebel | 205 |
| | Fog Blending aktivieren | 206 |
| | Vertex Fog vs. Pixel Fog | 206 |
| | Range Fog | 207 |
| | Hardwarefähigkeiten prüfen | 207 |

| | | |
|---|---|---|
| 6.3 | Billboards | 208 |
| | Voraussetzungen | 209 |
| | Rendern des Billboards | 210 |
| | Billboard ausrichten | 211 |
| 6.4 | Sky Box und Sky Sphäre | 213 |
| 6.5 | Linsenreflektionen (Lens Flares) | 214 |
| | Elemente | 214 |
| | Theorie | 215 |
| | Die LensFlare-Klasse | 216 |
| | Die LensFlares-Klasse | 217 |
| 6.6 | Partikelsysteme | 221 |
| | Point Sprites | 222 |
| | Vorbereitung | 224 |
| | Koordinierung der Partikel (ParticleSystem) | 225 |
| | Dynamische Vertex Buffer | 231 |
| | Partikelsysteme rendern | 231 |
| 6.7 | Kamera ab! | 235 |
| | Anforderungsanalyse | 235 |
| | Kameraverschiebungen | 235 |
| | Kameradrehungen | 237 |
| | Berechnung der View Matrix | 239 |
| | Viewing Frustrum Culling | 241 |
| | Die Rolle der Bounding Box | 244 |
| 6.8 | Zusammenfassung | 246 |
| **7** | **Shader-Programmierung** | **249** |
| 7.1 | Grundlagen | 249 |
| | Vertex Shader | 250 |
| | Pixel Shader | 251 |
| 7.2 | High Level Shader Language (HLSL) | 252 |
| | Skalare Datentypen | 252 |
| | Vektor-Typen | 253 |
| | Matrizen | 254 |
| | Typkonvertierung | 254 |
| | Modifizierer | 255 |
| | Strukturen | 256 |
| | Funktionen | 256 |
| | Programmablaufsteuerung | 256 |
| | Mathematische Funktionen | 257 |
| 7.3 | Der erste Vertex Shader | 258 |
| | Der Shader | 259 |
| | Techniques und Passes | 260 |
| | Vertex Declaration | 261 |
| | Die Effect-Klasse | 263 |
| | Shader einsetzen | 265 |
| | Meshes mit Shadern rendern | 266 |

| | | |
|---|---|---|
| 7.4 | Der erste Pixel Shader | 266 |
| | Der Shader | 266 |
| | Sampler und Sampler States | 268 |
| 7.5 | Per-Pixel Directional Lighting | 268 |
| | Lichtberechnungen | 269 |
| | Der Vertex Shader | 270 |
| | Der Pixel Shader | 271 |
| 7.6 | Directional Lighting mit spekulären Lichtanteil | 271 |
| | Lichtberechnungen | 272 |
| | Der Vertex Shader | 272 |
| | Der Pixel Shader | 273 |
| | Technique | 273 |
| 7.7 | Per-Pixel Point Light | 274 |
| | Lichtberechnungen | 274 |
| | Der Vertex Shader | 275 |
| | Der Pixel Shader | 276 |
| 7.8 | Versions-Chaos | 276 |
| 7.9 | Hardwarefähigkeiten prüfen | 277 |
| 7.10 | Zusammenfassung | 277 |
| **8** | **DirectInput** | **279** |
| 8.1 | Devices auflisten | 279 |
| 8.2 | Cooperative Level | 281 |
| 8.3 | Ansprechen der Tastatur | 281 |
| | Device initialisieren | 281 |
| | Gedrückte Tasten ermitteln | 282 |
| | Die KeyboardInput-Klasse | 282 |
| | Keyboard State | 285 |
| 8.4 | Ansprechen der Maus | 286 |
| 8.5 | Zusammenfassung | 287 |
| **9** | **DirectSound** | **289** |
| 9.1 | Die Grundlagen | 289 |
| | Devices auflisten | 290 |
| | Initialisierung des Device-Objekts | 290 |
| 9.2 | WAV-Dateien abspielen | 291 |
| | Secondary Buffer anlegen und abspielen | 291 |
| | Lautstärke, Balance & Co. | 292 |
| 9.3 | Effekte | 293 |
| | Vordefinierte Effekte | 294 |
| | Effekte manipulieren | 294 |

| | | |
|---|---|---:|
| 9.4 | Dreidimensionale Akustik | 295 |
| | Einen 3D-Buffer erstellen | 295 |
| | Positionierung, Ausrichtung und Geschwindigkeit | 296 |
| | Entfernungen | 297 |
| | Den Zuhörer simulieren | 297 |
| | Doppler- und Rolloff-Effekt | 298 |
| | Ändern der Einheit | 298 |
| 9.5 | Zusammenfassung | 298 |
| **A** | **Inhalt der Buch-CD** | **299** |
| A.1 | DirectX SDK | 299 |
| A.2 | Die Beispielprojekte | 299 |
| A.3 | Zusätzliche Dokumente | 299 |
| | **Stichwortverzeichnis** | **301** |

# Vorwort

Insofern Sie als Entwickler nicht auf andere Schnittstellen wie OpenGL zurückgreifen, stellt DirectX das Fundament eines jeden Spiels dar. Im Gegensatz zu OpenGL beschränkt sich Microsofts Multimediaschnittstelle nicht auf die Ausgabe dreidimensionaler Grafiken, sondern bietet zugleich die zweidimensionale- und dreidimensionale Wiedergabe von Audiodaten (wobei OpenAL als Ergänzung zu OpenGL als direkter Konkurrent zu DirectSound anzusehen ist). Auch das Ansprechen von Eingabegeräten, wobei sich dessen Effekte nutzen lassen (wie z.B. Force Feedback), oder die Implementierung einer protokollunabhängigen Netzwerkfähigkeit stellen kein Problem dar. In diesem Buch wird Ihnen die Programmierung mit DirectX Schritt für Schritt näher gebracht. Mit diesen Kenntnissen werden Sie anschließend in der Lage sein, erste kleinere Projekte umzusetzen. Bei diesem Buch handelt es sich keineswegs um ein all umfassendes Nachschlagewerk, hierfür wäre schon ein ganzer Buch-Band nötig. Dass jene neue Welt nicht nur interessant sondern zugleich auch anstrengend sein kann, werden Sie bereits im ersten Kapitel feststellen. Da grundlegende Mathematik-Kenntnisse unverzichtbar sind, wird sich dieses Kapitel mit den wichtigsten Elementen befassen. Doch keine Angst, allzu tief greifend wird es nicht, denn DirectX bietet zahlreiche Funktionen, die Ihnen den Umgang mit Vektoren und Matrizen enorm erleichtern. Sofern Sie noch in keiner Weise etwas mit Vektoren oder Matrizen zu tun hatten, ist ein Buch über die lineare Algebra empfehlenswert.

## An wen richtet sich dieses Buch?

Kurz gesagt richtet sich dieses Buch an all diejenigen, die sich für die Multimediaprogrammierung interessieren. DirectX ebnet den Weg zur Programmierung von Spielen. Endlich können Sie Ihrer Kreativität freien Lauf lassen und eigene virtuelle Welten erstellen. Doch damit ist es noch nicht getan. CAD-Programme, Bildschirmschoner, die simple Ausgabe kleiner Sounds bei eingetretenen Ereignissen oder kleine Netzwerkapplikationen sind denkbare Einsatzgebiete in der Programmierung mit dieser Multimediaschnittstelle.

Solang es Ihnen nicht an Kreativität, Motivation und einem Mindestmaß an Programmierkenntnissen fehlt, halten Sie genau das richtige Buch in den Händen. Zwar sind alle Beispiele in C# geschrieben, weshalb Ihnen diese Programmiersprache zumindest grundlegend bekannt sein sollte, dennoch eignet sich dieses Buch, dank der gemeinsamen Grundlage – dem .NET Framework, ebenfalls für Visual Basic-Programmierer. Doch keine Sorge, sollte der Quellcode mal etwas komplizierter bzw. komplexer ausfallen, erhalten Sie eine genaue Beschreibung der vorliegenden Anweisungen.

Außerdem sei zu erwähnen, dass es sich bei diesem Buch keinesfalls um eine Anleitung zur Entwicklung einer Engine handelt. Im Vordergrund steht die Verwendung der DirectX-Schnittstellen, wobei hin und wieder Techniken eingestreut werden, die für die Spieleprogrammierung unabdingbar sind. Wo immer es möglich war, wurden jene Elemente in Klassen gekapselt, so dass Sie diese mit wenig Aufwand in Ihren eigenen Projekten einsetzen können.

## Ansprüche an Ihren Computer

Generell gilt, vor allem in der Spiele-Entwicklung, je neuer die Hardware, desto geeigneter ist das System. Ein absolutes (theoretisches) Minimum definiert das .NET Framework 2.0 oder die Entwicklungsumgebung. In der kleinsten Ausführung der Entwicklungsumgebung (in den Visual Studio Express-Versionen) entspräche dies einem Prozessor mit mindestens 600 MHz, 192 MB Ram und einer VGA-Grafikkarte. Empfehlenswert sind diese Angaben allerdings nicht. Für die recht gierige Entwicklungsumgebung sollte ein Arbeitsspeichervolumen von 512 MB oder mehr angestrebt werden. Im Bereich der Grafikprogrammierung ist ein sinnvolles Arbeiten ausschließlich mit einer beschleunigten 3D-Grafikkarte möglich. CPU und Grafikkarte sollten also nicht unbedingt dem absoluten Minimum entsprechen, aber Sie müssen auch nicht gleich viel Geld für die High-End-Modelle investieren. Ein zwei bis drei Jahre alter Computer reicht für die meisten Beispiele in diesem Buch vollkommen aus.

Bei der Shader-Programmierung sind die Ansprüche an die Grafikkarte am größten. Shader sind kleine Programme, welche von der Grafik-Hardware ausgeführt werden. Sollte Ihre Karte Vertex- und Pixel-Shader in den Versionen 1.1 und 2.0 nicht unterstützen, bleibt die Option der Softwareemulation. Zwar resultieren daraus extrem niedrige Frame-Raten, aber zum Testen der Beispiele reicht es vollkommen aus.

Softwaretechnisch gilt Visual Studio 2005 bzw. alternativ dessen kleine Geschwister Visual C# 2005 Express oder Visual Basic 2005 Express als Voraussetzung. Microsoft bietet die Express-Versionen zum kostenlosen Download an. Sowohl eine Internetinstallation als auch ein Image sind unter der Internetadresse *http://msdn.microsoft.com/vstudio/express/* zu finden.

## Website und Buch-CD

Auf der CD-Rom zum Buch ist das DirectX 9 SDK (August 2006) enthalten, das Sie benötigen, um die Beispielprojekte ausführen zu können. Alle Beispiele sind selbstverständlich ebenfalls auf der CD-Rom enthalten. Zwar wurden die Beispielprogramme auf diversen Systemkonfigurationen getestet, dennoch sind Fehler nicht immer ausgeschlossen. Sollten Sie einmal Probleme mit einem der Beispielprogramme haben, dann scheuen Sie nicht, eine E-Mail an die Adresse *webmaster@jenskonerow.de* zu schicken.

Der Autor ist bestrebt, einige Zeit nach Erscheinen dieses Buches Ergänzungen und zusätzliche Beispiele auf der Internetseite *www.jenskonerow.de* anzubieten. Eventuelle Korrekturen werden ebenfalls auf der genannten Seite bekannt gegeben.

# Über den Autor

Jens Konerow, geboren am 23. März 1985 in Greifswald, studiert Informatik an der Universität zu Lübeck. Nebenbei ist er als Software-Entwickler bei der Hamburger Firma KEEP IT SIMPLE Organisation und Information GmbH tätig.

Seit der siebenten Version entwickelt Jens Konerow mit der Multimediaschnittstelle DirectX, die damals erstmals für Visual Basic-Programmierer verfügbar wurde. Nachdem Microsoft die ersten Beta-Versionen von .NET der Öffentlichkeit präsentierte, ist der Autor begeisterter C#-Anhänger. Kurze Zeit später begann Jens Konerow dann in Verbindung mit der verwalteten Version von DirectX zu arbeiten, die heute als Managed DirectX bekannt ist und veröffentlichte ein Teil seiner DirectX-Kenntnisse in einer Artikelserie des dot.net-magazins sowie schließlich in dem Buch, dass Sie nun in den Händen halten.

Immer gern gesehen vom Autor sind Lob, Anregungen oder Kritik zum Buch. Nicht weniger erwähnenswert sind Korrekturhinweise, damit eventuelle Fehler schnell aus der Welt geschafft werden können.

# 1 Einführung

Schwerpunkt dieses ersten Kapitels sind die mathematischen Grundlagen, die nötig sind, um mit DirectX, insbesondere mit Direct3D, vernünftig arbeiten zu können. Neben den mathematischen Grundkenntnissen werden Ihnen die Komponenten von DirectX vorgestellt, Ihnen bei der Installation unter die Arme gegriffen und erste Konzepte von Direct3D vermittelt. Wenn Sie die nötigen Grundkenntnisse der Mathematik aufweisen können oder derzeit keine Muße haben sich mit dem mehr oder weniger „lästigen" Thematik auseinanderzusetzen, dann können Sie gleich nach dem DirectX-Überblick mit Abschnitt 1.5 fortfahren. Auf die ersten Beispielanwendungen treffen Sie dann in Kapitel 2.

## 1.1 Managed DirectX

Neben der „klassischen" DirectX-Variante, auf welche vorwiegend die C++-Programmierer zurückgreifen, existiert nun eine zweite Version namens „Managed DirectX" (MDX). Wie es der Name vielleicht vermuten lässt, gilt jene Version für Anwendungen mit verwaltetem Code. MDX ist der konsequente Weg Microsofts in Richtung .NET. Die Vorteile von Managed DX liegen auf der Hand: Sämtliche Features des .NET Frameworks können genutzt werden. Es sei als Beispiel die Speicherverwaltung genannt.

### 1.1.1 Installation

In der Regel funktioniert die Installation der DirectX-Komponenten ohne Probleme, so dass Sie nur den Bildschirmanweisungen folgen müssen. Sofern das .NET Framework noch nicht installiert war, als Sie die aktuelle DirectX-Version aufgespielt haben, wird eine Nachbesserung nötig. Hintergrund ist der, dass das Installationsprogramm von DirectX .NET-Assemblies im GAC (Global Assembly Cache) hinterlegt. Wenn kein .NET Framework installiert ist, existiert auch der GAC nicht. Oftmals ändert eine erneute Installation nichts an den fehlenden Assemblies. Wenn dem so sein sollte, dann müssen Sie das Setup mit folgenden Befehlszeilenargumenten aufrufen.

```
Setup.exe /InstallManagedDX
```

### 1.1.2 Die DirectX-Komponenten

Die Multimediaschnittstelle besteht aus diversen Komponenten für das jeweilige Einsatzgebiet. Anders ausgedrückt besitzt DirectX viele weitere Schnittstellen. Folgende Auflistung zeigt alle Komponenten von Managed DirectX und gibt eine kurze Erklärung zu deren jeweiligen Einsatzgebiet.

- Direct3D
  Für die Ausgabe zwei- und dreidimensionaler Grafiken ist Direct3D zuständig. Geometrie-Daten durchlaufen dabei mehrere Stufen (Pipelining) wobei beispielsweise deren Position und Ausrichtung in der virtuellen Welt definiert werden und die Lichtberechnung stattfindet.

- DirectSound
  Jene Komponente beschränkt sich nicht nur auf die simple Wiedergabe von Audiodaten, sondern bietet zudem eine dreidimensionale Klangakustik sowie die Möglichkeit Sound-Effekte hinzuzufügen. Außerdem lassen sich eingehende Audiodaten aufnehmen und auf der Festplatte speichern.

- DirectInput
  Neben der Maus und Tastatur gehören Joysticks und Lenkräder zur Standardausrüstung, um Spiele noch realistischer erleben zu können. DirectInput bietet durch sein Interface den Zugriff auf solche Hardware und erlaubt die Nutzung vorhandener Force Feedback-Effekte.

- DirectPlay
  Heutzutage sind Computer-Spiele ohne Mehrspielermodus kaum noch denkbar. Meist ist jener Teil das Erfolgsgeheimnis eines Spiels. DirectPlay ermöglicht dem Programmierer die protokollunabhängige Netzwerkprogrammierung. Diese Komponente ist speziell für Netzwerk-Spiele ausgelegt. Auch Sprach-Übertragungen finden Unterstützung.

- AudioVideoPlayback
  Diese Komponente eignet sich zur Wiedergabe von Audio- und Videodaten. Erwähnenswert an dieser Stelle ist sicher die Möglichkeit zum Abspielen von MP3-Dateien.

- DirectDraw
  DirectDraw galt als Komponente zur Ausgabe von 2D-Grafiken. Ab DirectX 8.0 wurden DirectDraw und Direct3D vereint, d.h. DD als solches gibt es in DX 9.0 nicht mehr. Um den .NET-Programmierern dennoch eine Möglichkeit zu geben, um auf die alte Schnittstelle zuzugreifen, vermittelt ein Wrapper zwischen der .NET-Anwendung und der alten DirectX 7.0-Bibliothek. In diesem Buch wird nicht weiter auf DirectDraw eingegangen. Wünschen Sie dennoch mehr Informationen, konsultieren Sie bitte die Dokumentation des DirectX SDKs.

## 1.2 Kartesische Koordinatensysteme

Erinnern Sie sich noch an das Thema Analysis aus dem Mathematik-Unterricht? Dort war eine Funktion gegeben, dessen Extrempunkte oder Grenzwerte anschließend ermittelt werden sollten. Um die Ergebnisse zu prüfen, durfte der Graph zu guter Letzt in ein Koordinatensystem übertragen werden. Dabei handelte es sich um ein kartesisches Koordinatensystem. In der Ebene besitzt solch ein Koordinatensystem zwei Achsen: Die X- und Y-Achse. Letztere zeigt nach oben. Hingegen zeigt die X-Achse nach rechts (siehe Abbildung 1.1).

# Kartesische Koordinatensysteme

Zeigen die Achsen in andere Richtungen, lässt sich durch Rotieren wieder der oben genannte Zustand erreichen. Erweitern Sie das Koordinatensystem um eine weitere Achse, dann lässt sich durch Rotieren des Systems nicht immer der Ausgangszustand wiederherstellen. Zwei Koordinatensysteme sind üblich: Das linkshändige und das rechtshändige kartesische Koordinatensystem.

Mathematiker bezeichnen den Ursprung eines Koordinatensystems als Origo (in der englischen Literatur werden Sie häufig auf den Begriff „origin" stoßen). Beschreiben lässt sich ein Ursprung durch die xy-Koordinaten (0, 0).

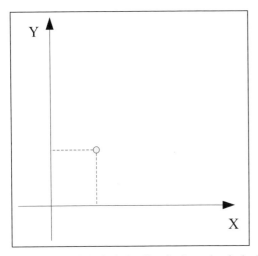

**Abbildung 1.1:** Ein kartesisches Koordinatensystem in der Ebene

## 1.2.1 Linkshändiges kartesisches Koordinatensystem

Standardmäßig verwendet Direct3D das linkshändige kartesische Koordinatensystem. Dabei sind die X- und Y-Achse genauso ausgerichtet wie im vorher beschriebenen Koordinatensystem. Die Z-Achse verläuft in den Monitor hinein, d.h. vom Betrachter weg (siehe Abbildung 1.2).

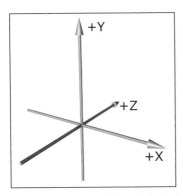

**Abbildung 1.2:** Linkshändiges kartesisches Koordinatensystem

## 1.2.2 Rechtshändiges kartesisches Koordinatensystem

Im Gegensatz zum linkshändigen kartesischen Koordinatensystem verläuft die Z-Achse zum Betrachter hin. Die Achse sticht quasi aus dem Monitor hinaus. Wollen Sie das rechtshändige kartesische Koordinatensystem einsetzen, dann sind Sie größtenteils auf sich allein gestellt, da nicht alle Hilfsfunktionen von DirectX sowohl für das linkshändige, als auch für das rechtshändige kartesische Koordinatensystem zur Verfügung stehen. Einige Methoden jedoch stellt DirectX in zwei Ausführungen bereit. In diesem Buch findet also ausschließlich die linkshändige Variante ihre Anwendung.

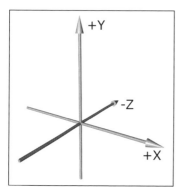

**Abbildung 1.3:** Rechtshändiges kartesisches Koordinatensystem

# 1.3 Vektoren

Vektoren gehören zur 3D-Programmierung wie der Deckel auf den Topf. Vielleicht erinnern Sie sich noch an den Physik-Unterricht, in dem Kräfte durch Vektoren repräsentiert wurden. Der folgende Abschnitt gibt Aufschluss darüber, worum es sich bei Vektoren genau handelt und wie Sie mit diesen rechnen können.

Wenn Ihnen jene Thematik noch ein Begriff ist, dann steht es Ihnen frei diesen Abschnitt zu überspringen.

## 1.3.1 Unterschied: Punkt - Vektor

Punkte, ob in der Ebene oder im Raum, werden immer durch zwei bzw. drei Koordinaten definiert. Abbildung 1.1 zeigt einen Punkt in der Ebene. Ermitteln lässt sich der Punkt, indem Sie drei Einheiten entlang der X-Achse nach rechts gehen und drei Einheiten entlang der Y-Achse nach oben. Im Raum müssten Sie zusätzlich die Z-Achse beachten.

Im Gegensatz zum Punkt, gibt ein Vektor keine absolute Position an, sondern eine Verschiebung. Ein Vektor besitzt immer eine Länge, eine Richtung sowie einen Richtungssinn.

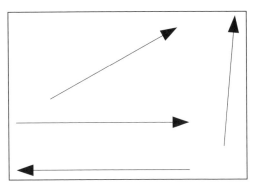

**Abbildung 1.4:** Vektoren

In welche Richtung der Vektor zeigt, wird durch dessen Orientierung bestimmt. Den Richtungssinn definiert der Pfeil des Vektors. Am unteren linken Rand sind zwei Vektoren mit derselben Länge und derselben Richtung aber einem unterschiedlichen Richtungssinn zu sehen.

Da DirectX Vektoren verwendet, um eine Position zu bestimmen, müssen diese irgendeinen Bezug haben. Ohne jeglichen Bezug würden Vektoren wahllos angeordnet werden können. Aus diesem Grund ist die Verschiebung immer vom Ursprung ausgehend. Die mathematisch korrekte Bezeichnung für solch einen Vektor lautet: Orts-Vektor. Abbildung 1.5 demonstriert eine Verschiebung vom Origo aus.

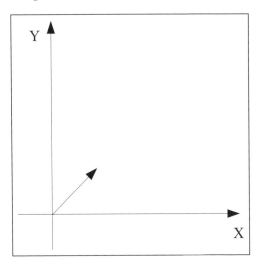

**Abbildung 1.5:** Ein Ortsvektor realisiert eine Verschiebung von einem Ursprung

## 1.3.2 Vektor-Darstellung

Zwei Darstellungen von Vektoren finden in der Mathematik häufigen Einsatz: Zum einen die Koordinatendarstellung und zum anderen die Komponentendarstellung. Letzteres basiert auf den Einheitsvektoren i, j und k. Dabei handelt es sich um Einheitsvektoren, die jeweils eine Einheit auf der entsprechenden Achse repräsentieren.

In der unteren Abbildung sehen Sie beide Darstellungsformen. Der untere dargestellte Vektor entspricht dem Einheitsvektor i.

$$x = 3i, 3j, 3k$$
Komponentendarstellung

$$x = \begin{bmatrix} 1 \\ 0 \\ 0 \end{bmatrix}$$
Koordinatendarstellung

**Abbildung 1.6:** Darstellungsformen eines Vektors

Mathematiker kennzeichnen Kleinbuchstaben als Vektor, indem sie über diesem einen Pfeil zeichnen oder den Buchstaben unterstreichen. Eine einheitliche Form existiert nicht. Außerdem ist es üblicher runde Klammern zu verwenden. In diesem Buch werden Vektoren nach dem obigen Schema dargestellt.

## 1.3.3 Der Null-Vektor

Da Null-Vektoren keine Verschiebung angeben, ist dessen Name eigentlich unangebracht. Jener Vektor gibt keine Richtung an und besitzt auch keine Länge (diese würde 0 entsprechen, daher auch Null-Vektor).

## 1.3.4 Die Länge eines Vektors

Ausgenommen des Null-Vektors, besitzt jeder Vektor eine Länge. Der Satz des Pythagoras bewährt sich auch an dieser Stelle, um die Länge zu berechnen.

Warum kommt hier der Satz des Pythagoras in Frage, wenn es sich doch nicht um ein rechtwinkliges Dreieck handelt? Zwar existiert hier kein Dreieck, doch durch kleine, gedachte Erweiterungen ist ein Dreieck schnell konstruiert. Zum leichteren Verständnis zeigt Abbildung 1.7 ein Beispiel.

# Vektoren

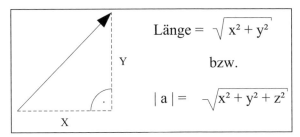

**Abbildung 1.7:** Berechnung der Länge eines Vektors

Der Begriff „magnitude", häufig in der englischen Literatur anzutreffen, ist mit der Länge eines Vektors gleichbedeutend. Anders ausgedrückt handelt es sich um den Betrag von a.

Die Abstände zweier Vektoren lassen sich auf demselben Weg errechnen. Dazu subtrahieren Sie beispielsweise vom x-Wert des zweiten Vektors, den x-Wert des ersten. Das Ergebnis nehmen Sie zum Quadrat und bilden die Summe mit den anderen Komponenten, die gleichermaßen berechnet werden. Nachdem die Wurzel gezogen ist, liegt der Abstand beider Vektoren zueinander vor.

## 1.3.5 Einheitsvektoren

Manche Situationen fordern lediglich eine Richtungsangabe, wobei der Griff zu einem Einheitsvektor geradezu gleichbedeutend ist. Einheitsvektoren sind all jene Vektoren, dessen Länge einer Einheit entspricht. Wie Sie aus einem vorhandenen Vektor einen Einheitsvektor errechnen können, stellt die Abbildung 1.8 schematisch dar.

$$x_E = \frac{x}{|x|}$$

**Abbildung 1.8:** Errechnung des Einheitsvektors aus einem bestehenden Vektor

Die Berechnung des Einheitsvektors findet im Fachjargon den Begriff der Normalisierung.

## 1.3.6 Addition und Subtraktion

Vektoren lassen sich addieren und subtrahieren. Beide Methoden bewirken, dass ein neuer Vektor entsteht, wobei Orientierung und/ oder Länge möglicherweise variieren.

$$\begin{bmatrix} 4 \\ 1 \\ 6 \end{bmatrix} + \begin{bmatrix} 0 \\ 4 \\ 3 \end{bmatrix} = \begin{bmatrix} 4 \\ 5 \\ 9 \end{bmatrix}$$

**Abbildung 1.9:** Addition zweier Vektoren

Sowohl Additionen als auch Subtraktionen werden auf Vektoren angewendet, indem die Operation auf dessen Komponenten („komponentenweise") ausgeführt wird.

Interessant ist die geometrische Interpretation, wie sie Abbildung 1.10 aufzeigt.

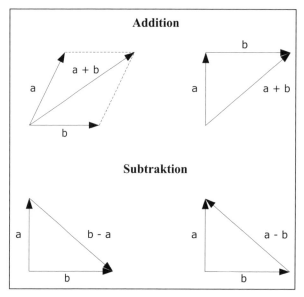

**Abbildung 1.10:** Auswirkungen der Addition und Subtraktion

## 1.3.7 Skalar-Multiplikation

Eine Multiplikation zweier Vektoren ergibt keinen neuen Vektor, sondern ist nicht definiert. Die Multiplikation mit einer reellen Zahl, einem Skalar, ist möglich. Ein Skalar beeinflusst die Länge und teilweise auch die Orientierung eines Vektors. Streng mathematisch genommen, hat ein Skalar lediglich Einfluss auf den Richtungssinn, nicht aber auf die eigentliche Richtung.

Bei den Schreibweisen gelten die normalen mathematischen Regeln, wie auch beim Ausklammern. Abbildung 1.11 zeigt ein Beispiel, welchen Einfluss der Skalar -½ auf den Vektor nimmt.

$$-\frac{1}{2} \begin{bmatrix} 4 \\ 2 \\ 6 \end{bmatrix} = \begin{bmatrix} -\frac{1}{2} \cdot 4 \\ -\frac{1}{2} \cdot 2 \\ -\frac{1}{2} \cdot 6 \end{bmatrix} = \begin{bmatrix} -2 \\ -1 \\ -3 \end{bmatrix}$$

**Abbildung 1.11:** Multiplikation mit einer reellen Zahl

## 1.3.8 Skalar-Produkt (Punkt-Produkt)

Mit Hilfe des Skalar-Produkts lässt sich der Winkel ermitteln, der durch zwei Vektoren aufgespannt wird. Doch zunächst einmal soll das Augenmerk auf die Berechnung des Punkt-Produkts gerichtet werden.

Multiplizieren Sie die korrespondierenden Komponenten und bilden Sie im Anschluss daran die Summe aus allen Produkten. Abbildung 1.12 zeigt die daraus resultierende Formel.

$$\begin{bmatrix} x_1 \\ y_1 \\ z_1 \end{bmatrix} \cdot \begin{bmatrix} x_2 \\ y_2 \\ z_2 \end{bmatrix} = x_1 * x_2 + y_1 * y_2 + z_1 * z_2$$

**Abbildung 1.12:** Berechnung des Punkt-Produkts

Außerdem gilt die Gleichung:

a * b = |a| * |b| * cos(a, b)

Durch Umstellen dieser Gleichung lässt sich der aufgespannte Winkel errechnen (siehe Abbildung 1.13).

$$\sphericalangle(a, b) = \operatorname{acos}\left( \frac{x_1 * x_2 + y_1 * y_2 + z_1 * z_2}{|a| * |b|} \right)$$

**Abbildung 1.13:** Berechnung des durch zwei Vektoren aufgespannten Winkels

Bilden Sie das Skalar-Produkt zweier senkrecht zueinander liegenden Vektoren, erhalten Sie als Ergebnis den Wert 0. Zusammenfassend lässt sich somit folgende Formel aufstellen unter der Bedingung, dass a senkrecht zu b ist.

a * b = 0

## 1.3.9 Kreuz-Produkt (Vektor-Produkt)

Ein Vektor der senkrecht auf anderen Vektoren steht oder orthogonal zu einer Ebene positioniert ist, wird häufig als Normale bezeichnet. Normalen dürften Ihnen noch aus dem Mathematik-Unterricht bekannt sein. Oftmals galt es eine Tangente zu ermitteln, die den Graph an der Stelle x berührt. Darüber hinaus sollte die Normale der Tangente berechnet werden. Selbstverständlich ging das bereits ohne Kenntnis von der Vektorrechnung.

Normalen spielen in der 3D-Programmierung vor allem für die Lichtberechnung eine bedeutende Rolle. Mittels eines Normal-Vektors ermittelt Direct3D den Winkel des einfallenden Lichts und der Farbwert wird entsprechend manipuliert. Insofern zwei Vektoren gegeben sind, lässt sich mit dem Kreuz-Produkt ein neuer Vektor errechnen, der zu den beiden anderen Vektoren senkrecht ist. Abbildung 1.14 demonstriert den Rechenweg.

$$a \times b = \begin{bmatrix} a_y b_z - a_z b_y \\ a_z b_x - a_x b_z \\ a_x b_y - a_y b_x \end{bmatrix}$$

**Abbildung 1.14:** Berechnung des Vektor-Produkts

### 1.3.10 Der Vector3-Datentyp

DirectX enthält bereits eine Struktur für 3D-Vektoren: Vector3 (zu finden im Namensraum Microsoft.DirectX). Neben den drei Komponenten x, y und z verfügt die Struktur über einige nützliche Methoden, mit dessen Hilfe Sie beispielsweise die Länge eines Vektors ermitteln können.

| Methode | Beschreibung |
|---|---|
| Add() | Addiert zwei Vektoren und gibt einen 3D-Vektor zurück. Existiert als statische Methode und als Instanzmethode. |
| Cross() | Errechnet das Kreuz-Produkt zweier Vektoren und gibt den resultierenden Vektor zurück. |
| Dot() | Gibt das Skalar-Produkt (Punkt-Produkt) als Float-Wert zurück. |
| Length() | Liefert die Länge des Vektors als Float-Wert. Existiert als statische Methode und als Instanzmethode. |
| LengthSq() | Liefert das Quadrat der Länge eines Vektors als Float-Wert. Existiert als statische Methode und als Instanzmethode. |
| Multiply() | Führt eine Skalar-Multiplikation durch. Das Ergebnis ist vom Typ Vector3. |
| Normalize() | Normalisiert den gegebenen Vektor (Es wird ein Einheitsvektor erzeugt). Existiert als statische Methode und als Instanzmethode. |
| Subtract() | Subtrahiert zwei Vektoren voneinander. Liefert ein Ergebnis vom Typ Vector3. Existiert als statische Methode und als Instanzmethode. |

**Tabelle 1.1:** Methoden des Vector3-Datentyps

## 1.4 Matrizen

Hinter dem Begriff Matrix (Plural: Matrizen) verbirgt sich ein rasterartiger Aufbau von Skalaren (reellen Zahlen). Folglich besitzt eine Matrix Spalten und Zeilen. Ein Vektor entspricht einem Array von Skalaren. Analog dazu entspricht eine Matrix einem Array von Vektoren. Matrizen dienen der Manipulation von Vektoren oder anderer Matrizen. Hinter diesem evtl. für Sie neuartigen Konstrukt steckt eine vereinfachte Schreibweise einer mathematischen Operation.

$$M = \begin{bmatrix} m_{11} & m_{12} & m_{13} \\ m_{21} & m_{22} & m_{23} \\ m_{31} & m_{32} & m_{33} \end{bmatrix}$$

**Abbildung 1.15:** Eine 3x3 Matrix

Die Anzahl der Zeilen und Spalten bilden den Namen der Matrix und teilen somit dessen Größe mit. Die Matrix aus Abbildung 1.15 ist eine 3x3 Matrix, da sie drei Zeilen und drei Spalten enthält.

Der Index $m_{ij}$ gibt das Element in der Matrix M an, dessen Zeilennummer i und dessen Spaltennummer j entspricht. Matrizen mit derselben Anzahl von Zeilen und Spalten werden als quadratische Matrizen bezeichnet.

## 1.4.1 Diagonal- und Identity-Matrix

Wenn alle Elemente mit denselben Zeilen- und Spaltennummern einen Wert ungleich 0 und alle restlichen Einträge den Wert 0 enthalten, wird von einer Diagonal-Matrix gesprochen. Eine besondere Diagonal-Matrix stellt jene aus Abbildung 1.16 dar. Alle Elemente der Diagonalen enthalten den Wert 1. Diese Matrix hört auf den Namen Einheitsmatrix (Identity-Matrix).

$$I = \begin{bmatrix} 1 & 0 & 0 \\ 0 & 1 & 0 \\ 0 & 0 & 1 \end{bmatrix}$$

**Abbildung 1.16:** Die Einheitsmatrix

## 1.4.2 Vektoren als Matrix dargestellt

Wenn Sie einen Blick auf eine der Vektoren aus Abschnitt 1.5 werfen, stellen Sie fest, dass eine gewisse Ähnlichkeit zwischen einem Vektor und einer Matrix besteht. Vektoren lassen sich ebenfalls als Matrix betrachten. Eine 1xn-Matrix entspräche einem sog. Zeilen-Vektor. Als Spalten-Vektor wird eine nx1-Matrix angesehen.

**Abbildung 1.17:** Zeilen- und Spalten-Vektoren

## 1.4.3 Transposition

Transpositionen werden durch ein hochgestelltes T gekennzeichnet und bewirken, dass Zeilen und Spalten vertauscht werden. Anders ausgedrückt spiegelt eine Transposition die Zeilen und Spalten an dessen Hauptdiagonalen. Das Resultat einer Transposition hört auf den Namen transponierte Matrix.

Mit Hilfe dieses Konstrukts kann ein Spaltenvektor als Zeilenvektor ausgeschrieben werden. Dass es sich eigentlich um einen Spaltenvektor handelt, verdeutlicht das Transpositionszeichen.

$$[2 \quad 1 \quad 3]^T$$

Abbildung 1.18 zeigt eine etwas größere transponierte Matrix und dessen Original.

$$\begin{bmatrix} 4 & 3 & 9 \\ 1 & 5 & 2 \\ 2 & 7 & 5 \end{bmatrix}^T = \begin{bmatrix} 4 & 1 & 2 \\ 3 & 5 & 1 \\ 9 & 2 & 5 \end{bmatrix}$$

**Abbildung 1.18:** Transposition einer 3x3 Matrix

## 1.4.4 Multiplikation mit einem Skalar

Analog zu den Vektoren verhält sich eine Matrix bei einer Skalar-Multiplikation. Der Faktor wird mit jeder Komponente der Matrix multipliziert. Die Summe der Teilergebnisse bildet die neue Matrix.

$$M = k \begin{bmatrix} m_{11} & m_{12} & m_{13} \\ m_{21} & m_{22} & m_{23} \\ m_{31} & m_{32} & m_{33} \end{bmatrix} = \begin{bmatrix} k\,m_{11} & k\,m_{12} & k\,m_{13} \\ k\,m_{21} & k\,m_{22} & k\,m_{23} \\ k\,m_{31} & k\,m_{32} & k\,m_{33} \end{bmatrix}$$

**Abbildung 1.19:** Skalar-Multiplikation mit einer Matrix

## 1.4.5 Matrix-Multiplikation

Im Hinblick zur Skalar-Multiplikation, gestaltet sich eine Multiplikation zweier Matrizen etwas schwieriger. Zudem unterliegt sie einer wichtigen Voraussetzung.

> **Hinweis**
> 
> Eine Multiplikation zweier Matrizen ist dann undefiniert, wenn die Anzahl der Spalten, der Matrix A, nicht mit der Anzahl der Zeilen, der Matrix B, übereinstimmt.

Aus zwei Matrizen, rxn und rxc, ergibt sich nach deren Multiplikation ein Produkt mit den Dimensionen rxc.

$$A * B = C$$

$$\begin{bmatrix} b_{11} & b_{12} & b_{13} \\ b_{21} & b_{22} & b_{23} \end{bmatrix}$$

$$\begin{bmatrix} a_{11} & a_{12} \\ a_{21} & a_{22} \\ a_{31} & a_{32} \end{bmatrix} \begin{bmatrix} c_{11} & c_{12} & c_{13} \\ c_{21} & c_{22} & c_{23} \\ c_{31} & c_{32} & c_{33} \end{bmatrix}$$

$$c_{32} = a_{31} b_{12} + a_{32} b_{22}$$

**Abbildung 1.20:** Matrizen miteinander multiplizieren

Die Vorgehensweise zum Ermitteln der einzelnen Elemente, einer Matrix C, demonstriert Abbildung 1.20. Der Index $c_{ij}$ gibt an, dass die Elemente der Reihe i der Matrix A mit den Elementen der Spalte j der Matrix B multipliziert werden. Addieren Sie anschließend die Produkte.

Im Gegensatz zur Multiplikation einfacher reeller Zahlen, ist bei den Matrizen die Reihenfolge zu beachten. Das Produkt AB entspricht nicht dem Produkt BA. Im zweiten Kapitel wird dies an einem Beispielprogramm praktisch belegt.

### 1.4.6 Multiplikation von Matrizen und Vektoren

Da ein Vektor ebenfalls als eine Matrix, mit einer Zeile bzw. einer Spalte, angesehen werden kann, lässt sich ebenfalls eine Multiplikation durchführen. Es gelten die Regeln aus dem vorherigen Abschnitt. Abbildung 1.21 zeigt die vier Möglichkeiten einer Vektor-Multiplikation.

$$\begin{bmatrix} x & y & z \end{bmatrix} \begin{bmatrix} m_{11} & m_{12} & m_{13} \\ m_{21} & m_{22} & m_{23} \\ m_{31} & m_{32} & m_{33} \end{bmatrix} = \begin{bmatrix} xm_{11}+ym_{21}+zm_{31} & xm_{12}+ym_{22}+zm_{32} & xm_{13}+ym_{23}+zm_{33} \end{bmatrix}$$

$$\begin{bmatrix} m_{11} & m_{12} & m_{13} \\ m_{21} & m_{22} & m_{23} \\ m_{31} & m_{32} & m_{33} \end{bmatrix} \begin{bmatrix} x & y & z \end{bmatrix} = \text{Nicht definiert}$$

$$\begin{bmatrix} x \\ y \\ z \end{bmatrix} \begin{bmatrix} m_{11} & m_{12} & m_{13} \\ m_{21} & m_{22} & m_{23} \\ m_{31} & m_{32} & m_{33} \end{bmatrix} = \text{Nicht definiert}$$

$$\begin{bmatrix} m_{11} & m_{12} & m_{13} \\ m_{21} & m_{22} & m_{23} \\ m_{31} & m_{32} & m_{33} \end{bmatrix} \begin{bmatrix} x \\ y \\ z \end{bmatrix} = \begin{bmatrix} xm_{11} & ym_{12} & zm_{12} \\ xm_{21} & ym_{22} & zm_{22} \\ xm_{31} & ym_{32} & zm_{32} \end{bmatrix}$$

**Abbildung 1.21:** Multiplikation von Matrizen und Vektoren

## 1.5 Vertices und Primitive

Ein Vertex ist ein Punkt im Raum, der neben den reinen Koordinaten auch zusätzliche Informationen wie beispielsweise einen Farbwert beinhalten kann.

Virtuelle Welten bestehen aus einer Vielzahl von Vertices. Durch die Ansammlung vieler „Punkte" entsteht jedoch noch keine Fläche. Erst durch das Verbinden der Vertices zu Linien oder Dreiecken entsteht ein sichtbares Objekt. Üblich ist die Zusammenfassung der Vertices zu einem Dreieck, welches eine glatte Oberfläche bildet. Eine Primitive ist eine Ansammlung vieler Vertices die entweder beziehungslos sind oder durch unterschiedliche Beziehungen Linien und Dreiecke ergeben können. Direct3D unterstützt fünf Arten von Primitiven, die Sie im zweiten Kapitel zu Gesicht bekommen, sobald mit der Programmierung begonnen wird.

Dreiecke dienen in der dreidimensionalen Grafikprogrammierung der Modellierung von Körpern jeglicher Art. Ob der geometrische Körper ein simpler Würfel oder ein komplexes Abbild eines Menschen ist, spielt keine Rolle. Allein entscheidend ist die Anzahl der verfügbaren Dreiecke. Je mehr Polygone (Dreiecke) Ihnen zur Verfügung stehen, umso detaillierter lässt sich ein Objekt darstellen.

## 1.6 Koordinatentypen

### 1.6.1 Objekt-Koordinaten

Alle Vertices eines 3D-Körpers liegen relativ zu dessen Ursprung vor. Nehmen Sie einmal an, dass Sie eine Stadt gegründet haben und von dieser nun ein Stadtplan erstellt werden soll. Sie definieren den Marktplatz als das Zentrum (den Ursprung). Alle Hauptstraßen verlaufen zum Markt und dessen Hausnummern richten sich nach der Entfernung zum Stadtmittelpunkt. So vergrößern sich die Hausnummern, je weiter man sich vom Markt entfernt. Zur Erinnerung, der Marktplatz (Ursprung) hatte die Koordinaten (0, 0, 0).

### 1.6.2 Welt-Koordinaten

Neben Ihnen existiert ein weiterer Gründer einer Stadt. Die Aufgabe eines Dritten besteht nun darin, eine Karte zu entwerfen auf der beide Städte und deren Lage zueinander erkennbar sind. Zur Lösung dieser Aufgabe muss als Erstes ein neuer Ursprung festgelegt werden. Der Einfachheit halber belassen wir den Origo bei Ihrem Marktplatz. Allerdings tritt dabei ein Problem auf: Sämtliche Koordinaten der zweiten Stadt müssen übersetzt werden, weil deren Ursprung in der neuen Karte keine Gültigkeit mehr besitzt. Durch Verschieben und Rotieren wird deren Stadtplan in der neuen Karte eingefügt. Dennoch sind alle Verhältnisse in dieser Stadt erhalten geblieben.

Dasselbe Prinzip findet bei der Programmierung mit Direct3D Anwendung. Sämtliche Koordinaten werden transformiert (umgewandelt), um deren Position in der Welt zu definieren.

### 1.6.3 Sicht-Koordinaten

Die Position und Ausrichtung der Kamera bestimmt das Blickfeld in der virtuellen Welt. Nach der Sicht-Transformation befinden sich sämtliche Koordinaten auf der X- und Y-Achse in dem Wertebereich [-1, 1]. Gültige Werte für die Z-Koordinate befinden sich zwischen 0 und 1. Nach der Transformation ist die Kamera immer in Richtung der positiven Z-Achse ausgerichtet.

### 1.6.4 Warum verschiedene Koordinaten verwenden?

Warum so umständlich? Kann nicht nur eine einzige Art von Koordinaten verwendet werden? Sicher bestände eine Möglichkeit darin, alle Objekte in Welt-Koordinaten anzugeben. Nachteilig an dieser Variante ist, dass für identische Objekte trotzdem neue Koordinaten definiert werden müssen. Daraus resultieren zum einen ein erhöhter Speicherverbrauch und zum anderen ein erhöhter Aufwand.

Durch Transformationen lassen sich die Koordinaten zur Laufzeit beliebig umwandeln. Das birgt für eine leichte Platzierung eines Objekts, an mehreren Stellen in der virtuellen Welt. Ein positiver Nebeneffekt ist die dadurch resultierende Speichereinsparung.

Mittlerweile bewegen sich die Kapazitäten des Hauptspeichers standardmäßig zwischen 512 MB und 1024 MB oder gar 2048 MB, warum dann sparsam sein? Zwar besitzt der PC in der Regel einen großen Arbeitsspeicher, dieser ist im Vergleich zum Grafikkartenspeicher doch recht langsam. Grafikkarten besitzen einen wesentlich effektiveren Speichertyp und zudem müssen die Daten nicht über den Systembus geschickt werden. Ein Programmierer sollte deshalb immer bestrebt sein, Daten im Grafikkartenspeicher unterzubringen.

## 1.7 Transformationen

Hinter dem Begriff Transformation verbirgt sich nichts anderes als das Rotieren, Verschieben oder Skalieren eines Vektors. Transformationen sind durch eine oder mehrere Matrizen beschrieben. Das Produkt zweier Transformations-Matrizen umfasst anschließend beide Manipulationen. Je nachdem in welcher Reihenfolge Sie die Transformationen vornehmen, kann ein anderes Ergebnis resultieren. So befindet sich ein Objekt an einer anderen Stelle, wenn zunächst eine Translation (Verschiebung) und dann eine Rotation um eine beliebige Achse durchgeführt wurden, als wenn Sie das Objekt erst rotiert hätten und dann verschoben.

Im Folgenden lernen Sie die Matrizen für eine jeweilige Aktion kennen. Da Direct3D mit einer 4x4 Matrix arbeitet, wird auch in den Beispielen eine solche Matrix zum Einsatz kommen. Doch Moment! Wurde nicht gesagt dass eine Matrix-Multiplikation nur durchführbar ist, wenn Matrix A die gleiche Anzahl an Spalten hat, wie Zeilen in einer Matrix B vorhanden sind? Korrekt! Aus diesem Grund müssen für die Berechnung 4D Zeilen-Vektoren herangezogen werden. Bei einem 4D-Vektor kommt eine neue Komponente w hinzu. Wenn Positionen in einer 1x4 Matrix festgehalten werden sollen, ist die w-Komponente auf 1 zu setzen. Der Wert 0 für w beschreibt einen Vektor der keinen Bezug hat.

Ein homogenous Vektor (4D-Vektor) mit einer w-Komponente unterschiedlich 0 oder 1 befindet sich im sog. homogenous space. Werden alle Komponenten durch w dividiert, erhalten Sie wieder die 3D-Koordinaten. Doch wozu vierdimensionale Vektoren verwenden, wenn wir uns doch mit der 3D-Programmierung beschäftigen? 4x4 Matrizen und folglich auch 4D-Vektoren sind nötig, um eine Verschiebung durch Matrizen ausdrücken zu können. Zudem sind jene Elemente für die perspektivische Darstellung nötig. Aber keine Angst, damit müssen Sie sich nicht intensiver auseinandersetzen. Direct3D übernimmt die korrekte Darstellung für Sie.

### 1.7.1 Skalierungen

Betrachten Sie bei den nächsten Überlegungen nicht den Vektor als Einzelnes. Eine Matrix wird auf alle Vektoren eines Objekts angewandt. Halten Sie sich also stets einen dreidimensionalen Körper vor Augen.

Eine Skalierungs-Matrix verkleinert oder vergrößert ein Objekt, insofern dessen Mittelpunkt im Ursprung liegt. Andererseits tritt eine zusätzliche Verschiebung des Objekts auf. Die Koordinaten x, y und z werden durch die Faktoren Sx, Sy, und Sz verkleinert bzw. vergrößert. Folgendermaßen muss eine Matrix zum Skalieren aussehen.

$$S = \begin{bmatrix} S_x & 0 & 0 & 0 \\ 0 & S_y & 0 & 0 \\ 0 & 0 & S_z & 0 \\ 0 & 0 & 0 & 1 \end{bmatrix}$$

**Abbildung 1.22:** Skalierungs-Matrix

Damit noch etwas klarer wird, welche Rechnung hinter dieser Matrix steht, sobald eine Matrix die Vertices skaliert, ein Beispiel für die x-Komponente:

x' = x * Sx + y * 0 + z * 0

DirectX stellt im Namensbereich Microsoft.DirectX die Matrix-Klasse zur Verfügung. Jene bietet eine statische Funktion namens Scaling(). Die Faktoren zur Skalierung werden entweder als drei Argumente vom Typ Float übergeben oder als 3D-Vektor (Vector3).

```
Matrix oScalingMatrix;
oScalingMatrix = Matrix.Scaling(4f, 4f, 4f);
```

## 1.7.2 Translationen (Verschiebungen)

Im Fachjargon wird eine Verschiebung als Translation bezeichnet. Abgeleitet ist dieses Wort aus dem lateinischen „translare". Gerade bei dieser Aktion wird klar werden, dass eine 3x3 Matrix nicht für alle Bewegungen im 3D-Raum ausreichend ist. Die Translation in der dritten Dimension ist lediglich mit einer 4x4 Matrix möglich. Sie sehen die Translations-Matrix in Abbildung 1.23.

$$T = \begin{bmatrix} 1 & 0 & 0 & 0 \\ 0 & 1 & 0 & 0 \\ 0 & 0 & 1 & 0 \\ T_x & T_y & T_z & 1 \end{bmatrix}$$

**Abbildung 1.23:** Matrix zum Verschieben von Vektoren

Die Komponenten $T_x$, $T_y$ und $T_z$ geben die Verschiebung auf den jeweiligen Achsen an. Auch hier soll ein kurzer Blick hinter die Kulissen gewährt sein:

x' = x * 1 + y * 0 + z * 0 + 1 * Tx

x' = x + Tx

Wenn es eine Methode zum Skalieren gibt, wird es doch sicher auch eine Funktionalität zum Erzeugen einer Translations-Matrix geben oder etwa nicht? Selbstverständlich verfügt DirectX auch für diese Aufgabe über eine passende Methode, die ebenfalls als statische Variante in der Matrix-Struktur deklariert ist.

```
Matrix oTranslationMatrix;
oTranslationMatrix = Matrix.Translation(5, 0, -10);
```

## 1.7.3 Rotationen

Die letzte Transformation im Bunde ist die Rotation. Rotationen werden um eine der drei Achsen durchgeführt. Abbildung 1.24 zeigt die drei Rotations-Matrizen.

Das mag auf den ersten Blick ziemlich kompliziert aussehen, aber wie gewohnt, greift Ihnen die Matrix-Struktur mit den folgenden drei Methoden unter die Arme.

- Matrix.RotationX(float angle)
- Matrix.RotationY(float angle)
- Matrix.RotationZ(float angle)

**Rotation um die x-Achse**

$$R = \begin{bmatrix} 1 & 0 & 0 & 0 \\ 0 & \cos(\alpha) & \sin(\alpha) & 0 \\ 0 & -\sin(\alpha) & \cos(\alpha) & 0 \\ 0 & 0 & 0 & 1 \end{bmatrix}$$

**Rotation um die y-Achse**

$$R = \begin{bmatrix} \cos(\alpha) & 0 & -\sin(\alpha) & 0 \\ 0 & 0 & 0 & 0 \\ \sin(\alpha) & 0 & \cos(\alpha) & 0 \\ 0 & 0 & 0 & 1 \end{bmatrix}$$

**Rotation um die z-Achse**

$$R = \begin{bmatrix} \cos(\alpha) & \sin(\alpha) & 0 & 0 \\ -\sin(\alpha) & \cos(\alpha) & 0 & 0 \\ 0 & 0 & 0 & 0 \\ 0 & 0 & 0 & 1 \end{bmatrix}$$

**Abbildung 1.24:** Matrizen zum Rotieren um eine jeweilige Achse

Alle oben aufgeführten Methoden verlangen nach einem Argument namens angle vom Typ float, welcher einen Winkel im Bogenmaß angibt. Entweder Sie bemühen die Degree-ToRadian()-Methode der Geometry-Klasse (Namensraum: Microsoft.DirectX.Direct3D, Assembly: Microsoft.DirectX.Direct3DX) oder Sie kümmern sich selbst um die Umrechnung unter Verwendung der Gleichung aus Abbildung 1.25.

$$\frac{\alpha}{\text{arc}\alpha} = \frac{180°}{\Pi}$$

**Abbildung 1.25:** Gleichung zur Umrechnung vom Grad- ins Bogenmaß

```
Matrix oRotationMatrix;
float fAngle = Geometry.DegreeToRadian(45);
oRotationMatrix = Matrix.RotationX(fAngle);
```

## 1.8 Die Rendering Pipeline

Direct3D beruft sich auf das Pipelining-Prinzip. Das soll heißen: Die hineinkommenden Daten werden in einer Stufe bearbeitet und anschließend an die nächst höhere Stufe weitergegeben. Am Ende dieser Pipeline steht der fertig gerenderte Frame.

> **Hinweis**
>
> Damit das menschliche Auge eine fließende Bewegung wahrnimmt, bedarf es mindestens 25 Bilder pro Sekunde. In einigen Computer-Spielen machen sich selbst 30 oder 40 Bilder pro Sekunde noch negativ bemerkbar. Solch ein Bild bezeichnet der Begriff „Frame". Häufig ist die Abkürzung FPS (frames per second) anzutreffen oder es ist die Rede von der Frame-Rate.

Abbildung 1.26 stellt die Direct3D Rendering Pipeline schematisch dar. Im Folgenden wird auf die einzelnen Bestandteile kurz eingegangen. Am Anfang mag Ihnen nicht alles sofort klar sein, was sich im Laufe der nächsten Kapitel jedoch noch ändern wird.

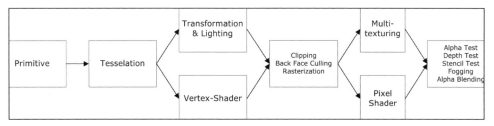

**Abbildung 1.26:** Die Direct3D Rendering Pipeline

### 1.8.1 Tesselation

Zwar nimmt die Leistungsfähigkeit der Computer stetig zu, dennoch sind im 3D-Bereich viele Grenzen gesetzt. Rundungen werden durch eine Vielzahl von Dreiecken realisiert. Desto mehr Dreiecke verwendet werden, desto ansehnlicher sind die Ergebnisse. Zum einen erhöht sich der Zeitaufwand zum Rendern der vielen Dreiecke und zum anderen, was viel entscheidender ist, müssen Sie mehr Daten über den System-Bus schicken. Seit DirectX 8.0 besteht die Möglichkeit sog. Curved Surfaces bzw. High Order Surfaces darzustellen, indem ein Dreieck während der Laufzeit unterteilt wird. Moderne Grafikkarten führen diesen Prozess, der im Fachjargon Tesselation genannt wird, im Grafikchip durch. Daraus resultiert eine Reduzierung der Bus-Belastung. Natürlich bleibt der erhöhte Aufwand zum Rendern der Primitive nicht aus. Im vierten Kapitel lernen Sie, wie Sie jenes Konzept für sich nutzen können.

## 1.8.2 Transformation & Beleuchtung

Direct3D stellt im Rahmen der sog. Fixed Function Pipeline die Funktionalitäten zur Transformation und zur Beleuchtung der Primitive zur Verfügung. Diverse Methoden und Eigenschaften geben dem Programmierer ein Werkzeug in die Hand, um die Art und Weise der Verarbeitung zu beeinflussen. Die Fixed Function Pipeline bietet keine Möglichkeit zur Erweiterung des gegebenen Funktionsumfangs.

Als Alternative, nicht etwa als zusätzliche Option, gelten die Vertex -Shader. Shader sind kleine Programme, die vom Grafikprozessor ausgeführt werden (insofern die Grafikkarte Vertex-Shader verarbeiten kann). Wählt der Programmierer diesen Weg, kann oder besser muss er die Transformationen und die Beleuchtung der Vertices vornehmen. Ein klarer Vorteil zeichnet sich in der hohen Flexibilität ab. Vertex-Shader zählen zu der sog. Programmable Pipeline.

## 1.8.3 Clipping, Culling und Rasterization

Zwischen einer dreidimensionalen virtuellen Welt und deren Darstellung auf dem Monitor besteht ein Konflikt, denn die Koordinaten lassen sich nicht direkt übertragen. Wie bereits besprochen, durchläuft die Geometrie deshalb mehrere Transformationen bis die Koordinaten nach der Projektions-Transformation in 2D-Koordinaten vorliegen.

Natürlich ist nicht sichergestellt, dass sich alle, in die Pipeline „gejagten" Primitive voll im sichtbaren Bereich befinden. Schließlich ist die Fläche zum Anzeigen der Szene begrenzt und wird durch den Viewport beschrieben. Als Viewport gilt in diesem Fall ein Rechteck, welches die Größe des Sichtbereichs absteckt. Primitive, die sich außerhalb des angegebenen Bereichs befinden, werden abgeschnitten oder ganz ausgeblendet („geclippt"). Direct3D unterstützt außerdem von Haus aus das Back Face Culling. Jene Option sorgt im aktiven Zustand dafür, dass die Primitive entfernt werden, dessen Vertices wahlweise im oder entgegen des Uhrzeigersinns angeordnet sind. Dadurch soll Direct3D verhindern, dass vom Betrachter abgewandte Primitive auf dem Monitor erscheinen. Wenn die Sichtbarkeit der Dreiecksrückseiten erwünscht ist, muss lediglich das Back Face Culling deaktiviert werden.

Nun können die Daten im Rasterisations-Prozess (engl. Rasterization) in entsprechende Farbwerte übertragen werden: Direct3D berechnet die Pixel an den jeweiligen Flächen und speichert die Werte in einem sog. Surface. Ein Surface ist lediglich ein sequentiell aufgebauter Speicherbereich, vergleichbar mit einem Bitmap.

## 1.8.4 Multitexturing-Einheit vs. Pixel-Shader

Neben der Einheit zur Transformation und Beleuchtung der Vertices, existiert eine zweite Einheit, welcher die Aufgabe obliegt, geometrische Körper mit Texturen zu versehen. Texturen sind Bitmaps, die über das Drahtgitter-Modell gelegt werden. Somit entsteht beispielsweise der Eindruck, die glatte Fläche wäre ein Sandboden oder ein Gesicht einer Figur.

Analog zur gesamten Architektur von Direct3D ist die Multitexturing-Einheit aufgebaut, d.h. sie besitzt ebenfalls mehrere Bearbeitungsstufen. Mehrere Bearbeitungsstufen sind deshalb von Belang, damit der Programmierer die Möglichkeit zur Kombination unterschiedlicher Texturen erhält. Wie Sie später kennen lernen werden, sind solche Bitmaps selbst zur Beleuchtung anderer Texturen zu gebrauchen.

Das Pendant zur Multitexturing-Einheit stellt der Pixel-Shader dar. Wie auch bei einem Vertex-Shader, nimmt ein Pixel-Shader den Programmierer in die Pflicht, die grundlegenden Aufgaben der Fixed Function Pipeline zu übernehmen. Ein Vorteil von Pixel-Shadern ist ganz klar deren Flexibilität und Leistungsfähigkeit. Pixel-Shader werden im Grafikprozessor ausgeführt, der insbesondere für die Berechnung von Fließkommazahlen ausgelegt ist und somit einen enormen Leistungsvorteil gegenüber der normalen CPU vorweisen kann.

### 1.8.5 Tiefen- und Alpha-Test

Bevor der aktuelle Pixel auf das Ziel-Surface übertragen wird, muss dieser sich dem Tiefen- und dem Alpha-Test unterziehen. Letzterer bewirkt den Verfall solcher Pixel, dessen Farbwert in den als transparent definierten Farbbereich fällt. Der Tiefentest verhindert, dass jene Pixel in das Surface geschrieben werden, die eigentlich durch andere verdeckt werden. Wir nehmen uns dem Tiefenproblem im zweiten Kapitel an und demonstrieren den Unterschied zwischen aktivierten und deaktivierten Tiefentests.

### 1.8.6 Fog Blending

In Abhängigkeit von der Distanz zwischen einem Objekt und der Position der Kamera oder allein durch die Stelle des Objekts auf der Z-Achse werden dessen Pixel zu guter Letzt mit dem Farbwert des Nebels kombiniert. Körper außerhalb eines definierten Bereichs sind bei aktiviertem Fog Blending gänzlich unsichtbar und werden vom Nebel überdeckt. In diesem Fall wird der Farbwert des Nebels in das Surface geschrieben.

## 1.9 Zusammenfassung

Mathematik gehört in der Regel nicht zu den Lieblingsbeschäftigungen der Mehrheit. Dennoch sind grundlegende Kenntnisse in allen Bereichen der Informatik, besonders im Bereich der linearen Algebra, für die Grafikprogrammierung mit Direct3D unverzichtbar. In diesem Kapitel haben Sie gelernt, dass mit Hilfe von Ortsvektoren Positionen im Raum definiert werden. Matrizen hingegen werden verwendet, um solche Vektoren zu verschieben, zu rotieren oder zu skalieren (anders formuliert: Matrizen führen Transformationen aus).

Abgerundet wurde dieser Teil durch die Vorstellung allgemeiner Operationen wie die Addition, Subtraktion oder die Multiplikation von Vektoren oder Matrizen. Sofern Sie in der linearen Algebra nicht mehr so fit sind, sollten Sie sich ggf. um geeignete Literatur kümmern.

Weiterhin haben Sie gesehen, welche grundlegenden Passagen die Geometrie durchlaufen und zugleich, wie Direct3D intern im Groben funktioniert.

# 2 Direct3D-Grundlagen

Nachdem das erste Kapitel recht theoriebelastet ausgefallen ist und sich überwiegend den mathematischen Grundlagen sowie dem grundlegenden Aufbau der DirectX-Schnittstelle gewidmet hat, so wird sich dieses Kapitel der ersten Programmierung mit Direct3D zuwenden und die ersten Grafiken auf den Monitor bringen.

Sie werden in diesem Kapitel lernen, wie Sie Ihre Anwendung auf die Verwendung von Direct3D vorbereiten und wie sog. Primitive gezeichnet werden.

## 2.1 Initialisierung eines Direct3D-Device

Eine Instanz der Device-Klasse bildet das Fundament einer jeden Direct3D-Anwendung. Über dieses Objekt erfolgt ein Render-Vorgang, wobei der Frame auf dem Monitor ausgegeben oder beispielsweise in einer Datei abgespeichert werden kann. Jenes Objekt fungiert als Vermittler zwischen Ihrer Anwendung und der Hardware. Anhand vieler Methoden und Eigenschaften bestimmen Sie die Positionen der Objekte, die Beleuchtung, die Art der Texturierung und vieles mehr. Zusammenfassend bietet ein Device die folgenden Haupt-Dienste:

- Transformation
- Beleuchtung
- Rasterisation
- Abrufen der Hardware-Fähigkeiten

Zunächst einmal erstellen Sie ein neues Projekt vom Typ „Windows-Anwendung" und verweisen auf die folgenden drei Bibliotheken.

- Microsoft.DirectX.dll
- Microsoft.DirectX.Direct3D.dll
- Microsoft.DirectX.Direct3DX.dll

Letztere Bibliothek ist nicht zwingend erforderlich zum Erstellen einer neuen Instanz der Device-Klasse. Dennoch sollten Sie sich von Anfang an daran gewöhnen, im gleichen Atemzug auf jene Assembly zu verweisen, da sie viele Hilfsfunktionalitäten bietet, die schon in absehbarer Zukunft zur Anwendung kommen.

Bevor Sie ein Device-Objekt erstellen können, müssen dessen Charakteristika innerhalb eines PresentParameters-Objekts beschrieben werden. Für das erste Beispiel reichen folgende Zuweisungen aus.

## 2 – Direct3D-Grundlagen

```
PresentParameters m_oPresentParams = new PresentParameters();
m_oPresentParams.Windowed = true;
m_oPresentParams.SwapEffect = SwapEffect.Discard;
```

Zunächst einmal wird definiert, dass die Anwendung im Fenster-Modus laufen wird. Mittels der zweiten Zuweisung legen Sie das gewünschte Verhalten bezüglich des Back Buffers fest. Tabelle 2.1 zeigt die möglichen Optionen für die Eigenschaft SwapEffect. Was es genau mit dem Back Buffer auf sich hat, behandelt Abschnitt 2.2.

Jetzt lässt sich der Konstruktor der Device-Klasse bemühen. Folgende Überladungsvariante wurde dazu gewählt.

```
Public Device(int adapter, DeviceType deviceType,
    Control renderWindow, CreateFlags behaviorFlags,
    PresentParameters[] presentationParameters);
```

Wahlweise können Sie einer anderen Variante als drittes Argument den Handle übergeben, anstatt die Referenz auf das Control-Objekt.

| Konstante | Beschreibung |
| --- | --- |
| Discard | Diese Konstante bewirkt, dass der Grafikkartentreiber die effizienteste Darstellungsmethode verwendet. Es wird nicht sichergestellt, dass die Inhalte des Back Buffers nach der Ausgabe auf dem Monitor erhalten bleiben. |
| Copy | Diese Konstante kann nur mit einem Back Buffer verwendet werden. Der Inhalt bleibt auch nach dem Anzeigen erhalten. Direct3D synchronisiert den Kopiervorgang nicht mit der Vertical Retrace Periode im Fenster-Modus, wodurch unschöne Effekte auftreten können. |
| Flip | Mehrere Back Buffer werden unterstützt. Sie werden von 0 bis n-1 durchnummeriert. Beim Anzeigen des nächsten Frames wird der Front Buffer (der Front-Buffer enthält den aktuellen Monitor-Inhalt) zum Back Buffer mit der Nummerierung n-1 und der Back Buffer 0 zum Front-Buffer. Außerdem erfolgt eine Synchronisation mit der Vertical Retrace Periode. |

Tabelle 2.1: Konstanten der SwapEffect-Enumeration

Als erstes Argument wird meist der Wert 0 übergeben. Dabei handelt es sich überwiegend um die 3D-Grafikkarte des Systems. Sollte in dem Computer jedoch noch eine alte Zusatzbeschleunigerkarte verbaut sein, erreichen Sie mit jenem Wert wahrscheinlich nur die 2D-Grafikhardware. Zu späterer Zeit werden Sie lernen, wie alle Grafikadapter des Systems aufgelistet werden können, um dem Benutzer die Wahl der Grafikhardware zu überlassen.

Das zweite Argument bestimmt den Device-Typ. Alle gültigen Werte werden durch die Konstanten der DeviceType-Enumeration definiert.

- DeviceType.Hardware
  Der Device führt die Rasterisation in der Grafikhardware durch. Vertices können entweder durch die CPU (per Software) oder durch die GPU (per Hardware) transformiert und beleuchtet werden. Direct3D fragt die unterstützten Funktionalitäten der

Grafikkarte über den Hardware Abstraction Layer (HAL) ab. Der HAL wird vom Grafikkartenhersteller meist im Treiber untergebracht und beschreibt die Fähigkeiten des 3D-Beschleunigers.

- DeviceType.Reference
  Bei nicht Vorhandensein einer Grafikkarte mit Direct3D-Unterstützung oder zum Testen nicht vorhandener Funktionalitäten der Ausgabehardware kann auf den sog. Reference-Rasterizer ausgewichen werden. Dieser Device ist ein Bestandteil des DirectX SDK und sollte möglichst nur zu Testzwecken zum Einsatz kommen. Benutzer die lediglich die Runtimes installiert haben, steht dieser Rasterizer nicht zur Verfügung. Alle Berechnungen führt die CPU aus, weshalb keine gute Performance zu erwarten ist. Der Reference-Device nimmt wenn möglich spezielle CPU-Befehlssätze in Anspruch.

- DeviceType.Software
  Direct3D ermöglicht die Verwendung von Software-Rasterizer eines Drittanbieters. Der Einsatz eines solchen Rasterizers wird in diesem Buch nicht besprochen.

Welches Formular als Render-Ziel fungiert, legt das dritte Argument fest. Wie bereits erwähnt können Sie wahlweise ein Handle oder eine Variable vom Typ Control übergeben. Übergeben Sie an vierter Stelle ein oder mehrere Flags der CreateFlags-Enumeration, welche das Verhalten eines Device-Objekts beeinflussen. Tabelle 2.2 listet die wichtigsten Flags auf.

| Flag | Beschreibung |
| --- | --- |
| MixedVertexProcessing | Der Device unterstützt Hardware- und Software-T&L (Transformation & Lighting). |
| HardwareVertexProcessing | Der Device erlaubt lediglich Hardware-T&L |
| SoftwareVertexProcessing | Vertices werden durch die Software (CPU belastend) verarbeitet. |
| PureDevice | Ein Pure Device kann die Vertices nur in der Grafikkarte bearbeiten. Bei dem Pure Device handelt es sich um die effizienteste Device-Variante. |

**Tabelle 2.2:** Wichtige Flags der CreateFlags-Enumeration

Zum Abschluss übergeben Sie dem Konstruktor eine Instanz der PresentParameters-Klasse, die zuvor erstellt worden ist.

```
m_oDevice = new Device(0, DeviceType.Hardware, this,
  CreateFlags.SoftwareVertexProcessing, m_oPresentParams);
```

## 2.1.1 Die PresentParameters-Klasse

Im vorherigen Abschnitt wurde die PresentParameters-Klasse nur kurz angeschnitten, da lediglich zwei Eigenschaften von Interesse waren. Tabelle 2.3 listet in einer Übersicht alle anderen Eigenschaften dieser Klasse auf und gibt zu jeder Eigenschaft eine kurze Erläuterung.

| Eigenschaft | Beschreibung |
| --- | --- |
| AutoDepthStencilFormat | Legt das Format des Tiefenspeichers und des Stencil Buffers fest. Es ist nicht sichergestellt, dass die Hardware immer alle Formate unterstützt, die in der DepthFormat-Enumeration definiert sind. |
| BackBufferCount | Bestimmt die Anzahl der Back Buffer. |
| BackBufferFormat | Gibt das zu verwendende Surface-Format des Back Buffers an. Ein Format definiert wie viele Bits für jeden Farbkanal reserviert werden müssen. Die vorhandenen Formate sind in der Format-Enumeration festgehalten. Allerdings werden nicht immer alle Formate vom Device unterstützt. |
| BackBufferHeight | Gibt die Höhe des Back Buffer-Surface in Pixel an. |
| BackBufferWidth | Gibt die Breite des Back Buffer-Surface in Pixel an. |
| DeviceWindow | Bestimmt das Anzeigefenster, in dem die Szenen angezeigt werden. Die Eigenschaft erwartet den Typ Control. |
| EnableAutoDepthStencil | Aktiviert/ deaktiviert den Tiefenspeicher und Stencil-Buffer. |
| FullscreenRefreshRateInHz | Bestimmt die Wiederholrate in Hz für Anwendungen, die im Vollbildmodus ausgeführt werden. |
| MultiSample | Legt den Multisampling-Typ fest. Allgemein gültige Werte sind in der MultiSampleType-Enumeration festgehalten. Dennoch kann ein Fehler auftreten, wenn der gewählte Typ von der Hardware (bei einem Hardware Device) nicht unterstützt wird. |
| MultiSampleQuality | Bestimmt die Qualitätsstufe des Multisamplings. |
| PresentFlags | Zusätzliche Charakteristika aus der PresentFlag-Enumeration können festgelegt werden. |
| SwapEffect | Legt das Verhalten bezüglich des Back Buffers fest (siehe Tabelle 2.1). |
| Windowed | Gibt an, ob es sich um eine fensterbasierende Anwendung handelt oder nicht. |

**Tabelle 2.3:** Eigenschaften der PresentParameters-Klasse

## 2.1.2 Die Rahmen-Anwendung

Zwar wissen Sie nun, wie sich ein Direct3D-Device erzeugen lässt, doch bis hierhin hilft Ihnen das nicht viel weiter. Irgendwie muss die Anzeige aktualisiert werden und es bedarf einem Platz zum Rendern der Daten (welche in diesem Beispiel noch nicht vorhanden sind). Dieser Abschnitt behandelt den Aufbau einer Rahmenanwendung, welche im weiteren Verlauf des Buches immer wieder als Grundlage genommen wird.

Grundlage der Anwendung ist eine Klasse namens BaseForm, die von der Form-Klasse erbt und die grundlegende nötige Initialisierung zur Verwendung der Direct3D-Schnittstelle vornimmt, sprich den Device initialisiert. Den Render-Prozess übernimmt die öffentliche Render()-Methode.

```
public partial class BaseForm : Form
{
  'Variablen-Deklarationen
```

## Initialisierung eines Direct3D-Device

```
public BaseForm()
{
  InitializeComponent();
  InitDirect3D();
}

private void InitDirect3D()
{
  //Device-Beschreibung
  m_oPresentParams = new PresentParameters();
  m_oPresentParams.SwapEffect = SwapEffect.Discard;
  m_oPresentParams.Windowed = true;

  m_oDevice = new Device(0, DeviceType.Hardware, this,
    CreateFlags.SoftwareVertexProcessing, m_oPresentParams);
}

public void Render()
{ }

}
```

Bevor die Render()-Methode irgendwelche Ausgaben tätigt, müssen Säuberungs- und Vorbereitungsmaßnahmen getroffen werden. Dazu gehört die Methode namens Clear(), welche für jeden Pixel den angegebenen Farbwert in den Back Buffer schreibt.

Die Methoden BeginScene() und EndScene() bilden Anfang und Abschluss eines jeden Frames. Alle Ausgaben müssen zwischen diesen beiden Aufrufen erfolgen. Letztendlich auf den Bildschirm gebracht wird der Back Buffer-Inhalt mittels des Befehls Present(). Somit ergibt sich der folgende Quelltext.

```
public void Render(RenderDelegate oDelegate)
{
  if (m_oDevice == null)
    return;

  m_oDevice.Clear(ClearFlags.Target, Color.Blue, 1.0f, 0);
  m_oDevice.BeginScene();

  m_oDevice.EndScene();
  m_oDevice.Present();
}
```

Nun ist noch die Erklärung der Clear()-Parameterliste offen. Als erstes Argument müssen Sie der Clear()-Methode ein oder mehrere Flags der ClearFlags-Enumeration übergeben, um zu bestimmen, welche Objekte (Back Buffer, Z-Buffer und Stencil Buffer) von der Methode berücksichtigt werden sollen. Als zweites wird ein Color-Objekt erwartet, welches den Farbwert definiert, mit dem der Back Buffer gefüllt werden soll. Die letzten beiden Argumente sind lediglich dann relevant, wenn ein Tiefenspeicher (Z-Buffer) und/ oder ein Stencil Buffer im Einsatz ist. Doch später mehr.

**Der Game Loop**

Damit zur Laufzeit ein flüssiges Bild zustande kommt, fehlt eine Routine, die permanent für den Aufruf der Render()-Methode sorgt. Ein Timer kommt für diese Aufgabe nicht in Frage, weil jener in der Regel nicht ein ausreichend kurzes Intervall bietet bzw. die Framerate von vornherein begrenzt. Besser ist eine Schleife, die stets die Aktualisierung des Bildschirminhalts einleitet. Wie viele Bilder pro Sekunde letztlich berechnet werden, ist somit ausschließlich vom Computer des Benutzers abhängig.

Der Game Loop wird in diesem Buch durch eine While-Schleife realisiert, die dann abgebrochen wird, wenn sich das Hauptformular schließt. Einen booleschen Wert, der dies besagt, gibt die Created-Eigenschaft eines Form-Objekts zurück. Platzieren Sie den Game Loop innerhalb der Main()-Methode, wie in dem nachfolgenden Listing zu sehen.

```
[STAThread]
static void Main()
{
  //Game Loop
  using (BaseForm oForm = new BaseForm())
  {
    oForm.Show();

    while (oForm.Created)
    {
      //Rendert die Szene
      oForm.Render();

      //Sorgt für die Verarbeitung der Standard-Ereignisse
      Application.DoEvents();
    }
  }
}
```

Innerhalb der Schleife wird zum einen die Render()-Methode aufgerufen und zum anderen ein Application.DoEvents() ausgeführt, um die Standard-Ereignisse, wie Mausklicks durch den Benutzer, weiterhin zu verarbeiten.

Abbildung 2.1 zeigt das Ergebnis des eben erarbeiteten Beispielprogramms. Es ist nicht sehr beeindruckend, weil ausschließlich der Hintergrund blau eingefärbt wird, bildet aber das Fundament für alle folgenden Beispiele.

**Abbildung 2.1:** Die erste Direct3D-Anwendung

## 2.2 Die Rolle des Back Buffers

Beim Back Buffer handelt es sich um ein Offscreen-Surface. Wie bereits erwähnt, verbirgt sich hinter einem Surface ein sequentiell aufgebauter Speicherbereich. In diesem werden Farbwerte der Pixel gespeichert, um ein Bild darzustellen. Nun kommt dem Back Buffer eine besondere Aufgabe zu:

Am Ende der Render Pipeline steht nicht etwa der Monitor als Ziel, sondern ein Surface, wobei meist der Back Buffer Verwendung findet. Erst nachdem die Szene fertig gerendert wurde, gelangt das Bild auf den Monitor (Front Buffer). Warum denn so umständlich? Zwar mag dieses Vorgehen auf den ersten Blick etwas unnötig erscheinen, würden Sie jedoch die Primitive direkt auf den Monitor zeichnen, entsteht ein lästiges Flackern, da der Benutzer den Aufbau der Szene mitverfolgen kann. Indem Direct3D den Umweg über einen Back Buffer nimmt, bleibt der Aufbau dem Anwender verborgen.

Oftmals liegen die Frameraten über den Wiederholungsraten (Refresh Rate) des Monitors. Ein Monitor mit 60 Hz braucht allerdings ca. 1/60 Sekunde um ein Bild aufzubauen, d.h. theoretisch müssten wir nun abwarten bis der Frame vollständig aufgebaut ist. Statt den Render-Vorgang zu unterbrechen, kommt uns eben der Back Buffer zu Gute. Während der Monitor mit dem Aufbau der aktuellen Szene beschäftigt ist, wird der nächste Frame bereits gerendert und in die Offscreen-Surface geschrieben. Anschließend wird der Back Buffer zum Front Buffer und umgekehrt. Jenes Verfahren erhält den Begriff „Page Flipping".

Direct3D erlaubt die Verwendung mehrerer Back Buffer in einem sog. Swap Chain. Beim Flippen wird der Front Buffer jeweils zum letzten Back Buffer mit der Nummer n-1. Back-Buffer 0 wird zum neuen Front Buffer. Abbildung 2.2 veranschaulicht diesen Sachverhalt schematisch.

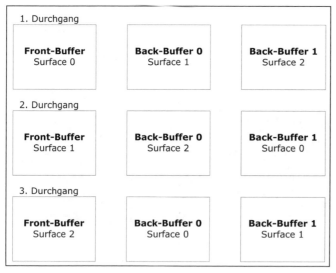

**Abbildung 2.2:** Page Flipping

## 2.3 Der Vertex Buffer

Im ersten Beispiel wurde noch keine Geometrie gerendert. Dieser Missstand soll sich nun ändern. Die folgenden Abschnitte führen Schritt für Schritt zum neuen fertigen Projekt, dessen Ergebnis Sie in Abbildung 2.3 bereits sehen können.

Bevor der eigentliche Quelltext besichtigt wird, welcher die Ausgabe aus Abbildung 2.3 erzeugt, werden einige Änderungen an der BaseForm-Klasse vorgenommen, damit kleine Beispiele in der Main()-Methode realisiert werden können, ohne jedes Mal die BaseForm-Klasse zu manipulieren. Somit können Sie diese Klasse in jedem neuen Projekt importieren.

**Abbildung 2.3:** Transformierte Vertices

Zum einen soll das Device-Objekt über eine Eigenschaft veröffentlicht werden und zum anderen wird die Parameterliste um ein Delegate erweitert, damit die eigentliche Ausgabe verlagert werden kann. Beide Änderungen in Quellcode formuliert, ergibt das folgende Listing.

```
public void Render(RenderDelegate oDelegate)
{
  //... Szene beginnen
  //Delegate ausführen
  if (oDelegate != null)
    oDelegate();

  //Szene beenden ...
}

public Device RenderDevice
{
  get { return m_oDevice; }
  set { m_oDevice = value; }
}
```

## 2.3.1 Initialisierung des VertexBuffer-Objekts

Eine Instanz der VertexBuffer-Klasse fungiert als Container der Vertices. Der Hauptvorteil des Vertex Buffers gegenüber einem Array beispielsweise ist die Möglichkeit, die Daten im Video-Speicher unterzubringen. Der Video-Speicher einer Grafikkarte ist wesentlich schneller als der Hauptspeicher des Systems. Außerdem müssen die Daten beim Rendern dann nicht erst über den Systembus geschickt werden.

Es existieren mehrere Überladungen des Konstruktors. Die zwei meist verwendeten Varianten werden im Folgenden näher besprochen.

```
public VertexBuffer(Device device, int sizeOfBufferInBytes,
   Usage usage, VertexFormats vertexFormat, Pool pool);
```

Übergeben Sie zunächst ein gültiges Device-Objekt, gefolgt von der gewünschten Größe des Buffers in Bytes. An dritter Stelle erwartet der Konstruktor ein oder mehrere Flags der Usage-Enumeration (siehe Tabelle 2.4).

| Flag | Beschreibung |
| --- | --- |
| Dynamic | Erzeugt einen dynamischen Vertex-Buffer (siehe Abschnitt 2.3.2). |
| Points | Der Vertex-Buffer wird verwendet um Point-Primitive zu rendern. Partikel Systeme verwenden solche Primitive. |
| SoftwareProcessing | Vertex Processing wird durch die CPU ausgeführt. Ist dieses Flag nicht gesetzt, übernimmt die GPU die Transformation und Beleuchtung. |
| WriteOnly | Teilt dem Treiber mit, dass in den Buffer nur geschrieben und nicht gelesen wird. Daraufhin ermittelt der Treiber die effizienteste Speicherposition (Video-Speicher, Hauptspeicher etc.) für Schreib- und Render-Aktionen. |

**Tabelle 2.4:** Wichtige Flags der Usage-Enumeration

Das vorletzte Argument beschreibt die Vertex-Daten. Mittels der Konstanten, welche die VertexFormats-Enumeration definiert, könnten Sie das Format beschreiben. Allerdings bietet die DirectX-Klassenbibliothek bereits vorgefertigte Fromate, die zum jetzigen Zeitpunkt völlig ausreichend sind. Sie finden diese Formate in der CustomVertex-Klasse. Über die StrideSize-Eigenschaft der einzelnen Strukturen erhalten Sie zudem die Größe der Struktur in Bytes. Übergeben Sie zum Abschluss eine Konstante der Pool-Enumeration. Welche Bedeutung den einzelnen Konstanten zukommt, erfahren Sie im Abschnitt 2.8.

Eine zweite, etwas praktikablere Überladung des VertexBuffer-Konstruktors ist die folgende.

```
Public VertexBuffer(Type typeVertexType, int numVerts,
   Device device, Usage usage, VertexFormats vertexFormat,
   Pool pool)
```

Zunächst erwartet der Konstruktor den Vertex-Typ als Type-Objekt, dass der typeof-Operator zurückgibt, wenn Sie diesem den Klassen- bzw. Strukturnamen übergeben. An zweiter Stelle definieren Sie die Anzahl der Vertices, die der Vertex Buffer aufnehmen soll. Alle restlichen Parameter sind aus dem zuvor erklärten Konstruktor bekannt.

Das Beispielprogramm bedient sich dieser zweiten Überladung, um einen statischen Vertex Buffer zu erzeugen.

```
VertexBuffer oVertexBuffer = new VertexBuffer(typeof(
  CustomVertex.TransformedColored), 4, oForm.RenderDevice,
  Usage.None, CustomVertex.TransformedColored.Format,
  Pool.Managed);
```

Obiges VertexBuffer-Objekt bietet im Anschluss genug Speicherplatz, um vier Vertices aufzunehmen, welche ein Rechteck aus zwei Dreiecken bilden. Die CustomVertex.TransformedColored-Struktur stellt das Format über dessen Format-Eigenschaft öffentlich zur Verfügung. Die Konstante Pool.Managed besagt lediglich, dass Sie eine verwaltete Ressource erstellen möchten.

### 2.3.2 Transformierte Vertices

Direct3D stellt über die CustomVertex-Klasse bereits transformierte Vertex-Formate zur Verfügung, wie Sie eben schon gesehen haben. Bereits transformiert bedeutet, dass Sie keine Welt-, Sicht- oder Projektionstransformationen vornehmen müssen. Die Koordinaten jener Vertices werden allein durch die X- und Y-Komponente definiert. Der Punkt (0, 0) entspricht der oberen, linken Ecke.

Die folgenden Vertex-Typen zählen zum Standardrepertoire von Direct3D.

- Transformed
- TransformedColored
- TransformedColoredTextured
- TransformedTextured

Die Namen der einzelnen Strukturen geben zugleich Auskunft darüber, welche Zusatzinformationen in ihnen gespeichert werden können. „Transformed" kennzeichnet den Typ als transformierten Vertex. Hingegen signalisiert das Postfix „Colored", dass jener Typ Ihnen die Freiheit gibt, für jeden Vertex einen Farbwert zu speichern. Texturkoordinaten können in jedem Typ hinterlegt werden, dessen Bezeichner auf „Textured" endet.

Alle Strukturen bieten, wie im vorherigen Abschnitt angesprochen, sowohl eine statische Format-Klassenvariable, als auch eine statische Eigenschaft namens StrideSize. Letztere enthält die Anzahl der Bytes, die die entsprechende Struktur einnimmt.

### 2.3.3 Zugriff auf die Vertex Buffer-Daten

Um Zugriff auf die Daten eines VertexBuffer-Objekts zu erhalten, muss dessen Lock()-Methode aufgerufen werden. Die Methode gibt eine Referenz auf die Daten zurück. Anschließend lassen sich die Vertices lesen und bearbeiten.

```
CustomVertex.TransformedColored[] oVerts = null;
oVerts = (CustomVertex.TransformedColored[])oVertexBuffer.Lock(0,
  LockFlags.None);
```

Ab welcher Position der Buffer für andere Komponenten gesperrt wird, bestimmt das erste Argument: Das Offset. Das zweite Argument muss einem der Flags aus Tabelle 2.5 entsprechen.

| Flag | Beschreibung |
| --- | --- |
| Discard | Es wird eine Referenz auf einen neuen Speicherbereich zurückgegeben. Somit werden quasi alle Daten überschrieben. Dennoch kann der aktuelle Render-Vorgang ungehindert fortgesetzt werden. Diese Option ist vor allem bei dynamischen Buffern sinnvoll. |
| NoOverwrite | Es kann nur ein Zugriff auf Daten erfolgen, die derzeit nicht gerendert werden. |
| ReadOnly | Teilt Direct3D mit, dass Daten nur gelesen und nicht geschrieben werden. Durch diese Zusicherung können Sie sich einen geringen Performance-Gewinn versprechen. |

**Tabelle 2.5:** Flags der LockFlags-Enumeration

Sobald die Lock()-Methode ausgeführt wird, erheben Sie exklusive Zugriffsrechte auf die Ressource. Die Konsequenz daraus ist, dass andere Komponenten während dieses Zeitraums keinen Zugriff auf die Daten haben. Daraus geschlussfolgert ist die Freigabe der Daten nach Beendigung Ihrer Tätigkeiten von enormer Bedeutung. Andernfalls kommt es zu ungewolltem Verhalten oder zu einem Laufzeitfehler.

Nachdem Ihnen die Zugriffsrechte zugesichert wurden, können Sie die Koordinaten festlegen.

```
oVerts[0].X = 50; oVerts[0].Y = oForm.ClientSize.Height - 50;
oVerts[0].Color = Color.Red.ToArgb();

oVerts[1].X = 50; oVerts[1].Y = 50;
oVerts[1].Color = Color.Blue.ToArgb();

oVerts[2].X = oForm.ClientSize.Width - 50;
oVerts[2].Y = oForm.ClientSize.Height - 50;
oVerts[2].Color = Color.Green.ToArgb();

oVerts[3].X = oForm.ClientSize.Width - 50; oVerts[3].Y = 50;
oVerts[3].Color = Color.Yellow.ToArgb();

oVertexBuffer.Unlock();
```

Entgegen jeder Vermutung wird der Farbwert nicht etwa durch eine Color-Struktur beschrieben, sondern muss als Integer-Wert hinterlegt werden. Die ToArgb()-Methode fasst die Werte des Alpha-, Rot-, Grün- und Blau-Kanals zu einer Ganzzahl zusammen.

Sofern Sie dem gefährlichen Wesen der Deadlocks aus dem Weg gehen möchten, bietet die VertexBuffer-Klasse alternativ eine SetData()-Methode, die einen Array mit den Vertices, einen Offset sowie die gewünschte Lock-Charakteristik in Form von LockFlags-Konstanten erwartet.

```
CustomVertex.TransformedColored[] oVerts =
  new CustomVertex.TransformedColored[4];

'Koordinaten und Farbwerte festlegen

oVertexBuffer.SetData(oVerts, 0, LockFlags.None);
```

## 2.3.4 Primitive rendern

Jetzt trennen Sie nur noch wenige Schritte vom lang erwarteten ersten Polygon. Folgende drei Aufgaben gilt es zu lösen.

- Dem `Device`-Objekt muss das Format der Vertices mitgeteilt werden.
- Dem Device muss die Vertex-Quelle mitgeteilt werden.
- Die Primitive müssen gerendert werden, wobei die Wahl auf eine von sechs möglichen Typen fallen muss.

Den ersten Punkt können Sie abhaken, wenn Sie der `VertexFormat`-Eigenschaft eines `Device`-Objekts das Vertex-Format zugewiesen haben.

```
oForm.RenderDevice.VertexFormat =
  CustomVertex.TransformedColored.Format;
```

Bemühen Sie als Nächstes die `SetStreamSource()`-Methode, damit Direct3D in Kenntnis gesetzt wird, von wo die Vertex-Daten bezogen werden sollen. Für den Methodenaufruf sind drei Argumente nötig: Das wäre zunächst einmal die Stream-Nummer als Integer-Wert, gefolgt von der `VertexBuffer`-Instanz und dem Offset. Letzterer Parameter ist vom Typ `int` und definiert das erste Byte, ab dem die Daten in den Render-Prozess einbezogen werden.

```
oForm.RenderDevice.SetStreamSource(0, oVertexBuffer, 0);
```

Der dritte und letzte Punkt wird automatisch gestrichen, wenn die `DrawPrimitives()`-Methode bemüht wird. Diese Methode sorgt dafür, dass die Vertices ggf. entsprechend verbunden werden und der Körper auf dem Back Buffer erscheint. Wie die Vertices verbunden werden, geben Sie mit einer Konstante der `PrimitiveType`-Enumeration an. An zweite Stelle müssen Sie die Nummer der ersten Primitiven übergeben und als Letztes die Anzahl der zu zeichnenden Primitive. Folglich zaubert die folgende Anweisung genau zwei Dreiecke auf den Back Buffer.

```
oForm.RenderDevice.DrawPrimitives(
  PrimitiveType.TriangleStrip, 0, 2);
```

Welche Primitive Direct3D anbietet und auf welche Art und Weise jeder Typ die einzelnen Vertices verbindet, sehen Sie in Abbildung 2.4.

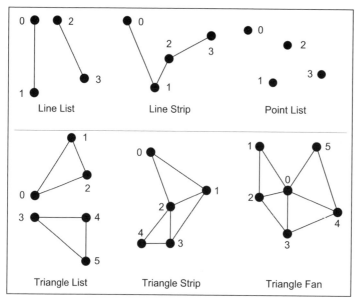

**Abbildung 2.4:** Mögliche Typen von Primitiven

Abschließend sehen Sie im unteren Listing den gesamten Quelltext dieses Beispiels. Dazu ist zu erwähnen, dass der Code innerhalb der anonymen Methode erst dann ausgeführt wird, wenn die `Render()`-Methode der `BaseForm`-Klasse den Back Buffer-Inhalt gelöscht und die Szene begonnen hat. Anonyme Methoden sind eine der Neuerungen, die mit dem .NET Framework 2.0 Einzug in die Programmiersprache C# gehalten haben. Visual Basic-Programmierern steht dieses Feature nicht zur Verfügung. Sofern Sie der Visual Basic-Fraktion angehören, müssen Sie eine gesonderte Methode einfügen und mit Hilfe eines Delegates auf die Methode verweisen.

```
[STAThread]
static void Main()
{
  //Game Loop
  using (BaseForm oForm = new BaseForm())
  {
    oForm.Show();

    //Vertex-Buffer erstellen
    VertexBuffer oVertexBuffer = new VertexBuffer(typeof(
      CustomVertex.TransformedColored), 4, oForm.RenderDevice,
      Usage.None, CustomVertex.TransformedColored.Format,
      Pool.Managed);

    CustomVertex.TransformedColored[] oVerts = null;
```

```csharp
oVerts = (CustomVertex.TransformedColored[])
oVertexBuffer.Lock(0, LockFlags.None);

oVerts[0].X = 50;
oVerts[0].Y = oForm.ClientSize.Height - 50;
oVerts[0].Color = Color.Red.ToArgb();
oVerts[1].X = 50; oVerts[1].Y = 50;
oVerts[1].Color = Color.Blue.ToArgb();
oVerts[2].X = oForm.ClientSize.Width - 50;
oVerts[2].Y = oForm.ClientSize.Height - 50;
oVerts[2].Color = Color.Green.ToArgb();
oVerts[3].X = oForm.ClientSize.Width - 50;
oVerts[3].Y = 50; oVerts[3].Color = Color.Yellow.ToArgb();

oVertexBuffer.Unlock();

  while (oForm.Created)
  {
    //Rendert die Szene
    oForm.Render(delegate
    {

      //Rechteck zeichnen
      oForm.RenderDevice.VertexFormat =
        CustomVertex.TransformedColored.Format;
      oForm.RenderDevice.SetStreamSource(0, oVertexBuffer, 0);

      oForm.RenderDevice.DrawPrimitives(
        PrimitiveType.TriangleStrip, 0, 2);
    });

    //Sorgt für die Verarbeitung der Standard-Ereignisse
    Application.DoEvents();
  }
 }
}
```

## 2.4 Auf in die dritte Dimension!

Endlich ist es an der Zeit in die dritte Dimension einzusteigen. Dazu ändern und erweitern wir lediglich das vorherige Beispiel, damit das Rechteck am Ende um seine Y-Achse rotiert (siehe Abbildung 2.5).

**Abbildung 2.5:** Rotation des Rechtecks um seine Y-Achse

Begonnen wird mit der Anpassung der Vertex-Formate, da nun zusätzlich die Z-Koordinate untergebracht werden muss. Speziell davon betroffen sind die Initialisierung des VertexBuffer-Objekts, die Deklaration des Vertex-Arrays sowie die Zuweisung des Vertex-Formats an das Device. Jetzt gilt es noch das richtige Format zu wählen, das die X-, Y- und Z-Komponenten sowie den Farbwert für jeden Vertex speichert. Genau jene Anforderung erfüllt die CustomVertex.PositionColored-Struktur.

Beachten Sie hierbei, dass die Koordinaten in dieser Struktur nicht mehr für die Ebene gelten, sondern für den dreidimensionalen Raum. Folglich müssen auch die Koordinaten angepasst werden, damit der Mittelpunkt des Körpers im Origo (Ursprung) des Koordinatensystems liegt. Für Rotationen um die Y-Achse ist es weniger wichtig, wenn die Dreiecke vertikal nicht zentriert sind. Dennoch sollten Sie immer eine Zentrierung des Objekts anstreben, damit die geometrische Interpretation einer Transformation immer Ihren Vorstellungen entspricht.

```
oVerts[0].X = -50; oVerts[0].Y = -50; oVerts[0].Z = 0;
oVerts[0].Color = Color.Red.ToArgb();
```

Noch werden Sie lediglich (wenn überhaupt) einen schwarzen Fleck auf dem Monitor sehen, denn es fehlen noch die Welt-, Sicht- und Projektionsmatrizen. Die Weltmatrix (World Matrix) beschreibt die Umrechnung von Objektkoordinaten in Weltkoordinaten. Sie haben die Koordinaten des Rechtecks eben so gewählt, dass dessen Mittelpunkt im Ursprung des Koordinatensystems gelegen ist. In einer Szene werden die Objekte aber nur in den seltensten Fällen im Ursprung sein.

Zwar wird in diesem Beispiel das gesamte Objekt im Ursprung bleiben, dennoch müssen die Vektoren manipuliert werden, um die Drehbewegung durchzuführen. Weisen Sie hierfür der `Device.Transform.World`-Eigenschaft eine Matrix zu, welche die Transformation beschreibt. Die Hilfsmethode `RotationY()` der `Matrix`-Struktur hilft Ihnen bei der Generierung der Matrix.

```
if (iAngle == 359)
   iAngle = 0;
else
   iAngle++;

oForm.RenderDevice.Transform.World =
   Matrix.RotationY(Geometry.DegreeToRadian(iAngle));
```

Diese Berechnung wird pro Frame erneut ausgeführt, um eine flüssige Bewegung zu realisieren.

An nächster Stelle folgt die Sichtmatrix, welche sowohl die Position als auch die Ausrichtung der virtuellen Kamera definiert. Hilfestellung gibt die `Matrix.LookAtLH()`-Methode für linkshändige kartesische Koordinatensysteme bzw. die `Matrix.LookAtRH()` für die rechtshändige Variante. Übergeben Sie der Methode drei Vektoren, welche die Position der Kamera bestimmen, die Blickrichtung sowie einen Vektor, der die Richtung nach oben angibt (siehe Abbildung 2.6).

```
oForm.RenderDevice.Transform.View =
   Matrix.LookAtLH(new Vector3(0, 0, -100), new Vector3(0, 0, 0),
   new Vector3(0, 1, 0));
```

Quasi das Objektiv einer Kamera stellt die Projektionsmatrix dar, welche mittels der Methoden `PerspectiveFovLH()` und `PerspectiveFovRH()` generiert werden kann. Mittels des ersten Arguments bestimmen Sie den FOV (Field Of View), welcher im Bogenmaß angegeben wird. Der FOV beschreibt den Winkel mit dem sich das Sichtfeld ausbreiten soll. Durch die Formel `Pi/ 4` ist eine wirklichkeitsgetreue Darstellung möglich. Größere Werte erzeugen einen breiteren Blickwinkel, kleinere Werte hingegen wirken wie eine Zoom-Funktion.

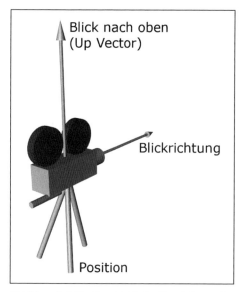

**Abbildung 2.6:** Die View-Matrix bestimmt die Position und Blickrichtung der Kamera

An zweiter Stelle steht der Aspect Ratio – das Verhältnis zwischen der Breite und Höhe des Back-Buffers (meist gleichen die Dimensionen des Back-Buffers denen des Anzeigefensters bzw. der gewählten Auflösung im Fullscreen-Modus). Folgende Formel gilt zur Berechnung des korrekten Aspect Ratio-Werts.

```
AspectRatio = screenWidth/ screenHeight
```

Die letzten beiden Argumente bestimmen ab welchen Abstand ein Objekt als hinter der Kamera gilt bzw. ab welcher Entfernung sich ein Körper außerhalb des Sichtfelds befindet. Die View- und Projection-Matrix zusammen bilden das sog. Viewing Frustrum – den Sichtkegel.

```
oForm.RenderDevice.Transform.Projection = Matrix.PerspectiveFovLH(
  (float)Math.PI / 2, (float)(m_oPresentParams.BackBufferWidth /
  m_oPresentParams.BackBufferHeight), 1.0f, 500.0f);
```

## Der Viewport

Der sog. Viewport definiert die Größe des Surfaces (Eigenschaften Width und Height), auf welches die 3D-Objekte projiziert werden. Ein Device-Objekt besitzt eine Eigenschaft namens Viewport, die ein Objekt eines gleichnamigen Typs zurückgibt. Jener Typ gewährt einen Einblick in die Ausmaße des Render-Ziels und gibt die Z-Werte der Near Plane und Far Plane. Soll heißen, die als MinZ und MaxZ betitelten Eigenschaften geben die Abstände an, zwischen denen sich die sichtbaren Objekte befinden. Objekte außerhalb des Raums, der durch die Near Plane und Far Plane abgesteckt ist, kommen dem Anwender nicht unter die Augen. Abbildung 2.7 stellt das Viewing Frustrum schematisch dar. Der Viewport stellt dabei quasi den Bildschirm dar, der die dreidimensionalen Körper auf einer Ebene darstellt.

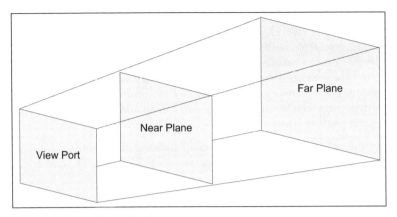

**Abbildung 2.7:** Das Viewing Frustrum

## 2.4.1 Die Render States

Wenn Sie das Beispiel bis hierher kontinuierlich weiterentwickelt haben, dann wird sich die Abbildung 2.5 noch immer von Ihrer insofern unterscheiden, dass die Farben der Vertices nicht zu sehen sind und dass das Rechteck immer nur alle zwei Umdrehungen sichtbar ist. Schuld an diesem Dilemma sind zwei Eigenschaften, dessen Werte nicht denen des endgültigen Beispielprojekts entsprechen. Als Konsequenz daraus ist die Beleuchtungsengine von Direct3D noch immer aktiv. Da der Szene aber keine Lichtquellen hinzugefügt wurden, erscheint das Rechteck schwarz.

Über die sog. Render States kann die Art und Weise, wie Direct3D die Geometrie rendert beeinflusst werden. Hinter der RenderStates-Eigenschaft eines Device-Objekts verbirgt sich eine Klasse namens RenderStateManager, welche die relevanten Funktionalitäten kapselt. So lässt sich beispielsweise die Beleuchtung aktivieren bzw. deaktivieren, indem Sie der Lighting-Eigenschaft einen booleschen Wert zuweisen. Die folgenden Abschnitte stellen Ihnen ein paar der Eigenschaften vor.

### Vertex Lighting

Standardmäßig ist die Beleuchtung der Vertices aktiviert. Da dies im aktuellen Projekt nicht erwünscht ist, wird die Eigenschaft auf false gesetzt. Wie Sie Ihrem Szenario diverse Lichtquellen hinzufügen können, erfahren Sie im nächsten Kapitel.

```
m_oDevice.RenderStates.Lighting = false;
```

### Back Face Culling

In Zusammenhang mit der Rendering Pipeline wurde Ihnen das Konzept des Back Face Culling ansatzweise näher gebracht. Je nach gewählter Option, entfernt Direct3D jede Primitive, die im aktuellen Frame mit der Rückseite zum Betrachter zeigt. Anhand der Vertex-Anordnung und der gewählten Konstante für die CullMode-Eigenschaft leitet Direct3D für jede Primitive die Vorder- und Rückseite ab.

Doch welchen Grund könnte die Entfernung einzelner Polygone haben? Stellen Sie sich einen Würfel vor, der aus jeweils zwei Dreiecken pro Seite besteht. Wenn Sie den Würfel nun um 180° drehen, dann werden die Vorderseiten der eben noch sichtbaren Dreiecke von Ihnen abgewandt sein. Zudem werden sie durch deren gegenüberliegende Dreiecke verdeckt, die jetzt die sichtbare Seite bilden. Indem die zwei angewandten Dreiecke von Direct3D entfernt werden, entziehen sich diese weiterer Berechnungen, wie etwa einer Beleuchtung oder Texturierung. Das spart Rechenzyklen, die in anderen Bereichen wiederum sinnvoll eingesetzt werden können.

Doch Vorsicht! Direct3D entfernt lediglich pauschal all diejenigen Primitive, die dem Betrachter abgewandt sind. Direct3D entfernt nicht etwa solche Dreiecke, die durch andere verdeckt werden.

Für das Beispielprogramm ist die Entfernung der Polygone nicht sinnvoll, weshalb die folgende Zuweisung im Initialisierungscode platziert wurde.

```
oForm.RenderDevice.RenderState.CullMode = Cull.None;
```

Die Konstante `Cull.Clockwise` bewirkt, dass jene Polygone durch Direct3D unberücksichtigt bleiben, dessen Vertices im Uhrzeigersinn angeordnet sind. Das Pendant dazu ist die `Cull.CounterClockwise`-Konstante.

### Fill Mode

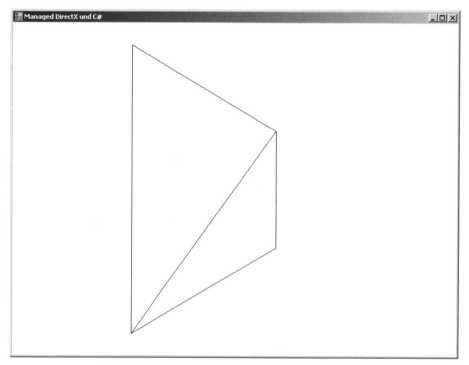

**Abbildung 2.8:** Ein Rechteck als Drahtgittermodell gezeichnet

Eine weitere interessante Einstellung an dieser Stelle ist die FillMode-Eigenschaft. Je nach Wahl einer der Konstanten, die in der FillMode-Enumeration definiert sind, erscheint die Geometrie entweder wie gewohnt (FillMode.Solid), als Drahtgittermodell (Fill-Mode.WireFrame) oder ausschließlich als Ansammlung von vielen Punkten (FillMode.Point).

```
m_oDevice.RenderStates.FillMode = FillMode.WireFrame;
```

Eine Darstellung des Rechtecks als Drahtgittermodell zeigt Abbildung 2.8 auf.

## Shade Mode

Während der Rasterisation berechnet Direct3D für jede Position den Farbwert eines Pixels, welcher letztlich in den Back Buffer geschrieben wird. Standardmäßig wird dabei eine lineare Interpolation zwischen den Farbwerten der Vertices durchgeführt, woraus recht ansehnliche Farbverläufe resultieren. In der DirectX-Dokumentation ist dieses Thema unter Shading verzeichnet. Definiert sind die verfügbaren Shading-Modi in der ShadeMode-Enumeration.

- ShadeMode.Gouraud
  Veranlasst Direct3D dazu, die Farbwerte zwischen den Vertices zu interpolieren. Dadurch entstehen weiche, lineare Übergänge zwischen unterschiedlichen Farbwerten.

- ShadeMode.Flat
  Beim Flat Shading stechen besonders die Kanten der Polygone hervor, weil jene einfarbig sind. Das gesamte Dreieck wird immer mit dem im ersten Vertex definierten Wert eingefärbt.

- ShadeMode.Phong
  Das Phong-Beleuchtungsmodell ist noch nicht in den Direct3D-Befehlssatz integriert worden, weshalb diese Konstante ohne Funktion ist.

Die optischen Unterschiede der beiden Modi sind enorm, wie Abbildung 2.9 beweist. Das Flat Shading berücksichtigt auch nur zwei Farbwerte, trotzt der vier Definitionen. Dies ist damit begründet, dass nur zwei Dreiecke existieren und Direct3D beim Flat Shading keine Interpolationen durchführt.

**Abbildung 2.9:** Flat Shading und Gouraud Shading im Vergleich

## 2.4.2 Matrizen in der Praxis

Es ist von grundlegender Bedeutung, dass Sie die Matrizen richtig zu nutzen wissen. Aufgabe dieses Abschnitts ist es, die Matrizenrechnung etwas zu festigen und Theorie an praktischen Beispielen zu beweisen. Das Beispiel entspricht mit Ausnahme der Welttransformation dem Projekt der vorherigen Abschnitte.

Als Behauptung wird in den Raum gestellt, dass das Kommutativgesetz für Matrizen bzw. für Kombinationen aus einer Matrix und einem Vektor nicht gilt. Laut dem Kommutativgesetzt für die Addition und Multiplikation von reellen Zahlen dürfen Summanden bzw. Faktoren vertauscht werden, ohne dass Veränderungen der Summe bzw. des Produkts zu beobachten sind. Merken Sie sich gut, dass dieses Gesetz nicht für Matrizen gilt!

Sie können Matrizen, die Transformationen beschreiben, miteinander Multiplizieren, um alle Transformationen mit Hilfe einer Matrix auszudrücken. Dabei gilt es stets zu beachten, dass die Reihenfolge der Multiplikation gleichzeitig der Reihenfolge der Transformationen entspricht.

In folgender Codepassage werden zwei Variablen deklariert, die beide vom Typ `Matrix` sind. Die erste Matrix realisiert eine Drehung um die Y-Achse, die zweite führt eine Translation entlang der X-Achse aus. Die Welttransformation ergibt sich aus beiden Transformationen. Damit für jeden Vertex nur eine Berechnung ausgeführt werden muss, werden zuvor die Matrizen miteinander multipliziert.

```
Matrix oRotation = Matrix.RotationY((float)Math.PI / 4);
Matrix oTranslation = Matrix.Translation(25, 0, 0);

oForm.RenderDevice.Transform.World = Matrix.Multiply(
  oTranslation, oRotation);
```

Da der Mittelpunkt des Rechtecks auf dem Ursprung des Koordinatensystems liegt, bewirkt die obige Weltmatrix, die Verschiebung des gedrehten Rechtecks. Der Wert PI/4 beschreibt einen Winkel von 45° im Bogenmaß, wodurch die Umrechnung wegfällt.

Werfen Sie nun einen Blick auf das unten zu sehende Listing und überlegen Sie welches Resultat durch die Matrix zu erwarten ist.

```
oForm.RenderDevice.Transform.World = Matrix.Multiply(
  oRotation, oTranslation);
```

Mit dieser Variante verschieben Sie das Rechteck von dessen Ursprung 25 Einheiten entlang der X-Achse weg. Folglich ist der Mittelpunkt des Rechtecks nicht mehr mit dem Ursprung gleichgesetzt. Anschließend wird eine Rotation durchgeführt. Wenn Ihnen das Bild vor Ihrem geistigen Auge nicht ganz klar wird, dann lüftet Abbildung 2.10 das Geheimnis.

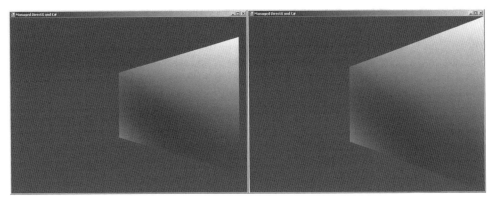

**Abbildung 2.10:** Die Abbildung liefert den Beweis, dass das Kommutativgesetz für Matrizen nicht gilt.

### 2.4.3 Wiederherstellen des Device-Objekts

Ein Device kann zwei Zustände annehmen: Den sog. Operational State oder den Lost State. Solang sich der Device im Operational State befindet, arbeitet jener wie geplant und ist in der Lage, mit der Hardware zu kommunizieren, um 3D-Objekte auf den Monitor zu bringen. Durch diverse Ereignisse kann der Operation State verloren gehen, wodurch der Device in den Lost State übergeht. Dieses Szenario ist beispielsweise zu beobachten, wenn der Fokus an ein anderes Fenster gegeben wird. Es ist für den Device dann nicht möglich die Render-Vorgänge fortzuführen.

Entgegen jeder Vermutung kommt es zu keinem Laufzeitfehler, wenn Sie versuchen Primitive mittels jenem, verloren gegangenen Device auszugeben. Sobald der Device vom Operational State in den Lost State übergeht, signalisiert Direct3D Ihnen diesen Wechsel mit einem Device.DeviceReset-Ereignis. Anschließend wird permanent geprüft, ob ein neues Device-Objekt erzeugt werden kann. Ist dies der Fall tritt ein Device.DeviceReset-Ereignis ein. Dem Programmierer obliegt nun die Aufgabe auf das Ereignis entsprechend zu reagieren, um der Anwendung wieder einen gültigen Device zu bieten. Wie folgt sieht die Ereignisprozedur des Beispielprojekts aus.

```
protected void OnDeviceReset(object sender, EventArgs e)
{
  m_oDevice = (Device)sender;
  m_oDevice.RenderState.Lighting = false;
  m_oDevice.RenderState.CullMode = Cull.None;
}
```

Natürlich dürfen Sie nicht vergessen, einen neuen Event Handler anzulegen.

```
m_oDevice.DeviceReset += new EventHandler(OnDeviceReset);
```

Nachdem die Anwendung im Besitz eines neuen Device-Objekts ist, gilt es die geänderten Render States erneut festzulegen. Außerdem bedarf es bei bestimmten Ressourcen einer neuen Initialisierung. Doch dazu mehr Details, wenn es um Ressourcen im spezifischen geht.

## 2.5 Das Flexible Vertex Format (FVF)

Mit einigen Vertex-Formaten haben Sie bereits gearbeitet. Diese Strukturen wurden bisher immer von der CustomVertex-Klasse angeboten. Jedoch hält jene Klasse nicht für alle Szenarien ein passendes Format bereit. Wenn dies der Fall ist, sind eigene Lösungen gefragt. Dank des flexiblen Vertex-Formats stellt diese Aufgabe kein größeres Problem dar.

Um den Ball noch flach zu halten, wollen wir das farbige rotierende Rechteck mit unserer eigenen Struktur umsetzen. Die Struktur erhält den Namen MyVertexFormat und ist wie folgt deklariert:

```
struct MyVertexFormat
{
  public float X;
  public float Y;
  public float Z;
  public int Color;

  public static VertexFormats Format
  {
    get { return VertexFormats.Position | VertexFormats.Diffuse; }
  }
}
```

Das Format wird in einer Struktur beschrieben, die drei Float-Variablen für alle drei Komponenten des Positionsvektors bereithält. Welche Informationen in der Struktur zu finden sind, teilen Sie Direct3D mittels der Format-Eigenschaft mit. Verknüpfen Sie die Flags der VertexFormats-Enumeration (Tabelle 2.6) mit einem bitweisen ODER.

| Flag | Beschreibung |
| --- | --- |
| Diffuse | Definiert eine Farbe (Diffuse Farbkomponente) |
| Normal | Entspricht einem Normalen-Vektor |
| Position | Entspricht dem Positionsvektor |
| Specular | Gibt die Farbe für Glanzlichter an |
| Texture1 bis Texture9 | Ein Vertex kann bis zu 9 Texturkoordinaten aufnehmen. Die Texture-Flags definieren den nötigen Platz für die Texturkoordinaten. |
| Transformed | Gibt an, dass der Positionsvektor bereits transformiert ist. |

**Tabelle 2.6:** Eine Auswahl von Flags der VertexFormats-Enumeration

Die eben entworfene Struktur können Sie nun anstelle der CustomVertex.PositionColored-Struktur einsetzen. Eine angepasste Version des Matrizen-Beispiels finden Sie auf der CD-Rom zum Buch.

## 2.6 Der Index Buffer

Ein Vertex Buffer ist ein Speicherbereich zur Aufnahme von Vertex Daten. Analog dazu ist ein Index Buffer ein Speicherbereich zur Aufnahme von Indizes. Nachteilig bei der Verwendung eines Vertex Buffers ist die Tatsache, dass Vertices immer in der richtigen Reihenfolge im Buffer liegen müssen. Andernfalls werden die Vertices nicht korrekt zu den gewünschten Primitiven verbunden. Außerdem treten bei Dreiecks-Listen Speicherredundanzen auf, weil in der Regel ein bis zwei Vertices immer ein und dieselbe Position haben.

Arbeiten Sie stattdessen mit einem Index Buffer, schreiben Sie jeden Vertex, unabhängig einer Reihenfolge, einmalig in den Vertex Buffer und erstellen anschließend im Index Buffer einen Verweis, der durch ein Index realisiert ist. Durch die Verweise wird die Reihenfolge für eine entsprechende Primitive gebildet. Abbildung 2.8 zeigt vier Vertices und den dazugehörigen Index Buffer. Die Indizes sind so gewählt, dass bei der Verwendung einer Dreiecks-Liste zwei Primitive entstehen.

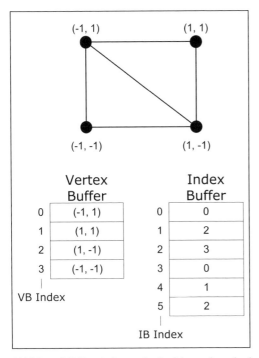

**Abbildung 2.11:** Verminderung des Speicherverbrauchs durch Indizes

Wenn Sie daran denken, dass ein Vertex neben dem Positions- und dem Normalen-Vektor zusätzliche Farbwerte und Texturkoordinaten speichern kann, dann ist die Verminderung des Speicherverbrauchs enorm. Die Indizes werden entweder als 16 Bit oder als 32 Bit Ganzzahl gespeichert und belegen somit nur einen geringen Speicherbereich.

## 2.6.1 Initialisierung

Von den insgesamt sechs Überladungen des `IndexBuffer`-Konstruktors kommt die folgende Variante im Laufe des Buchs zum Tragen. Im Großen und Ganzen ähnelt die Parameterliste der des Vertex Buffers.

```
Public IndexBuffer(Type typeIndexType, int numberIndices,
  Device device, Usage usage, Pool pool);
```

Übergeben Sie als erstes Argument einen Ganzzahl-Datentyp. Je nachdem ob Sie einen 16 Bit- oder einen 32 Bit-Integer übergeben, werden von 65536 bis 4294967296 Einträge im Index Buffer möglich. Fließkommazahlen sind nicht gültig. Als zweites Argument fordert der Konstruktor die Anzahl der gewünschten Indizes, welcher ein gültiges `Device`-Objekt folgt. Beim `Usage`-Parameter haben Sie beispielsweise Einfluss darauf, ob die CPU sich mit dem Index Buffer befassen soll (Flag: `Usage.SoftwareProcessing`). Das entsprechende Flag setzt jedoch voraus, dass auch der Device entweder mit dem `CreateFlags.SoftwareVertex-Processing-` oder mit dem `CreateFlags.MixedVertexProcessing` initialisiert wurde. Die gewünschte Speicherverwaltung bestimmt das letzte Argument.

Eine zweite Überladung ermöglicht die explizite Auswahl zwischen einem 16 Bit und einem 32 Bit-Index Buffer durch einen booleschen Wert. Jedoch muss dem Konstruktur die Größe des Buffers durch die Anzahl der Bytes mitgeteilt werden. Alle anderen Parameter sind bereits bekannt.

```
Public IndexBuffer(Device device, int sizeOfBufferInBytes,
  Usage usage, Pool pool, bool sixteenBitIndices)
```

Natürlich dürfen ein paar Beispielaufrufe nicht fehlen.

```
//Überladung 1 - 32 Bit Integer
IndexBuffer oIndexBuffer = new IndexBuffer(
  typeof(int), 6, oForm.RenderDevice, 0, Pool.Managed);

//Überladung 2 - 32 Bit Integer
IndexBuffer oIndexBuffer = new IndexBuffer(
  oForm.RenderDevice, 6 * 8, Usage.None, Pool.Managed, false);

//Überladung 2 - 16 Bit Integer
IndexBuffer oIndexBuffer = new IndexBuffer(
  oForm.RenderDevice, 6 * 4, Usage.None, Pool.Managed, true);
```

## 2.6.2 Indizes definieren

Genauso wie beim Vertex Buffer bieten auch Instanzen der `IndexBuffer`-Klasse zwei Varianten zum Zugriff auf dessen Daten. Entweder Sie stellen jeder Datenmanipulation einen Aufruf der `Lock()`-Methode voran und geben den Speicherbereich im Anschluss daran wieder frei oder Sie übergeben der `SetData()`-Methode einen Array.

```
//Variante 1
int[] oIndices = (int[])oIndexBuffer.Lock(0, LockFlags.None);
oIndices[0] = 1; oIndices[1] = 2; oIndices[2] = 0;
oIndices[3] = 1; oIndices[4] = 3; oIndices[5] = 2;

oIndexBuffer.Unlock();

//Variante 2
int[] oIndices = new int[6];
oIndices[0] = 1; oIndices[1] = 2; oIndices[2] = 0;
oIndices[3] = 1; oIndices[4] = 3; oIndices[5] = 2;

oIndexBuffer.SetData(oIndices, 0, LockFlags.None);
```

### 2.6.3 Rendern mit einem Index Buffer

Für Render-Aktionen, in denen ein Index Buffer verstrickt ist, bietet Direct3D eine spezielle Methode an. Zuvor muss Direct3D jedoch die Quelle der Indizes kennen. Dieser Missstand wird von der unteren Zuweisung behoben.

```
oForm.RenderDevice.Indices = oIndexBuffer;
```

Zum Zeichnen der Polygone kommt statt der bekannten Methode DrawPrimitives() die DrawIndexedPrimitives()-Methode zur Anwendung. Wie folgt sieht dessen Signatur aus.

```
Public void DrawIndexedPrimitives(PrimitiveType primitiveType,
    int baseVertex, int minVertexIndex, int numVertices,
    int startIndex, int primCount);
```

Bevor detailliert auf die einzelnen Parameter eingegangen wird, ein exemplarischer Aufruf vorweg.

```
oForm.RenderDevice.DrawIndexedPrimitives(
    PrimitiveType.TriangleList, 0, 0, 6, 0, 2);
```

Von besonderem Interesse ist sowohl das vierte, als auch das letzte Argument, welche zum einen die Anzahl der Vertices angeben und zum anderen die Anzahl der Primitive. Wichtig sind an dieser Stelle das vierte und sechste Argument, wodurch die Anzahl der verwendeten Indizes und die Anzahl der Primitive angegeben wird.

### Der baseVertex-Parameter

Dank des baseVertex-Parameters lassen sich die Indizes nach hinten verschieben. Beispielsweise übergeben Sie als Argument den Wert 40, damit anschließend der Index 0 auf den 40. Index verweist (siehe Abbildung 2.12).

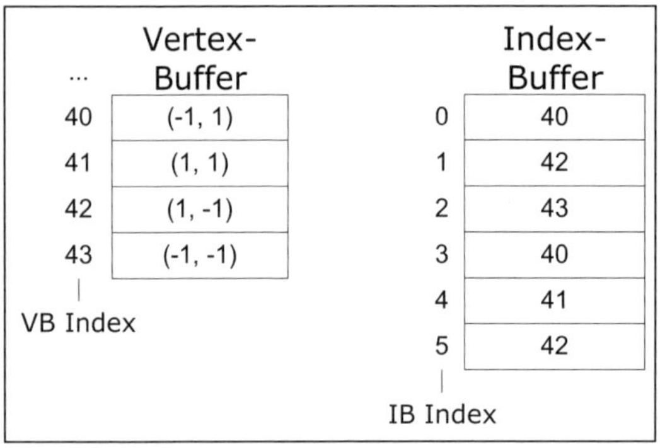

# 2 – Direct3D-Grundlagen

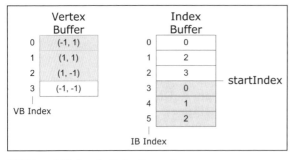

**Abbildung 2.12:** Indexverschiebung durch den BaseVertex-Parameter

Um nur zwei Anwendungsgebiete zu nennen, sei zum einen die Platzierung der Vertices mehrerer Objekte in einem Vertex Buffer erwähnt. Statt für jedes Objekt die korrekten Startindizes zu berechnen, geben Sie einfach den ersten Index des Objekts an. Anschließend können die Teile des Objekts wie gehabt gerendert werden.

Zum anderen ist beispielsweise eine Mauer denkbar, die aus mehreren Reihen aufgebaut ist. Statt für jede Reihe die korrekten Indizes zu berechnen, legen Sie einmal die Indizes fest und verschieben anschließend einfach eine Art „Zeiger" weiter zur nächsten Reihe. In Kürze präsentiert sich Ihnen dieses Verfahren an einem Beispiel.

### minVertexIndex

Gibt den kleinsten Index an, auf den im Index Buffer verwiesen wird.

### startIndex

Mit jenem Parameter lässt sich festlegen, ab welchem Index Direct3D anfangen soll die Indices und indirekt die Vertices zu lesen. Statt zwei Dreiecke kann auch nur eins gezeichnet werden (siehe Abbildung 2.13).

**Abbildung 2.13:** Der startIndex-Parameter

## 2.6.4 Indexed Primitives in Szene gesetzt

Das nachfolgende Beispiel demonstriert den Einsatz indizierter Primitive und im speziellen eine exemplarische Vorgehensweise zur Nutzung des baseVertex-Parameters der DrawIndexedPrimitives()-Methode. Vorab sehen Sie das Ergebnis in Abbildung 2.14, welche einen kleinen Hügel zeigt.

Gekapselt sind die Funktionalitäten in der Hill-Klasse, dessen Konstruktor ein Device-Objekt übergeben werden muss. Der Konstruktor wiederum ruft die Kernmethode CreateVertexIndexData() auf, um die Vertices und Indizes zu generieren. Zur Ausgabe auf den Monitor dient die Prozedur Render().

```
//Hill-Instanz erzeugen
Hill oHillGraphicObject = new Hill(oForm.RenderDevice);

//Objekt zeichnen
oHillGraphicObject.Render();
```

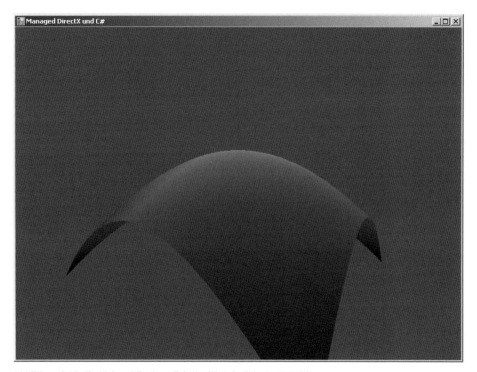

**Abbildung 2.14:** Ein kleiner Hügel, realisiert mittels indizierter Primitive

Die CreateVertexIndexData()-Methode generiert im ersten Schritt ein Raster bestehend aus einer Vielzahl von Vertices, wobei das Raster zeilenweise von der positiven Z-Achse bis hin zur negativen Z-Achse aufgebaut wird. Für jede Z-Koordinate werden die Koordinaten von der negativen zur positiven X-Achse berechnet (siehe Abbildung 2.15).

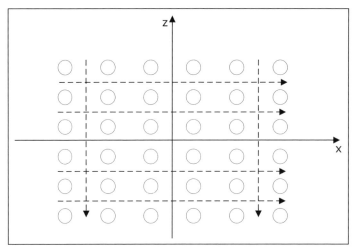

**Abbildung 2.15:** Aufbau des Vertex-Rasters zeilenweise entgegen der negativen Z-Achse und entgegen der positiven X-Achse.

Wie viele Vertices insgesamt generiert werden, ist abhängig von den Konstanten NUM_HORIZONTAL_RECTS und NUM_VERTICAL_RECTS, die die Anzahl der zu bildenden Rechtecke festlegen. Den Abstand zwischen den einzelnen Koordinaten hält die SPACE_BETWEEN_VERTICES-Konstante fest. Mit diesem Vorwissen können Sie nun einen Blick auf den dazugehörigen Quelltext werfen.

```
private void CreateVertexIndexData()
{
  if(m_oDevice == null)
    throw new ArgumentNullException("Device is null");

  int iNumVertices = (NUM_HORIZONTAL_RECTS + 1) *
    (NUM_VERTICAL_RECTS + 1);

  if (m_oVertexBuffer == null)
    m_oVertexBuffer = new VertexBuffer(typeof(
      CustomVertex.PositionColored), iNumVertices, m_oDevice,
      Usage.SoftwareProcessing,
      CustomVertex.PositionColored.Format, Pool.Managed);

  CustomVertex.PositionColored[] oVerts =
    new CustomVertex.PositionColored[iNumVertices];

  int iVertexNumber = 0;
  int iX = (NUM_HORIZONTAL_RECTS * SPACE_BETWEEN_VERTICES) / 2;
  int iY = (NUM_VERTICAL_RECTS * SPACE_BETWEEN_VERTICES) / 2;
```

```
for (int z = iY; z >= -iY; z -= SPACE_BETWEEN_VERTICES)
  for (int x = -iX; x <= iX; x += SPACE_BETWEEN_VERTICES)
  {
    oVerts[iVertexNumber].X = x;
    oVerts[iVertexNumber].Z = z;

    //Quadratische Funktion zur Berechnung der Y-Koordinate
    oVerts[iVertexNumber].Y = (float)(-0.007 *
      Math.Pow((double)z, 2) - 0.007 * Math.Pow(x, 2) + 50);


    //Berechnung des Farbwerts
    oVerts[iVertexNumber++].Color = Color.FromArgb(0,
      200 - Math.Abs(x) - Math.Abs(z), 0).ToArgb();
  }

m_oVertexBuffer.SetData(oVerts, 0, LockFlags.None);

//IndexBuffer-Objekt initialisieren & Indizes generieren
// ...
}
```

Die Y-Koordinate errechnet sich aus zwei quadratischen Funktionen, die von den X- und Z-Koordinaten abhängig sind. Das negative Vorzeichen dreht die Kurve, so dass der Graph nach unten geöffnet ist. Zwei Faktoren schwächen den ansonsten sehr steilen Anstieg ab.

Ebenfalls vom Kurvenverlauf abhängig sind die Farbwerte der Vertices. Die Spitze des Bergs soll in einem prächtigen Grün strahlen, wo hingegen die Ränder immer dunkler werden. Das Tripel (0, 255, 0) entspricht einem vollen Grün im RGB-Format (Rot, Grün, Blau). Aufgrund der Helligkeit wird stattdessen der Wert 200 gewählt, von welchem anschließend die Beträge der Koordinaten x und z abgezogen werden. Folglich erhält die Spitze des Berges ein helles Grün und die Ränder ein dunkles Grün, weil die Koordinaten zu den Rändern hin immer größer werden.

Behelfen Sie sich mit der Color-Struktur, speziell mit den Methoden FromArgb() und ToArgb() um den Integer-Wert zu berechnen, der alle drei Farbkanäle und den optionalen Alpha-Kanal widerspiegelt.

### Indizes berechnen

Nicht etwa für alle Dreiecke des gesamten Körpers werden die Indizes berechnet, sondern lediglich für ein Rechteck, dessen Indizes auf zwei Vertex-Reihen verweisen. Weil bei einer Dreiecksliste pro Dreieck drei Vertices erforderlich sind, müssen für ein Segment, sprich für ein Teilrechteck, genau sechs Indizes gespeichert werden.

```
private void CreateVertexIndexData()
{
  if (m_oIndexBuffer == null)
    m_oIndexBuffer = new IndexBuffer(typeof(int),
      (NUM_HORIZONTAL_RECTS) * 6, m_oDevice, Usage.None,
      Pool.Managed);

  int[] iIndices = new int[(NUM_HORIZONTAL_RECTS) * 6];

  for (int i = 0; i <= NUM_HORIZONTAL_RECTS - 1; i++)
  {
    iIndices[i * 6]     = NUM_HORIZONTAL_RECTS + i + 1;
    iIndices[i * 6 + 1] = i;
    iIndices[i * 6 + 2] = i + 1;

    iIndices[i * 6 + 3] = NUM_HORIZONTAL_RECTS + i + 1;
    iIndices[i * 6 + 4] = i + 1;
    iIndices[i * 6 + 5] = NUM_HORIZONTAL_RECTS + i + 2;
  }

  m_oIndexBuffer.SetData(iIndices, 0, LockFlags.None);
}
```

Auf welche Art und Weise die Vertices verbunden werden, zeigt die Abbildung 2.16 schematisch.

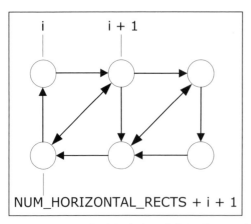

**Abbildung 2.16:** Reihenfolge in der auf die Vertices verwiesen wird

### Rendern des gesamten Körpers

Prinzipiell läuft der Render-Prozess genauso ab, wie die Generierung der Vertex-Daten. Der Hügel wird von der positiven Z-Achse in Richtung negativer Z-Achse reihenweise gerendert, wobei kontinuierlich der Index des `baseVertex`-Arguments erhöht wird und somit die Indizes stets auf die richtigen Vertices im Vertex Buffer verweisen.

```
for (int i = 0; i <= NUM_VERTICAL_RECTS - 1; i++)
  m_oDevice.DrawIndexedPrimitives(PrimitiveType.TriangleList,
    i * (NUM_HORIZONTAL_RECTS + 1), 0, NUM_HORIZONTAL_RECTS * 6,
    0, NUM_HORIZONTAL_RECTS * 2);
```

Das war's auch schon. Nun dürfte der kleine Hügel auch bei Ihnen auf dem Monitor erscheinen. Eine Kleinigkeit mag noch stören, wenn Sie das Objekt beispielsweise um seine Y-Achse drehen: Es schimmern teils die hinteren Ecken durch, auch wenn diese eigentlich nicht sichtbar sind. Diesem Problem nehmen wir uns im übernächsten Abschnitt an, wenn der Fokus speziell auf den Tiefenspeicher gerichtet ist.

Doch lassen wir zu guter Letzt einmal Revue passieren, welche Vorteile der Index Buffer in diesem Beispiel mit sich gebracht hat. Wenn das Objekt in der Breite sowie in der Tiefe 20 Segmente umfasst, dann existieren auf jeder Seite 21 Vertices. In der Summe macht das ganze 441 Vertices. Eine `CustomVertex.PositionColored`-Struktur nimmt 16 Byte vom Arbeitsspeicher ein. Hinzu kommen nochmals 120 Indizes á 8 Byte. Insgesamt belegen die Vertices und die Indizes somit 8016 Bytes.

Würden Sie stattdessen alle Dreiecke mit eigenen Vertices im Vertex Buffer hinterlegen, dann benötigen Sie 840 Vertices derselben Struktur, wodurch ein Speicherverbrauch von 13440 Bytes zu beobachten ist. Wie Sie sehen, macht sich der Einsatz des Index Buffers bei einer Vielzahl von Dreiecken bezahlt. Noch besser schneidet der Index Buffer ab, wenn statt einem 32 Bit-Index dessen 16 Bit-Sparvariante zum Einsatz kommt.

## 2.6.5 Zeitsynchronisation

In der Vergangenheit glichen sich die Computersysteme sehr stark. Große Leistungsunterschiede waren nicht wirklich spürbar. Heutzutage sieht das ganz anders aus. Ein weites Spektrum von Hardwarekomponenten macht es schlicht weg unmöglich, irgendeine Komponente vorauszusetzen. Insbesondere bei der Umsetzung von Animationen spielt die Leistungsstärke des ausführenden Systems eine entscheidende Rolle. Je schneller der Computer die Befehle verarbeiten kann, desto schneller wird die Animation abgespielt. In Zeiten, in denen den Multiplayer-Partien, ob im Internet oder im LAN, immer mehr an Bedeutung zukommt, wäre es gelinde gesagt der Tod eines jeden Programms, wenn die Spieler unterschiedliche Wege in derselben Zeit zurücklegen, nur weil sich dessen Hardwarekomponenten unterscheiden.

Nicht nur aus diesem Grund werden Timer oder Zeitmessungen durchgeführt, welche Aufschluss über die verstrichene Zeit seit dem letzten Render-Vorgang geben. Mittels dieses Zeitfaktors wird beispielsweise eine Verschiebung gewichtet, wodurch auf jedem System derselbe Weg in der gleichen Zeit bestritten werden kann.

## System.Environment.TickCount

Nach ein wenig Recherche sticht besonders die TickCount-Eigenschaft der System.Environment-Klasse ins Auge, welche die vorübergegangene Zeit seit dem Systemstart in Millisekunden zurückgibt. Die sehr detaillierte Einheit lässt zunächst nur Gutes erahnen, denn eine Zeitangabe in Millisekunden wäre exakt genug, um Bewegungen in Abhängigkeit der Zeit zu realisieren oder die Anzahl der Bilder pro Sekunde zu berechnen. Doch der erste Eindruck kann leider nicht bestätigt werden, denn der Wert der Eigenschaft wird nur etwa alle 15 Millisekunden aktualisiert. Folglich ist dessen sog. Auflösung nicht exakt genug für unsere Zwecke. Weiterhin liefert die Eigenschaft auch negative Werte, wenn das System nur lange genug läuft.

Dennoch steht es Ihnen natürlich frei, diese Eigenschaft zu nutzen, wenn Sie mit den einen oder anderen weniger schönen Effekten leben können.

## QueryPerformanceCounter

Eine ausreichend genaue Auflösung von einer Millisekunde bietet die native Methode QueryPerformanceCounter(), welche sich auf den in der Hardware integrierten Performance-Counter bezieht. Ältere Computer können unter Umständen den Performance-Counter vermissen, weshalb Sie beim Start Ihrer Anwendung bzw. vor der ersten Verwendung des Performance-Counters prüfen sollten, ob das System über diesen Hardware-Timer verfügt.

Bemühen Sie dazu die folgende API namens QueryPerformanceFrequency().

```
[System.Security.SuppressUnmanagedCodeSecurity]
[DllImport("kernel32")]
private static extern bool QueryPerformanceFrequency(
  ref long PerformanceFrequency);
```

Ein boolescher Wert signalisiert Ihnen, ob das System einen integrierten Performance-Counter hat. Das DllImport-Attribut bedarf keiner Erklärung. Immer wenn Sie versuchen eine Win32 API, sprich wenn Sie nicht verwalteten Code ausführen, dann prüft die .NET Runtime, ob die dafür nötigen Berechtigungen existieren. Jene Prüfung wird für jeden Aufruf erneut durchlaufen, was immer mit ein paar verlorenen CPU-Zyklen verbunden ist. Dank dem System.Security.SuppressUnmanagedCodeSecurity-Attribut wird die Berechtigungsüberprüfung nur einmalig einbezogen.

Sofern die Hardware den Vorgang unterstützt, schreibt die QueryPerformanceCounter()-Methode die Millisekunden in eine Variable vom Typ long.

```
[System.Security.SuppressUnmanagedCodeSecurity]
[DllImport("kernel32")]
private static extern bool QueryPerformanceCounter(
  ref long PerformanceCount);
```

Pro Frame wird einmal der Counter befragt und die Zeitdifferenz zwischen den beiden Render-Vorgängen ermittelt.

## Der Index Buffer

```csharp
public class TimeStat
{
  //API's
  //..

  //Variablen
  private static bool m_bIsAvailable = false;
  private static long m_lTicksPerSecond = 0;
  private static long m_lLastFrame = 0;
  private static long m_lCurrentFrame = 0;
  private static long m_lElapsedTime = 0;

  //Privater Konstruktor verhindert Instanzierung
  private TimeStat() { }

  static TimeStat()
  {
    m_bIsAvailable = QueryPerformanceFrequency(
      ref m_lTicksPerSecond);

    if (!m_bIsAvailable)
      return;

    QueryPerformanceCounter(ref m_lCurrentFrame);
  }


  public static void Update()
  {
    m_lLastFrame = m_lCurrentFrame;
    QueryPerformanceCounter(ref m_lCurrentFrame);
    m_lElapsedTime = m_lCurrentFrame - m_lLastFrame;
  }

  public static bool IsAvailable
  {
    get { return m_bIsAvailable; }
  }

  public static long ElapsedTimeInMS
  {
    get { return m_lElapsedTime; }
```

```
}

public static float ElapsedTimeInSeconds
{
  get { return (float)m_lElapsedTime / m_lTicksPerSecond; }
}

public static long Time
{
  get
  {
    long tmpTime = 0;
    QueryPerformanceCounter(ref tmpTime);

    return tmpTime / m_lTicksPerSecond;
  }
}
}
```

Die `QueryPerformanceFrequency()`-Methode schreibt die aktuelle Frequenz, mit welcher der Counter arbeitet in eine Variable vom Typ `long`. Indem Sie die Zeitdifferenz mit der Frequenz dividieren, erhalten Sie die Zeitangabe in Sekunden.

Anschließend gewichten Sie die Animationen mit Hilfe des Zeitwerts. Im Fall einer Rotation können Sie die Zeitdifferenz nutzen, um den Winkel zu berechnen, um den die Rotation erweitert wird.

```
float fAngle = 0;

if (fAngle >= 359)
  fAngle = 0;
else
  fAngle += 20 * TimeStat.ElapsedTimeInSeconds;

oForm.RenderDevice.Transform.World =
  Matrix.RotationY(Geometry.DegreeToRadian(fAngle));
```

## 2.7 Der Tiefenspeicher (Z-Buffer)

Eines der größten Probleme in der 3D-Programmierung ist der Test, ob ein Pixel zu sehen ist oder nicht. Ähnlich wie bei einem Maler überschreibt Direct3D jene Pixel, die evtl. zu sehen sein müssten, wenn Sie die Primitive wahllos rendern. Eine Möglichkeit bestände darin, vor dem Zeichnen eines neuen Frames alle Primitive nach deren Tiefe von hinten

## Der Tiefenspeicher (Z-Buffer)

nach vorn zu sortieren. Wenn Sie sich davon kein Bild machen können, denken Sie wie ein Maler. Zuerst entsteht der Hintergrund, gefolgt von näher gelegenen Objekten. Oder malen Sie vielleicht erst Ihr Portrait und danach die Berglandschaft dahinter? Das Resultat wäre eine Berglandschaft. Doch wo ist die Person hin?

Zwar bietet die genannte Lösung einen Ansatz, doch wie ermitteln Sie beispielsweise die Tiefen eines jeden Objekts, das sich nicht parallel zur Kamera befindet? Oder wie ermitteln Sie sichtbare Flächen wenn Dreiecke einander schneiden? All mögliche Algorithmen verringern die Performance erheblich, wenn tausende von Polygonen gerendert werden müssen.

Direct3D geht folgenden Weg, um sich diesem Problem anzunehmen. Beim Tiefenbuffer, im Fachjargon Z-Buffer genannt, handelt es sich meist um ein 16 Bit-Surface. Das bedeutet, dass 16 Bit für jeden Pixel reserviert sind. Beim Rendern einer 3D-Szene nutzt Direct3D den Tiefenspeicher sozusagen als Notizblock, um zu testen welcher Pixel vor einem anderen liegt. Bevor der Farbwert in ein Offscreen-Surface (z.B. den Back Buffer) geschrieben wird, findet ein Vergleich mit dem Tiefenwert im Z-Buffer statt. Der Wertebereich liegt zwischen 0 und 1, wobei Letzteres der weitesten Entfernung entspricht. Ist die Z-Komponente kleiner als der Wert, welcher im Tiefenspeicher steht, schreibt Direct3D den neuen Farbwert in das Surface, andernfalls wird er verworfen. Somit ermittelt man, ob ein Pixel sichtbar ist oder nicht. Abbildung 2.17 zeigt jeweils zwei Dreiecke die sich schneiden, wobei auf der linken Seite der Z-Buffer deaktiviert war. Rechts hingegen ist die Abbildung korrekt, da Gebrauch vom Tiefenspeicher gemacht wurde.

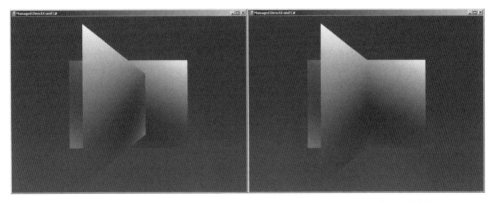

**Abbildung 2.17:** Verfälschtes Ergebnis durch fehlenden Tiefentest links, rechts die korrekte Ansicht

### 2.7.1 Z-Buffer aktivieren

Bereits bei der Beschreibung des Devices müssen zwei Charakteristika eingestellt werden. Zum einen, welches Format Sie für den Tiefenspeicher wünschen und zum anderen dass der Z-Buffer überhaupt von Direct3D angelegt werden soll. Verantwortlich für die zwei genannten Punkte sind die Eigenschaften AutoDepthStencilFormat und EnableAutoDepthStencil eines PresentParameters-Objekts.

```
m_oPresentParams.AutoDepthStencilFormat = DepthFormat.D16;
m_oPresentParams.EnableAutoDepthStencil = true;
```

Letztere Zuweisung bewirkt, das Direct3D automatisch einen Z-Buffer erstellt. Dass es sich dabei um einen 16 Bit-Buffer handeln soll, besagt die erste Zuweisung. Manche Grafikkarten unterstützen auch 32 Bit Z-Buffering. Die Regel ist jedoch eine 16 Bit-Variante.

Standardmäßig ist der Tiefentest aktiviert, sofern der Z-Buffer angelegt wurde. Sie können den Test jedoch auch explizit aktivieren bzw. deaktivieren, indem Sie der Eigenschaft ZBufferEnable den Wert true bzw. false zuweisen. Weiterhin muss das Schreibrecht existieren, damit beim Rendern die jeweiligen Tiefenwerte der Objekte in das Surface übertragen werden können (Eigenschaft: ZBufferWriteEnable).

```
m_oDevice.RenderState.ZBufferEnable = true;
m_oDevice.RenderState.ZBufferWriteEnable = true;
```

### 2.7.2 Z-Buffer „säubern"

Pro Frame schreibt Direct3D neue Werte in den Tiefenspeicher. Spätestens im zweiten Durchgang würden Sie entweder nur noch Bruchteile oder gar keine Objekte mehr sehen. Schuld daran sind die Werte des vorherigen Frames, denn der Z-Buffer wird nicht automatisch in den Ausgangszustand versetzt. Stattdessen muss er, wie auch der Back Buffer, „gesäubert" werden. Dafür gibt es die bereits bekannte Clear()-Methode eines Device-Objekts. Setzen Sie neben dem ClearFlags.Target-Flag ebenfalls das Flag ZBuffer, um die Komponenten für diese Aktion zu selektieren.

Als drittes Argument übergeben Sie einen Wert vom Typ float, der in den Z-Buffer übernommen wird. Gültige Werte bewegen sich zwischen 0 und 1, wobei letzterer Wert die größte Entfernung darstellt.

```
m_oDevice.Clear(ClearFlags.Target | ClearFlags.ZBuffer ,
   Color.Blue, 1.0f, 0);
```

## 2.8 Ressourcen

Vertex Buffer, Index Buffer oder Texturen sind nur drei der vielen Konstrukte aus der DirectX-Programmierung, die als Ressourcen gelten. Alle Ressourcen haben vier gemeinsame Eigenschaften, die im Folgenden gelistet sind.

- Usage
- Format
- Pool
- Type

Die Usage-Eigenschaft bzw. die gleichnamige Enumeration haben Sie bereits kennen gelernt, weshalb es an dieser Stelle keiner weiteren Erklärung bedarf.

Die Eigenschaft und Enumeration namens Format bietet diverse Surface-Formate oder diverse Formate für beispielsweise einen Z-Buffer. Sie erfahren im nächsten Kapitel noch Genaueres, wenn es im Speziellen um die Verwendung von Texturen geht.

Kommen wir nun zur Pool-Eigenschaft und –Enumeration, welche wir des Öfteren übersprungen haben. Es wird zwischen drei Speicherorten unterschieden. Zum einen wäre da der Hauptspeicher des Systems und zum anderen der AGP (Accelerated Graphics Port)- sowie der Video-Speicher. Liegen die Daten an einem der letzten beiden Orte, wirkt sich das gegenüber dem Hauptspeicher positiv auf die Performance aus. Muss eine Ressource stattdessen häufig gelockt werden, um Daten zu ändern, erzielen Sie bessere Ergebnisse, wenn die Daten im Systemspeicher liegen. Lock-Aktionen auf AGP- oder Video-Speichern sind sehr langsam. In Tabelle 2.7 sind alle Konstanten der Pool-Enumeration beschrieben.

Um welchen Typ von Ressource es sich handelt, leitet sich implizit durch die verwendete Klasse ab. Beispielsweise widmet sich eine Instanz der VertexBuffer-Klasse der Haltung von Vertex-Informationen.

| Konstante | Beschreibung |
|---|---|
| Scratch | Diese Ressourcen liegen im Hauptspeicher vor. Sie sind nicht an die durch einen Device unterstützten Formate gebunden, weshalb sie auch nicht vom Device direkt angesprochen werden können. Folglich sind jene Ressourcen als Texturen oder Render-Ziele beispielsweise ungültig. Sie können erstellt, gelockt und kopiert werden. |
| SystemMemory | Die Daten liegen im Hauptspeicher vor. Meist werden diese Daten aus Performance-Gründen nicht vom Device angesprochen. Geht das Device verloren, bleibt die Ressource erhalten und muss nicht neu erstellt werden. |
| Managed | Sofern nötig, kopiert der Treiber solche Ressourcen automatisch auf den, vom Device ansprechbaren Speicherort. Diese Ressourcen werden vom Hauptspeicher gesichert und müssen nach einem verlorenen Device nicht neu erstellt werden. Durch die Sicherung im Hauptspeicher ist ein schneller Zugriff durch die CPU gewährleistet. Sie können die Daten also ändern, während die GPU mit dem Rendern der Daten beschäftigt ist, welche im Video-Speicher vorliegen. Nach Bedarf werden die Daten im VRAM automatisch aktualisiert. |
| Default | Wählt, abhängig vom Verwendungszweck der Ressource, den effizientesten Speicherort zum Rendern der Daten. Nach einem Device-Reset muss die Ressource neu erstellt werden. |

**Tabelle 2.7:** Konstanten der Pool-Enumeration

## 2.9 Zeig mir was Du kannst! – Hardware-Fähigkeiten prüfen

Firmen die Spiele für den Computer entwickeln, haben es schwieriger als Entwickler von Konsolenspielen. Bei einer Konsole ist die Hardware immer gleich, zumindest annähernd gleich. Folglich können die meisten Komponenten vorausgesetzt werden, wodurch die Entwickler in der Lage sind die Algorithmen für diese Hardware zu optimieren. Genau das Gegenteil ist im Lager der Personalcomputer vorzufinden. Ein gutes PC-Spiel ist in der Lage sich an die zahlreichen Umgebungen entsprechend anzupassen, um auf

## 2 – Direct3D-Grundlagen

allen Systemen so optimal wie nötig ihren Dienst zu tun, auch wenn gelegentlich Abstriche in der Optik gemacht werden müssen, weil diverse Techniken nicht von der Hardware unterstützt werden. Die Zielstellung einer jeden Computerspielschmiede ist schließlich, ein möglichst breites Spektrum von potentiellen Kunden anzusprechen.

Direct3D bietet eine Struktur namens Caps (abgeleitet von capabilities) durch welche sich die Fähigkeiten anhand vieler Eigenschaften abrufen lassen. Zunächst muss die Struktur mit allen Daten abgerufen werden. Hilfestellung bietet dabei die Manager-Klasse, speziell mit der statischen Methode GetDeviceCaps().

```
Caps oHardwareCaps;
oHardwareCaps = Manager.GetDeviceCaps(0, DeviceType.Hardware);
```

Erwartet wird ein int-Wert, welcher den Adapter identifiziert und außerdem muss der Methode mitgeteilt werden, um welchen Device-Typ es sich handelt.

Im Hinblick auf die zukünftigen Beispiele wird die Direct3D-Initialisierung etwas abgeändert, um zumindest die geringsten Anforderungen an die Hardware abzusichern. Dazu gehört vor allem, ob die Grafikkarte in der Lage ist, die Vertices zu transformieren und zu beleuchten. Ist diese Fähigkeit gegeben, wird das HardwareVertexProcessing-Flag beim Initialisierungs-Prozess des Device-Objekts gesetzt. Dessen logische Erweiterung ist ein Pure Device[1]. Hinter der DeviceCaps-Eigenschaft verbirgt sich eine gleichnamige Struktur, welche mittels der Eigenschaften SupportsHardwareTransformAndLight sowie SupportsPureDevice darüber Auskunft gibt, ob die Grafikkarte die genannten Features bietet. Daraus resultiert der unten stehende Quelltext zum Erzeugen einer neuen Device-Instanz.

```
Caps oHardwareCaps;
oHardwareCaps = Manager.GetDeviceCaps(0, DeviceType.Hardware);

//Standardmäßige Verarbeitung der Vertices durch die CPU
CreateFlags eCreateFlags = CreateFlags.SoftwareVertexProcessing;

if (oHardwareCaps.DeviceCaps.SupportsHardwareTransformAndLight)
  eCreateFlags = CreateFlags.HardwareVertexProcessing;

if (oHardwareCaps.DeviceCaps.SupportsPureDevice)
{
  eCreateFlags = eCreateFlags | CreateFlags.PureDevice;
  m_bIsPureDevice = true;
}
```

Insofern das System ein Pure Device bereitstellen kann, dürfen sämtliche Ressourcen nicht mehr mit dem Usage.SoftwareProcessing-Flag erstellt werden, da ein solches Device die Verarbeitung in der Grafikhardware voraussetzt. Deswegen wurde für das C#-Pro-

---

[1] Ein Pure Device nutzt ausschließlich Funktionen der Grafikkarte und unterbindet Emulationen.

jekt die Hill-Klasse um eine Eigenschaft UsePureDevice erweitert und mit einer neuen Konstruktorüberladung bestückt.

Wenn Sie einen Pure Device nicht ausschließen, die Ressource normalerweise jedoch durch die CPU verarbeiten lassen wollen, dann muss für diesen Device-Typ eine Ausnahmeregelung her.

```
m_oVertexBuffer = new VertexBuffer(typeof(
  CustomVertex.PositionColored), iNumVertices, m_oDevice,
  this.UsePureDevice?Usage.None:Usage.SoftwareProcessing,
  CustomVertex.PositionColored.Format, Pool.Managed);
```

### 2.9.1 Auswahl der Grafikkarte, der Auflösung und des Formats

Ein Schritt fehlte jedoch in der jetzigen Vorgehensweise. Wir haben vorausgesetzt, dass in dem System ein Hardware-Device existiert. In älteren Computern, die nicht über eine 3D-Beschleunigerkarte verfügen, würde es zu einem Laufzeitfehler kommen, wenn Sie versuchen die Caps für einen Hardware-Device abzurufen.

Ein Zwischenschritt wurde in der jetzigen Vorgehensweise außer Acht gelassen. Die Rede ist von der Wahl des Grafikadapters. Das bedeutet, dass Sie zu 90% mit der Adapter-ID 0 richtig liegen und somit die 3D-Grafikkarte ansprechen. Sofern Ihre Anwendung dann den Dienst in einem der letzten 10% antreten soll, kommt es zu einem Laufzeitfehler, weil die Grafikkarte keine Hardware-Unterstützung bietet. Grund hierfür kann eine alte Grafikkarte sein, der die dritte Dimension noch nicht bekannt ist. Selbst wenn der Benutzer eine zusätzliche 3D-Beschleunigerkarte eingesetzt hat, wie sie zur Anfangszeit vermarktet wurden, würde das Programm in einen Fehler laufen, weil dann die ID nicht korrekt ist. Aber auch wenn nur eine Grafikkarte verbaut ist, können unter Umständen zwei Adapter im System registriert sein, weil die Karte über zwei Monitorausgänge verfügt.

Diese Szenarien sprechen für eine Auswahl, die dem Benutzer präsentiert wird, um ihm die Entscheidungsfindung des Adapters zu delegieren. Abbildung 2.18 zeigt bereits den Auswahldialog.

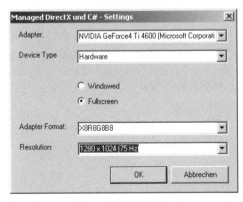

**Abbildung 2.18:** Auswahl des Grafikadapters, der Auflösung und des Back Buffer-Formats

Die Funktionalität zum Abrufen der einzelnen Daten ist für die Beispielprojekte in diversen Klassen verteilt.

- AdapterSettings
  Die statische Methode GetAdapters() dieser Klasse erzeugt ein generisches List-Objekt, das AdapterSettings-Instanzen beherbergt. Jede Instanz beinhaltet neben der Adapter-ID und der Beschreibung (entspricht in der Regel dem Grafiktreibernamen) eine generisches List-Objekt, welches für jeden unterstützten Device-Typ ein DeviceInformation-Objekt beinhaltet. Im Konstruktor dieser Klasse wird dafür die statische GetDeviceInformations()-Methode der DeviceInformation-Klasse aufgerufen.

- DeviceInformation
  Die Kernmethode hört auf den Namen GetDeviceInformations() und erzeugt ebenfalls ein List-Objekt, welches DeviceInformation-Objekte aufnimmt. Innerhalb der Methode wird jeder Wert der DeviceType-Enumeration durchlaufen. Für jeden Wert wird erneut die Auflistungsklasse durchlaufen, die über die Eigenschaft AdapterInformation.SupportedDisplayModes abgerufen werden kann. Jene Collection enthält DisplayMode-Strukturen, welche die Auflösung, die Wiederholfrequenz und das Surface-Format beschreiben, die der Adapter unterstützt. Die Formate werden anschließend getrennt in einer Auflistung gespeichert (Eigenschaft: Formats). Die Auflösungen hingegen sind jeweils in einem DisplayModeWrapper-Objekt untergebracht.
  Jedoch werden die Auflösungen und Formate nur übernommen, wenn die CheckDeviceType()-Methode bestätigt, dass mit diesen Daten ein Device erzeugt werden könnte. Die statische Methode ist Bestandteil der Manager-Klasse.

- DisplayModeWrapper
  Speichert lediglich die eigentliche DisplayMode-Struktur und überschreibt sowohl die ToString()-Methode als auch die Methode Equals(). Letztere wird überschrieben, um einen eigenen Vergleichsmechanismus für die List-Objekte einzubauen, damit unabhängig vom Format geprüft werden kann, ob eine Auflösung bereits in der Auflistung enthalten ist. Die ToString()-Methode formatiert die Auflösung zur besseren Darstellung in einem ComboBox-Steuerelement beispielsweise.

- SettingsDialog
  Ruft für jeden Adapter ein AdapterSettings-Objekt ab und bindet die Liste gegen ein ComboBox-Steuerelement. Durch Auswahl eines Elements werden wiederum die untergeordneten Listen an entsprechende Steuerelemente gebunden, um die Daten anzuzeigen.

Kommen wir nun zum eigentlichen Quellcode. Im ersten Listing sehen Sie die statische Methode GetAdapters() sowie den Konstruktor der AdapterSettings-Klasse. Auf die Deklarationen der Eigenschaften wird an dieser Stelle verzichtet.

```
public class AdapterSettings
{

  public AdapterSettings(int iAdapter)
  {
    this.Adapter = iAdapter;
    m_sDescription =
```

```
      Manager.Adapters[iAdapter].Information.Description;
    m_oDeviceTypes =
      DeviceInformation.GetDeviceInformations(iAdapter, false);
  }

  public static List<AdapterSettings> GetAdapters()
  {
    List<AdapterSettings> oAdapters = new List<AdapterSettings>();

    foreach (AdapterInformation oAdapter in Manager.Adapters)
      oAdapters.Add(new AdapterSettings(oAdapter.Adapter));

    return oAdapters;
  }

  //Eigenschafts-Deklarationen
}
```

Prinzipiell durchläuft die statische Methode lediglich alle Adapter und erzeugt für jeden solchen Adapter eine neue Instanz der `AdapterSettings`-Klasse. Diese wiederum ruft im Konstruktor die `GetDeviceInformations()`-Methode auf und übergibt die Adapter-ID. Sie sehen die `GetDeviceInformations()`-Methode in dem folgenden Listing, zusammen mit dem Konstruktor der `DeviceInformations`-Klasse.

```
public class DeviceInformation
{

  public DeviceInformation(int iAdapter)
  {
    m_iAdapter = iAdapter;
  }

  public static List<DeviceInformation> GetDeviceInformations(
    int iAdapter, bool bWindowed)
  {
    List<DeviceInformation> oDeviceInfos =
      new List<DeviceInformation>();
    DeviceInformation oDeviceInfo;

    foreach (int iDeviceType in
      Enum.GetValues(typeof(DeviceType)))
    {
      oDeviceInfo = new DeviceInformation(iAdapter);
```

```
        oDeviceInfo.DeviceType = (DeviceType)iDeviceType;

        foreach (DisplayMode oMode in
          Manager.Adapters[iAdapter].SupportedDisplayModes)

          if (Manager.CheckDeviceType(iAdapter,
            (DeviceType)iDeviceType, oMode.Format,
            oMode.Format, bWindowed))
          {
            DisplayModeWrapper oWrapper =
              new DisplayModeWrapper(oMode);

            if(!oDeviceInfo.DisplayModes.Contains(oWrapper))
              oDeviceInfo.DisplayModes.Add(oWrapper);

            if (!oDeviceInfo.Formats.Contains(oMode.Format))
              oDeviceInfo.Formats.Add(oMode.Format);
          }

        if (oDeviceInfo.DisplayModes.Count > 0 &&
          oDeviceInfo.Formats.Count > 0)
          oDeviceInfos.Add(oDeviceInfo);
      }

      return oDeviceInfos;
    }
}
```

Die ganzen generischen Listen bringen einen Vorteil mit sich: Sie können die Listen als Datenquelle verwenden, wodurch die Daten relativ einfach mit einer Benutzeroberfläche gekoppelt werden können, wie das folgende Beispiel zeigt.

```
private void cbAdapters_SelectedIndexChanged(
  object sender, EventArgs e)
{
  cbDeviceTypes.DataSource =
    ((AdapterSettings)cbAdapters.SelectedItem).DeviceTypes;
  cbDeviceTypes.DisplayMember = "DeviceTypeName";
}

private void cbDeviceTypes_SelectedIndexChanged(
  object sender, EventArgs e)
```

```
{
  cbAdapterFormats.DataSource =
    ((DeviceInformation)cbDeviceTypes.SelectedItem).Formats;
  cbResolution.DataSource =
    ((DeviceInformation)cbDeviceTypes.SelectedItem).DisplayModes;
}
```

Im obigen Quelltext sehen Sie zwei Ereignisprozeduren, die jeweils wenn der Benutzer einen anderen Eintrag gewählt hat, die untergeordneten Listen des selektierten Objekts an ein anderes Steuerelement binden, um so die Benutzeroberfläche zu aktualisieren. Den vollständigen Quelltext finden Sie natürlich auf der CD-Rom zum Buch.

### 2.9.2 Anwendungen im Vollbildmodus ausführen

Die eben entwickelte Auswahlmöglichkeit für Auflösung und Wiederholfrequenz gilt gleichzeitig als Voraussetzung, um eine Anwendung im Vollbildmodus laufen zu lassen. Selbstverständlich ist es keine Pflicht dem Benutzer die Wahl zu überlassen, aber es ist der übliche Weg.

Mit einer Fenster basierten Anwendung gehen Sie den bequemeren Weg, weil Direct3D entsprechend der Fenstergröße und der aktuellen Desktop-Konfiguration die Dimensionen und das Format des Back Buffers automatisch bestimmt. In der Vollbildvariante übernehmen Sie selbst diese Aufgabe, die jedoch nicht außerordentlich schwer ist. Sie müssen lediglich die gewünschten Werte den passenden Eigenschaften des PresentParameters-Objekts zuweisen. Der Konstruktor der BaseForm-Klasse wurde dazu entsprechend abgeändert, so dass innerhalb der Main()-Methode zuvor der Settings-Dialog aufgerufen werden kann und Sie die gewählten Werte einfach an den Konstruktor weitergeben müssen.

```
[STAThread]
static void Main()
{

  SettingsDialog oSettings = new SettingsDialog();
  if (oSettings.ShowDialog() != DialogResult.OK)
    return;

  using (BaseForm oForm = new BaseForm(oSettings.Adapter,
    oSettings.DeviceType, oSettings.DisplayMode,
    oSettings.Format, oSettings.Windowed))
  {
    //Polygone rendern
  }
}
```

Der Konstrutor nimmt die Argumente entgegen und verteilt Sie quasi weiter an die entsprechenden Eigenschaften und Konstruktoren.

```
private void InitDirect3D(int iAdapter, DeviceType oDeviceType,
  DisplayMode oMode, Format oFormat, bool bWindowed)
{
  m_oHardwareCaps = Manager.GetDeviceCaps(iAdapter, oDeviceType);

  CreateFlags eCreateFlags = CreateFlags.SoftwareVertexProcessing;

  if (m_oHardwareCaps.DeviceCaps.
    SupportsHardwareTransformAndLight)
    eCreateFlags = CreateFlags.HardwareVertexProcessing;

  if (m_oHardwareCaps.DeviceCaps.SupportsPureDevice)
  {
    eCreateFlags = eCreateFlags | CreateFlags.PureDevice;
    m_bIsPureDevice = true;
  }

  m_oPresentParams = new PresentParameters();
  m_oPresentParams.SwapEffect = SwapEffect.Discard;
  m_oPresentParams.AutoDepthStencilFormat = DepthFormat.D16;
  m_oPresentParams.EnableAutoDepthStencil = true;
  m_oPresentParams.Windowed = bWindowed;

  if (!bWindowed)
  {
    m_oPresentParams.BackBufferWidth = oMode.Width;
    m_oPresentParams.BackBufferHeight = oMode.Height;
    m_oPresentParams.BackBufferFormat = oFormat;
    m_oPresentParams.FullScreenRefreshRateInHz =
      oMode.RefreshRate;
    m_oPresentParams.PresentationInterval =
      PresentInterval.Default;
  }

  m_oDevice = new Device(iAdapter, oDeviceType, this,
    eCreateFlags, m_oPresentParams);

  //Render States setzen etc.
}
```

Das war auch schon alles. Von nun an können Sie jedes Projekt entweder im Fenster oder im Vollbild ausführen.

## 2.10 Zusammenfassung

In diesem Kapitel haben Sie gelernt, dass der Device die Kommunikation zwischen Ihrer Anwendung und der Grafikhardware herstellt. Sie wissen nun, wie der Device instanziiert wird und wie Sie diverse Typen von Primitiven auf den Monitor ausgeben können.

Primitive bestehen aus mindestens einem Vertex (Point), über zwei Vertices (Line) bis hin zu drei Vertices (Dreiecke). Jeder Vertex kann neben einem Vektor, der die Koordinate angibt auch Farbinformationen, Texturkoordinaten oder Normalen-Vektoren enthalten. Alle Vertices sind in einem VertexBuffer-Objekt abgelegt.

Insbesondere bei einer Dreiecksliste, einem speziellen Primitiven-Typ, sind sehr viele redundante Vertices zu verzeichnen, da für jedes Dreieck genau drei Vertices definiert werden müssen, selbst wenn die Positionen zweier Vertices von beiden Dreiecken gleich sind.

Abhilfe schaffen die sog. Index Buffer, die Indizes in Form von ganzen Zahlen beinhalten und auf die entsprechenden Vertices im Vertex Buffer verweisen. Somit genügt eine Vertex-Definition für eine gemeinsam genutzte Koordinate, da die Primitiven aus der Anordnung der Indizes generiert werden.

Gegen Ende dieses Kapitels haben Sie dann den Tiefenspeicher näher betrachtet. Aufgabe des Z-Buffers ist es, für jeden Pixel einen Tiefenwert in einem Surface zu speichern, damit Direct3D bei jeder Primitive prüfen kann, ob diese dichter zur Kamera gelegen ist oder nicht. Ist die Entfernung größer als ein bisher im Z-Buffer vorhandener Wert, dann wird der Pixel verworfen und das Polygon bleibt an dieser Stelle von einem anderen Körper verdeckt.

# 3 Texturen und Lichtquellen

Maßgebend an der gefühlten Qualität eines Spiels beteiligt ist das Ambiente, das von der virtuellen Welt vermittelt wird. Allein durch eingefärbte Polygone erreichen Sie dieses Ziel keinesfalls. Wenn Sie behaupten, dass mit einer Vielzahl von Primitiven realistisch wirkende Körper modelliert werden können, dann haben Sie Recht. Ohne Texturen jedoch wird dem Objekt immer etwas fehlen. Texturen sind Bitmaps, die über ein Drahtgittermodell gelegt werden, um dem Betrachter eine bestimmte Oberfläche vorzutäuschen. Dank dieses Verfahrens wird es wiederum möglich, hier und da ein Polygon zu entfernen, wodurch die Ausführungsgeschwindigkeit der Anwendung beschleunigt wird, denn die meiste Zeit verbringt die CPU bzw. die GPU damit, die Primitive zu berechnen. Folglich müssen Kompromisse eingegangen werden und Polygone zu Gunsten der Geschwindigkeit weichen. Der Detailverlust muss dann mit einer Textur so gut es geht ausgeglichen werden.

Weiterhin tragen Lichtquellen ihren Teil zum Ambiente bei. In dem bekannten Ego-Shooter Doom beispielsweise wurden Lichtquellen sehr sparsam eingesetzt, wodurch die Szene im Allgemeinen recht dunkel ist. Aufgrund der vielen dunklen Ecken ist der Spieler so gut wie nie sicher, dass die nächste Ecke „monster-frei" ist, wodurch die Spannungskurve steigt.

Wie Sie sehen sind Texturen und Lichtquellen unerlässlich in einem modernen Computerspiel. Dieses Kapitel betrachtet gerade diese beiden elementaren Bestandteile. Am Ende des Kapitels sind Sie dann in der Lage mit Hilfe von Direct3D Objekte zu texturieren und Vertices zu beleuchten.

## 3.1   Ausgeben von Texten

Die Ausgabe von Texten passt nicht zwangsläufig in das Thema „Texturen und Lichtquellen". Dennoch wird an dieser Stelle kurz erläutert, mit welchen Mitteln in Direct3D zweidimensionale Texte auf den Bildschirm ausgegeben werden können, da einige der nachfolgenden Beispiele von dieser Funktionalität Gebrauch machen werden. Zwar werden die betroffenen Anweisungen nicht nochmals abgedruckt, dennoch sollten Sie wissen, welche Aufgabe den einzelnen Argumenten zukommt, wenn Sie einen Blick auf die Quelltexte der CD-Rom werfen.

### 3.1.1   Font-Objekte initialisieren

In der einfachsten Version übergeben Sie dem Konstruktor der Font-Klasse (Namensraum: Microsoft.DirectX.Direct3D) ein gültiges Device-Objekt sowie eine Instanz der System.Drawing.Font-Klasse.

```
using Direct3D = Microsoft.DirectX.Direct3D;

private static Direct3D.Font m_oFont = null;
m_oFont = new Direct3D.Font(oForm.RenderDevice,
  new System.Drawing.Font("Verdana", 12));
```

Alternativ bietet die Klasse eine zweite Überladung, dessen zweiter Parameter vom Typ `FontDescription` ist. Jener Typ erlaubt beispielsweise die explizite Angabe der Höhe und Breite der Zeichen, sowie dessen Stil (fett gedruckt, kursiv etc.).

```
FontDescription oFontDesc = new FontDescription();
oFontDesc.CharSet = CharacterSet.Ansi;
oFontDesc.FaceName = "Verdana";
oFontDesc.Height = 20;
oFontDesc.Width = 12;
oFontDesc.Weight = FontWeight.Bold;

m_oFont = new Direct3D.Font(oForm.RenderDevice, oFontDesc);
```

Eine genaue Beschreibung aller Eigenschaften des `FontDescription`-Typs können Sie der Dokumentation des DirectX Software Development Kits entnehmen.

### 3.1.2 Texte rendern

Insgesamt sechs Überladungen der `DrawText()`-Methode umfasst die `Font`-Klasse, wobei sich jeweils zwei Varianten immer nur um den letzten Parameter unterscheiden, so dass Sie die Textfarbe entweder als `Color`-Struktur oder als `int`-Wert übergeben können. Die folgenden beiden Überladungen gleichen sich in dessen Funktionsumfang, nehmen die Textkoordinaten jedoch entweder die X- und Y-Komponenten getrennt an oder zusammengefasst als `Point`-Struktur.

```
Public int DrawText(Sprite sprite, string text, int x, int y,
  Color color);

public int DrawText(Sprite sprite, string text, Point pos,
  Color color);
```

Der erste Parameter ist nicht zwingend notwendig. Zudem behandeln wir Sprites erst in Abschnitt *Sprites*, weshalb als erstes Argument `null` übergeben wird. An zweiter Stelle folgt die Zeichenfolge, die Sie auf den Monitor zaubern möchten. Anschließend folgen Bildschirmkoordinaten zur Positionierung der Zeichenfolge. Abschließend fordert die Methode jeweils einen Farbwert für den Text.

```
m_oFont.DrawText(null, "Hallo Welt!", new Point(5, 5),
  Color.Yellow);
```

In der Regel reicht dieses Mindestmaß an Funktionalität aus. Doch wie lässt sich ein Text zentrieren? Wie wird verhindert, dass Wörter abgeschnitten werden, wenn der Benutzer das Fenster in seine Größe variiert hat? Genau für solche Zwecke dient die dritte Überladung.

```
Public int DrawText(Sprite sprite, string text, Rectangle rect,
  DrawTextFormat format, Color color);
```

Im Gegensatz zu den vorherigen zwei Überladungen reicht das Koordinatenpaar zur Bestimmung der Position nicht mehr aus. Stattdessen wird ein Rechteck aufgespannt. Dieses Rechteck beschreibt die Fläche, welche zum Zeichnen des Texts zur Verfügung steht. Weiterhin wird diese Information für spezielle Flags benötigt, die beim vierten Parameter gesetzt werden können.

```
private static void Draw2DText(Device oDevice, string sText,
  int iX, int iY)
{
  m_oFont.DrawText(null, sText,
    new Rectangle(iX, iY,
    oDevice.PresentationParameters.BackBufferWidth - 10,
    oDevice.PresentationParameters.BackBufferHeight - 10),
    DrawTextFormat.WordBreak | DrawTextFormat.ExpandTabs |
    DrawTextFormat.Center | DrawTextFormat.VerticalCenter,
    Color.Yellow);
}
```

Die Draw2DText()-Methode zeichnet eine beliebige Zeichenfolge. Das Flag WordBreak veranlasst Direct3D dazu, die Wörter in eine zweite Reihe zu verschieben, wenn der String länger ist als die verfügbare Fläche. Wie bereits erwähnt, wird die Fläche durch eine Rectangle-Struktur definiert.

Durch das Flag ExpandTabs werden Tabulatoren berücksichtigt. Eine horizontale und vertikale Zentrierung wird mittels der Flags Center und VerticalCenter erreicht.

### 3.1.3 Ein Wort zur Performance

Direct3D schummelt ein wenig, wenn Sie einen Text rendern. Hinter den Kulissen werden die Zeichen anhand von Texturen realisiert. Die Texturen, welche die Buchstaben und Ziffern enthalten, werden von der GDI gezeichnet. Als Konsequenz daraus müssen Sie mit geringen Performance-Einbußen rechnen, wenn die Texturen erst zur Laufzeit erstellt werden.

Verhindern lässt sich dieser Effekt, indem Sie im Initialisierungs-Code die PreloadCharacters()-Methode aufrufen. Dadurch werden die Buchstaben und Ziffern vorab geladen. Übergeben Sie als erstes Argument den Index des ersten Schriftzeichens und als zweites Argument den Index des letzten Schriftzeichens.

```
m_oFont.PreloadCharacters(0, 255);
```

Oder aber Sie bemühen die PreloadText()-Methode, um die Schriftzeichen einer spezifischen Zeichenfolge vorab zu laden.

```
m_oFont.PreloadText("Hallo Welt!");
```

## 3.2 Texturen

Als Textur wird im Fachjargon eine Bitmap bezeichnet, die über ein Drahtgittermodell gelegt wird. Man könnte gar sagen, dass die Textur als Haut des Modells fungiert. In der DirectX-Klassenbibliothek spiegelt der Typ Texture die Eigenschaften einer Textur wider.

### 3.2.1 Texturkoordinaten

Sie wissen bereits, dass Texturen über ein Objekt gelegt werden. Bleibt also nur noch eine (wichtige) Frage unbeantwortet. Wie positioniert Direct3D die Textur auf dem Objekt, so dass es unseren Anforderungen entspricht? Selbstverständlich führt auch Direct3D nur Ihre Befehle aus, weshalb Sie mit Hilfe von Texturkoordinaten für jeden Vertex festlegen, welcher Texel dem Vertex zugewiesen wird. Texturkoordinaten werden immer mittels der Komponenten u und v zusammengesetzt, welche zusammen einen spezifischen Punkt definieren, der in einem zweidimensionalen Koordinatensystem gelegen ist. Sowohl der Werte- als auch der Definitionsbereich reicht von 0 bis 1, wobei letzterer Wert immer dem vollen Ausmaß der Textur entspricht. Soll heißen, wenn Sie im Besitz einer Bitmap von 640x480 Pixel sind, dann umfassen die Koordinatenpaare (0, 0) und (1, 1) die gesamte Grafik.

Zwischen den Vertices interpoliert Direct3D die Texturkoordinaten ähnlich wie zwischen den Farbwerten, mit dem Unterschied das letztlich der Farbwert der Textur entnommen wird. Unter Umständen (etwa weil die dargestellte Fläche kleiner ist als die Bitmap) verweist eine Texturkoordinate auf mehrere Pixel. Jene Pixel werden zusammenfassend als Texel bezeichnet.

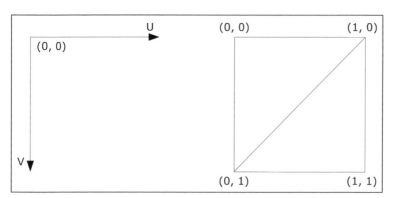

**Abbildung 3.1:** Das Texturkoordinatensystem und beispielhafte Texturkoordinaten für zwei Primitive

Sofern eine der Seiten nicht gleichlang ist, müssen die Koordinaten dementsprechend berechnet werden, damit keine Verzerrungen der Textur zu erwarten sind. Abbildung 3.2 zeigt ein Beispiel, wie die Texturkoordinaten nicht definiert werden sollten, weil ansonsten Verzerrungen auftreten.

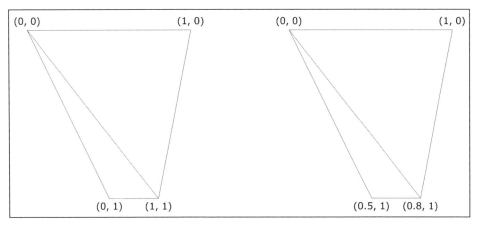

**Abbildung 3.2:** Falsche Anwendung der Texturkoordinaten links und rechts die korrekte Variante, um Verzerrungen zu vermeiden

In der Sammlung aller vordefinierten Vertex-Formate finden sich ebenfalls entsprechende Strukturen, welche Texturkoordinaten zu einem Vertex speichern können und die beiden Koordinaten über die Eigenschaften Tu und Tv veröffentlichen.

- CustomVertex.PositionColoredTextured
- CustomVertex.PositionNormalTextured
- CustomVertex.PositionTextured
- CustomVertex.TransformedColoredTextured
- CustomVertex.TransformedTextured

### 3.2.2 Texturen laden und anwenden

Wie bereits erwähnt, fungiert die Texture-Klasse als Container für die Haltung von Texturen. Leider fehlt eine Überladung des Konstruktors, um den Dateipfad als String übergeben zu können. Stattdessen müssen Sie entweder auf die Hilfsmethode TextureLoader.From-File() zurückgreifen oder aber Sie verwenden eine der folgenden zwei Überladungen.

```
Public Texture(Device device, Bitmap bitmap,
  Usage usage, Pool pool);

public Texture(Device device, Stream data, Usage usage,
  Pool pool);
```

Welche Variante Ihnen besser liegt müssen Sie entscheiden. Unabhängig von Ihrer Entscheidung wird Ihnen Direct3D bei den nachfolgend aufgelisteten Formaten freundlich gesonnen sein.

- Microsoft Windows Bitmap File Format(*.bmp)
- Microsoft Windows Bitmap File Format (*.dib)
- Direct Draw Surface File Format (*.dds)
- High Dynamic-Range File Format (*.hdr)
- Joint Photographic Experts Group Compressed File Format (*.jpg)
- Portable Float Map File Format (*.pfm)
- Portable Network Graphics File Format (*.png)
- Portable Pixmap File Format (*.ppm)
- Truevision Targa Image File Format (*.tga)

Wenn Sie die Primitive jetzt wie gewohnt rendern, ist noch kein Unterschied zu bemerken. Grund dafür ist, dass Direct3D noch kein Texture-Objekt mitgeteilt wurde. Dazu dient die SetTexture()-Methode, welche nach zwei Argumenten verlangt. Zum einen muss ein int-Wert übergeben werden, welcher die Textur-Stufe bestimmt (übergeben Sie als Argument vorerst den Wert 0, bis das Thema „Texture Blending" im Rampenlicht steht) und zum anderen verlangt die Methode nach einem Texture-Objekt.

```
oForm.RenderDevice.SetTexture(0, oTexture);
oForm.RenderDevice.DrawPrimitives(PrimitiveType.TriangleStrip,
   0, 2);
```

Die Textur gilt solang als aktiv, bis Sie entweder ein anderes Objekt für diese Textur-Stufe definieren. Falls Texturen bei einem Zeichenvorgang völlig ungefragt sind, genügt die Übergabe von null.

> **Postbuildereignisse**
>
> Bestenfalls fügen Sie für das Postbuildereignis in den Projekteigenschaften einen entsprechenden Befehl ein, der die nötigen Ressourcen, die zur Laufzeit geladen werden, automatisch ins Ausgabeverzeichnis kopiert. So können Sie alle nötigen Dateien einfach in den Ordner der Projektdateien kopieren. Je nachdem ob eine Debug- oder eine Release-Version erstellt wird, führt Visual Studio die Befehle aus, nachdem das Kompilat erfolgreich erstellt wurde. Folgende zwei Zeilen sorgen dafür, dass alle BMP- und JPG-Dateien im Ausgabeverzeichnis vorliegen.
>
> ```
> xcopy ..\..\*.bmp /R /Y
> xcopy ..\..\*.jpg /R /Y
> ```
>
> Die Kommandozeilenparameter /R und /Y berechtigen XCopy dazu, schreibgeschützte, vorhandene Dateien ohne Rückfrage zu überschreiben.

## 3.2.3 Kompromisse zwischen Optik und Performance

In der Regel stehen sich die beiden Kriterien „Optik" und „Performance" immer einander gegenüber. Beide Seiten können niemals zugleich bis zur Perfektion betrieben werden. Stattdessen sind stets Kompromisse zwischen diesen beiden Kriterien gefragt, um akzeptable Ergebnisse zu erzielen.

Das Problem ist, dass Texturen einerseits die fehlenden Details der 3D-Körper wett machen sollen, weshalb relativ hoch aufgelöste Bitmaps in Frage kommen und andererseits muss immer acht auf den verfügbaren Speicher gegeben werden. Warum soll heutzutage noch auf den Speicherverbrauch geachtet werden, wo doch jeder zweite mindestens über 1 bis 2 GByte Arbeitsspeicher verfügt? Leider hält der Arbeitsspeicher mit der Zugriffsgeschwindigkeit des Grafikkartenspeichers nicht mit. Der Grafikkartenspeicher wiederum ist relativ stark begrenzt. Folglich müssen Sie abwägen, wie viele Texturen zur Laufzeit maximal gleichzeitig in Benutzung sind und welche Auflösung somit vertretbar ist.

Weiterhin fordern manche Grafikkarten, dass die Breite und Höhe einer Textur einer Zweierpotenz entspricht (Beispiele: 1, 2, 4, 8, ..., 256, 512) oder dass die Bitmap gar quadratisch ist.

Die Caps-Struktur gibt darüber Aufschluss, welche Bedingungen erfüllt werden müssen, damit es nicht zu einem Laufzeitfehler kommt.

- Caps.TextureCaps.SupportsPower2
  Gibt True zurück, wenn die Breite und Höhe der Textur eine Potenz von 2 sein muss.
- Caps.TextureCaps.SupportsSquareOnly
  Gibt True zurück, wenn die Textur quadratisch sein muss.

Auch wenn moderne Grafikkarten explizit nicht mehr viele Grenzen setzen, so ist die maximale Größe einer Textur doch mindestens durch das Speichervolumen begrenzt. Sicherheitshalber sollte immer abgefragt werden, welche maximale Breite und Höhe eine Textur besitzen darf. Dafür sind die Eigenschaften MaxTextureWidth und MaxTextureHeight der Caps-Struktur vorgesehen.

## 3.2.4 Texturadressierung

Zwar erstreckt sich der Wertebereich der Texturkoordinaten von 0 bis 1, dennoch treten ab und an Koordinaten außerhalb dieses Bereichs auf. Wie sich Direct3D dann verhält, ist vom gewählten Adressierungsmodus abhängig. Zu finden ist diese Option unter der SamplerState-Eigenschaft eines Device-Objekts. Das dazugehörige Beispielprojekt auf der CD-Rom zum Buch bietet die Möglichkeit über die Tasten F1 bis F4 die Adressierungsmodi „on the fly" zu wechseln, wodurch Sie die Effekte live beobachten können. Doch zunächst einmal die Erklärung der möglichen Modi.

## Wrap Address Mode

In diesem Modus, der für Direct3D als Standard vorgegeben ist, werden die Texturen aneinandergereiht, wenn die Texturkoordinaten den Wertebereich [0, 1] verlassen. Der Modus kann für die Horizontale und für die Vertikale völlig autonom gewählt werden.

Abbildung 3.3 zeigt, wie die Grafik in der Horizontalen zweimal und in der vertikalen dreimal gekachelt wurde. Folglich liegt der maximale Wert für die Koordinate u bei 2 und für die Koordinate v bei 3.

**Abbildung 3.3:** Wrap Address Mode

## Clamp Address Mode

Beim Clamp-Addressierungsmodus wird die Textur im Wertebereich von 0 bis 1 normal dargestellt. Alle Koordinaten, die über den maximalen Wertebereich hinausgehen, bewirken, dass die Farbwerte der Ränder auf die restliche Fläche gezogen werden. Eine sehr eintönige Bitmap bewirkt somit lediglich die Einfärbung des restlichen Bereichs. Hingegen bekommen Sie bei einer Textur mit vielen Farbwerten viele Linien (siehe Abbildung 3.4).

## Mirror Address Mode

Wie es der Name bereits vermuten lässt, handelt es sich hierbei um einen Modus, bei dem die Textur horizontal und vertikal gespiegelt wird (siehe Abbildung 3.5). Aus dem Koordinatenpaar (1.4, 1.6) ergeben sich somit die neuen Koordinaten 0.6 und 0.4 für die zweite Abbildung der Grafik.

## Border Color Address Mode

Beim letzten Modus handelt es sich um den Border Color Modus. In diesem Fall füllt Direct3D den Bereich, welcher sich außerhalb des „gültigen" Wertebereichs befindet mit einer bestimmten Farbe, welche ebenfalls unter der SamplerState-Eigenschaft definiert werden kann. In Abbildung 3.7 ist dieser Bereich mit der Farbe Schwarz gefüllt worden.

**Abbildung 3.4:** Clamp Address Mode

Über die SamplerState-Eigenschaft haben Sie Zugriff auf eine Collection namens SamplerStateManagerCollection. Jene enthält mehrere SamplerStateManager-Klassen. Mittels der Eigenschaften AddressU und AddressV, welche von der genannten Klasse bereitgestellt werden, können Sie den gewünschten Modus in der Horizontalen und in der Vertikalen wählen.

**Abbildung 3.5:** Mirror Address Mode

Eine Farbe für den zuletzt besprochenen Modus können Sie entweder über die Border-Color- oder die BorderColorValue-Eigenschaft festlegen. Letzterer ist ein Integer-Wert zuzuweisen. Color-Strukturen weisen Sie der BorderColor-Eigenschaft zu.

```
m_oDevice.SamplerState[0].AddressU = TextureAddress.Border;
m_oDevice.SamplerState[0].AddressV = TextureAddress.Border;
m_oDevice.SamplerState[0].BorderColor = Color.Black;
```

## Texturen

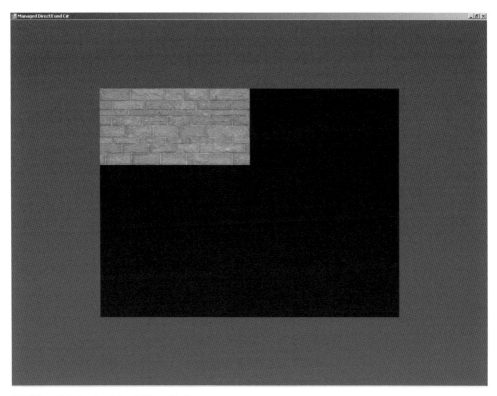

**Abbildung 3.6:** Border Color Address Mode

### Hardwarefähigkeiten prüfen

Zwar sind Koordinaten außerhalb des Wertebereichs meist erlaubt, dennoch kann es bei zu großen Koordinaten zum Fehler kommen. Prüfen Sie deshalb, den gültigen Wertebereich der Grafikhardware.

```
int iMaxTexRepeat = m_oHardwareCaps.MaxTextureRepeat;
```

Auch in Bezug auf die Dimensionen einer Grafik sind Grenzen gesetzt. Bei den alten 3dfx Voodoo-Grafikkarten gab es eine Einschränkung auf 256x256 Pixel große Texturen. Bei aktuellen Modellen sind solche Werte undenkbar. Eine ATI Radeon 9600 Mobility mit 64 MB Grafikspeicher beispielsweise unterstützt Texturen mit bis zu 2048x2048 Pixel.

```
int iMaxTexWidth = m_oHardwareCaps.MaxTextureWidth;
int iMaxTexHeight = m_oHardwareCaps.MaxTextureHeight;
```

## 3.2.5 Mipmaps

In der Praxis wird die Textur innerhalb einer Szene kaum in der Größe dargestellt, in der sie vorliegt. Aufgrund der Entfernung eines Objekts wird die Textur meist kleiner oder größer ausfallen. Aus Performance-Gründen und zu Gunsten besserer Ergebnisse werden sog. Mipmap Chains verwendet.

Mipmaps werden in diverse Levels eingeteilt. Die originale Textur entspricht dem Level 0. Anschließend halbiert Direct3D die Ausmaße einer Textur pro Level. Abbildung 3.7 zeigt vier Mipmap-Level.

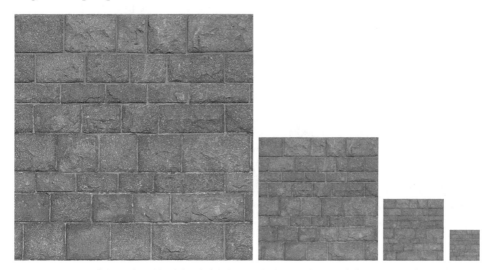

**Abbildung 3.7:** Von links nach rechts steigert sich der Level 0 bis Level 3, wobei die Textur jeweils halbiert wird

Wie verwenden wir Mipmaps? Ganz einfach automatisch! Eine Überladungsvariante der TextureLoader.FromFile()-Methode haben Sie bereits kennen gelernt. Laden Sie mit Hilfe dieser Methode eine Textur, erstellt Direct3D im Hintergrund automatisch alle möglichen Mipmap-Levels. Genau 1x1 Pixel misst die letzte Textur. In der nachfolgenden Überladungsvariante ist es dem Programmierer gestattet, die gewünschte Anzahl an Mipmap-Levels explizit zu begrenzen.

```
Public static Texture FromFile(Device device, string srcFile,
   int width, int height, int mipLevels, Usage usage,
   Format format, Pool pool, Filter filter, Filter mipFilter,
   int colorKey);
```

Die ersten zwei Parameter sind genauso wie in der ersten Überladung. Als drittes und viertes Argument übergeben Sie die Breite und Höhe der Textur im Level 0. Danach folgt die Anzahl der Mipmap-Levels insgesamt. An fünfter Stelle wird eine Konstante der Usage-Enumeration erwartet. Wie viel Bits pro Farbkanal reserviert werden müssen, definiert der siebente Parameter. Der Parameter pool ist Ihnen bereits bekannt. Übergeben Sie eine Konstante der gleichnamigen Enumeration. Diverse Filter sollen dafür sorgen, dass die Texturen besser dargestellt werden. Wir behandeln das sog. Texture Filtering im übernächsten Abschnitt. Geben Sie an neunter und zehnter Stelle einen Filter an. Als Letztes kann ein Farbschlüssel übergeben werden. Color-Keys definieren einen Farbwert oder einen Farbbereich. Liegt der Farbwert eines Pixels in dem definierten Bereich, verwirft Direct3D diesen, anstatt ihn in ein Ziel-Surface zu schreiben. Somit werden die vorhandenen Farbwerte an entsprechender Stelle nicht überschrieben und es scheint der Hintergrund durchzuschauen.

Ob Ihre Grafikkarte Mipmaps unterstützt, erfahren Sie anhand des Werts der `Caps.TextureCaps.SupportsMipMap`-Eigenschaft.

### Die MaxMipLevel- und die MipMapLevelOfDetailBias-Eigenschaft

Kurz erwähnt seien noch die Eigenschaften `MaxMipLevel` und `MipMapLevelOfDetailBias`. Letztere dient dazu, um die Entfernungen der Mipmaps zu verringern bzw. zu vergrößern, sprich die Abstände zwischen den Mipmap-Levels zu verändern.

Die `MaxMipLevel`-Eigenschaft definiert ein Mipmap-Level als die Textur mit der größten, für diese Situation, zulässigen Auflösung. Enthält die Eigenschaft beispielsweise den Wert 2, so ignoriert Direct3D die Level 0 und 1.

## 3.2.6 Pixel-Formate

Die Anzahl der darstellbaren Farben ist immer abhängig vom gewählten Format. Nicht jede Grafikkarte unterstützt auch jedes Pixel-Format. Zu den drei Standard-Formaten, die eigentlich von jeder Karte unterstützt werden, zählen die folgenden.

- R8G8B8
  Es handelt sich um ein 24 Bit RGB-Format. Es stehen jeweils 8 Bit für jede Farbe (Rot, Grün und Blau) zur Verfügung.

- X8R8G8B8
  Dieses Format verwendet 32 Bit, wobei 8 Bit ungenutzt sind. Wie beim R8G8B8-Format sind jeweils 8 Bit für den Rot-, Grün- und Blau-Kanal reserviert.

- A8R8G8B8
  Hierbei handelt es sich ebenfalls um ein 32 Bit-Format, mit dem Unterschied dass die 8 Bit für den Alpha-Kanal gedacht sind. Die restlichen 24 Bits sind wieder für die Farbkanäle. Im Gegensatz zum R8G8B8-Format sind mit diesem Format Transparenz-Effekte möglich.

## 3.2.7 Texturfilter

Das Problem welches in einer Szene auftritt ist jenes, dass ein Texel nicht gleich einem Pixel der Bitmap entspricht. Es wird zwischen zwei Fällen unterschieden: Magnification und Minification.

Magnification tritt auf, wenn Sie versuchen ein Texel auf mehrere Pixel im Frame Buffer (das Ziel-Surface) zu mappen. Als Beispiel: Gegeben ist eine Mauer mit den Ausmaßen von 512x512 Pixel auf dem Monitor. Die Textur misst jedoch nur 256x256 Pixel, wodurch die Grafik vergrößert werden muss. Daraus resultiert der alt bekannte „Pixel-Effekt", der vorwiegend in älteren Spielen zu beobachten war.

Genau das Gegenteil passiert bei der Minification. Mehrere Texel werden dabei auf einen Pixel gemappt. Zum einen gehen dadurch Details verloren und zum anderen ergibt sich ein Problem: Welcher Pixel der Bitmap wird an aktueller Stelle in das Ziel-Surface geschrieben? Oder wie werden die Pixel kombiniert, um anschließend einen Farbwert in das Ziel-Surface schreiben zu können? Um solche Artefakte zu vermindern oder gar zu vermeiden, existieren bestimmte Algorithmen (Filter). Aktuelle Grafikkarten verfügen im Großen und Ganzen über vier Methodiken, die in den nachfolgenden Absätzen erläutert werden. In Abbildung 3.8 sehen Sie ein Beispiel, bei dem die schlechteste Methode zum Einsatz kam. Während die vielen Rechtecke im vorderen Bereich noch relativ akzeptabel aussehen, umso schlechter wird das Erscheinungsbild je größer die Distanz zur Kamera wird. In der Tiefe sind bereits Artefakte zu beobachten, die dazu führen, dass die Textur mit den Rechtecken nicht ordnungsgemäß dargestellt wird.

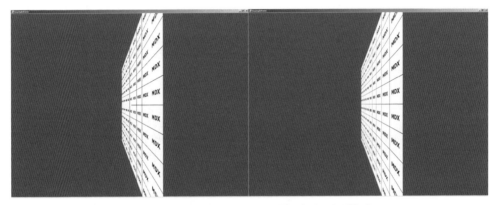

**Abbildung 3.8:** Links im Bild mit Point Sampling und rechts im Bild Anisotropic-Filtering

## Point Sampling

Beim Point Sampling kann man nicht wirklich von einem Filter sprechen. Während des Render-Vorgangs rundet Direct3D die Texturkoordinaten zu Ganzzahlwerten. Der Farbwert dieses Texels gilt anschließend als Farbwert, welcher in das Surface geschrieben wird (vorausgesetzt Direct3D verwirft den Pixel aufgrund eines fehlgeschlagenen Tiefentests nicht schon vorher). Wird nun an anderer Stelle durch diese Rundung der gleiche Texel ausgewählt, wird der aktuelle Wert einfach überschrieben. Dies führt dann zu Artefakten, wie auf der linken Seite in Abbildung 3.8 sehr gut zu sehen ist.

Zwar erzielt das Point Sampling keine perfekte Bildqualität, dafür punktet es wiederum in der Geschwindigkeit. In Direct3D gilt dieses Verfahren als Standardkonfiguration.

Da das Point Sampling zu den ersten solcher Techniken zählt, treffen Sie es auch vermehrt in älteren Computerspielen und Konsolen an. Etwa Quake, Descent oder die Spielekonsole PlayStation bedienten sich diesem Verfahren. Doch dank immer besser werdender Hardware gelangt das Point Sampling langsam aber sicher aufs Abstellgleis.

Sowohl für die Minification als auch für die Magnification kann völlig autonom ein Algorithmus gewählt werden, wofür die Eigenschaften `MinFilter` und `MagFilter`, der bereits bekannten `SamplerStateManager`-Klasse, die richtigen Ansprechpartner darstellen.

```
this.RenderDevice.SamplerState[0].MinFilter = TextureFilter.Point;
this.RenderDevice.SamplerState[0].MagFilter = TextureFilter.Point;
```

Alle gültigen Konstanten sind in der TextureFilter-Enumeration definiert und in Tabelle 3.1 erklärt.

| Konstante | Beschreibung |
|---|---|
| Anisotropic | Verwendung des Anisotropic-Filters zur Verminderung von Artefakten in der räumlichen Tiefe und bei großen Winkeln zwischen der View Plane und der Primitive. |
| Linear | Veranlasst das bilineare Filter-Verfahren. Bei Verwendung für Mipmaps wird das Trilinear Filtering eingesetzt. |
| None | Kein Mipmapping. Direct3D verwendet stattdessen den Maginification-Filter. |
| Point | Einsatz des Point Samplings |

**Tabelle 3.1:** Konstanten der TextureFilter-Enumeration zur Wahl des Texturfilters

### Linear Filtering

Weitaus bessere Ergebnisse erzielen Sie mit dem bilinearen Verfahren, welches größtenteils auch von älteren Grafikkarten schon unterstützt wird. Im Gegensatz zum Point Sampling wird hierbei nicht ein einzelner Farbwert genommen, sondern Direct3D bezieht gleich vier Texel in die Berechnung des Endfarbwerts mit ein. Das Produkt dieser Werte entspricht dem End-Farbwert. Jedem der vier Werte kommt eine Gewichtung zu, d.h. die Anteile, mit denen ein Texel in das Ergebnis eingeht, sind variabel und nicht in jeder Situation identisch (siehe Abbildung 3.9).

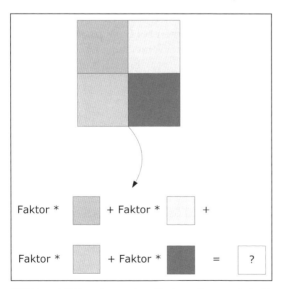

**Abbildung 3.9:** Berechnung eines Pixels aus insgesamt vier Texel beim bilinearen Filter

Durch Einsatz eines bilinearen Filters erhält die gesamte Szene ein etwas weicheres Erscheinungsbild. Scharfe Kanten und Artefakte wie springende Linien oder Flimmern gehören somit der Vergangenheit an.

Im Gegensatz zum Point Sampling muss müssen beachtlich viele Mehrberechnungen durchgeführt werden. Dennoch sind aktuelle Grafikkarten in der Lage diesen Filter ohne nennenswerte Performanceeinbußen anzuwenden.

```
this.RenderDevice.SamplerState[0].MinFilter =
  TextureFilter.Anisotropic;
this.RenderDevice.SamplerState[0].MagFilter =
  TextureFilter.Anisotropic;
```

### Anisotropic Filtering

Ein Nachteil bei den besprochenen Verfahren ergibt sich, wenn das Polygon in einem scharfen Winkel zum Betrachter gelegen ist. Die linke Seite der Abbildung 3.8 fördert diese Schwäche zu Tage. Wir können festhalten, dass der lineare Filter dann vollkommen ausreicht, wenn eine Primitive orthogonal oder mit großem Winkel zum Betrachter ausgerichtet ist. Schwenkt der Blick eher in die Tiefe des Raumes, bietet der Anisotropic-Filter eine bessere Lösung (siehe Abbildung 3.8, rechts).

Für die Implementierung des Anisotropic Filtering ist jeder Grafikkartenhersteller selbstverantwortlich, weshalb die Ergebnisse von System zu System differenzieren können.

Im Gegensatz zum Point Sampling und zum bilinearen Filter bietet DirectX für den Anisotropic-Filter eine zusätzliche Option an, mittels derer die Qualität verringert oder verbessert werden kann. Die entsprechende Eigenschaft hört auf den Namen MaxAnisotropy und ist ebenfalls Bestandteil der SamplerStateManager-Klasse. Die Qualitätsstufen werden durch einen Integer-Wert identifiziert und beginnen bei 0 bis zu einem spezifischen Wert, der von der jeweiligen Hardware abhängig ist. Verzeichnet ist die maximale Qualitätsstufe in der Caps-Struktur, speziell in der MaxAnisotropy-Eigenschaft.

```
this.RenderDevice.SamplerState[0].MinFilter =
  this.HardwareCaps.MaxAnisotropy;
```

Obige Zuweisung bewirkt, dass die höchste Qualitäts-Stufe für den Anisotropic-Filter gewählt wird.

### MipMap Filtering

Sie wissen bereits welche Aufgabe Mipmaps erfüllen. Für diese lässt sich ebenfalls ein Filter festlegen. Der in Abbildung 3.10 (links) zu sehende Screenshot demonstriert das Point Sampling für Mipmaps. Deutlich erkennbar sind die harten Übergänge zwischen den einzelnen Mipmaps, welche zudem verschwommener erscheinen.

Etwas weicher sind die Grenzen beim linearen Verfahren (siehe Abbildung 3.10, rechts). In diesem Zusammenhang wird vom Trilinear Filtering gesprochen. Korrekterweise müsste man „trilinear MIP map interpolation" dazu sagen. Direct3D führt beim trilinea-

# Texturen

ren Filtern die doppelte Arbeit durch. Damit zwischen den Mipmaps keine harte Kante entsteht, bezieht dieses Verfahren die beiden aneinandergrenzenden Mipmaps in die Berechnungen ein.

```
this.RenderDevice.SamplerState[0].MipFilter =
  TextureFilter.Linear;
```

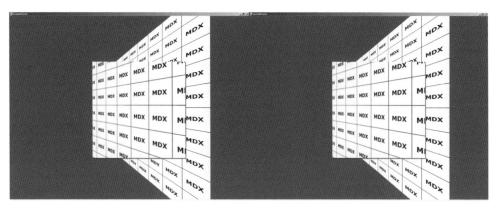

**Abbildung 3.10:** MipMap Filtering mit Point Sampling links und trilinearem Filter rechts

## Hardwarefähigkeiten prüfen

Natürlich darf die obligatorische Übersicht zu den Möglichkeiten, die Anforderungen mit den tatsächlich durch die Hardware unterstützten Funktionen abzugleichen, nicht fehlen. Die FilterCaps-Struktur, zu finden unter der Eigenschaft namens TextureFilterCaps der Caps-Struktur, enthält alle nötigen Eigenschaften, um genau diese Prüfungen durchzuführen (siehe Tabelle 3.2).

| | |
|---|---|
| SupportsMagnifyAnisotropic | SupportsMinifyAnisotropic |
| SupportsMagnifyLinear | SupportsMinifyLinear |
| SupportsMagnifyPoint | SupportsMinifyPoint |
| SupportsMipMapPoint | SupportsMipMapLinear |

**Tabelle 3.2:** Eigenschaften der FilterCaps-Struktur, zur Abfrage der unterstützten Filter-Algorithmen der Grafikkarte

## Das Beispielprogramm

Zum Abschluss ein kleiner Überblick über das Beispielprogramm zum Texture Filtering. Diesmal wurde die Logik, zum Rendern der Primitive, nicht in der Main()-Methode positioniert. Stattdessen dient eine Ableitung der BaseForm-Klasse als Container für die Projektspezifische Funktionalität. Indem Sie die unterschiedlichen Methoden (wie beispielsweise die Render()- oder OnDeviceReset()-Methode) überschreiben, können Sie die Logik erweitern oder ersetzen.

Im Fall der Methode Render() darf die Methode der Basisklasse nicht aufgerufen werden, weil Sie ansonsten eine neue Szene beginnen und sofort wieder beenden würden. Stattdessen muss der Beginn und das Ende des Frames erneut in der überschriebenen Variante signalisiert werden.

Weiterhin wurde die BaseForm-Klasse mit der HardwareCaps-Eigenschaft bestückt, welche die Caps-Struktur zum aktuellen Device zurückgibt.

Weiterhin wurde der Konstruktor der BaseForm-Kasse um eine weitere Überladung ergänzt, damit von vornherein bestimmt werden kann, ob ein Pure Device außen vor bleiben soll, selbst dann, wenn die Hardware generell dazu in der Lage wäre. Hintergrund ist der, dass bei einem Pure Device die Eigenschaften der SampleStateManager-Klasse nicht gelesen werden können. Ein Versuch führt zum Laufzeitfehler. Ein Pure Device ist gegenüber einem „herkömmlichem" Device etwas eingeschränkt, um den angestrebten Performancegewinn zu erzielen. Wie folgt ist die Signatur der neuen Überladung gestaltet.

```
public BaseForm(int iAdapter, DeviceType oDeviceType,
  DisplayMode oMode, Format oFormat, bool bWindowed,
  bool bDisablePureDevice)
{
  InitializeComponent();

  InitDirect3D(iAdapter, oDeviceType, oMode, oFormat,
    bWindowed, bDisablePureDevice);
}
```

Innerhalb der Methode InitDirect3D() wird nun von dem Wert des bDisablePureDevice-Parameters abhängig gemacht, ob die Hardware bezüglich der Pure Device-Unterstützung überhaupt abgefragt wird.

```
if(!bDisablePureDevice)
  if (m_oHardwareCaps.DeviceCaps.SupportsPureDevice)
  {
    eCreateFlags = eCreateFlags | CreateFlags.PureDevice;
    m_bIsPureDevice = true;
  }
```

Zur Laufzeit können Sie mit den Tasten F2 bis F4 den Filter für Minification-, Magnification und MipMap-Filterung wechseln. Mit F5 zählen Sie den Wert der MaxAnisotropic-Eigenschaft hoch, bis der maximal durch die Grafikkarte unterstützte Wert erreicht wurde. Für diesen Zweck wurden eigens je ein Array und eine int-Variable deklariert. Im Array sind alle Filter abgelegt.

## Texturen

```
private TextureFilter[] m_oMinFilter = new TextureFilter[]
{
  TextureFilter.Point,
  TextureFilter.Linear,
  TextureFilter.Anisotropic
};
```

Anschließend genügt die Inkrementierung des Index. Jene ist innerhalb der `OnKeyDown()`-Methode platziert, welche bereits von der `BaseForm`-Klasse implementiert wurde, um standardmäßig die ESC-Taste mit dem Beenden der Anwendung zu beauftragen.

```
protected override void OnKeyDown(object sender, KeyEventArgs e)
{
  base.OnKeyDown(sender, e);

  switch (e.KeyCode)
  {
    //...

    case Keys.F2:
      if (m_iMinFilterIndex < m_oMinFilter.Length - 1)
        m_iMinFilterIndex++;
      else
        m_iMinFilterIndex = 0;

        this.RenderDevice.SamplerState[0].MinFilter =
          m_oMinFilter[m_iMinFilterIndex];
        break;

    //...
  }
}
```

Last but not least: Eine minimale Veränderung des, vom Designer generierten Codes. Und zwar müssen Sie die Zuweisung an die `ClientSize`-Eigenschaft entfernen, da es sonst im Vollbildmodus zu einem Laufzeitfehler kommt. Schuld an diesem Dilemma ist die Initialisierung von Direct3D im Konstruktor der Basisklasse. Wenn die `InitializeComponents()`-Methode des abgeleiteten Formulars aufgerufen wird, wurde die Anwendung bereits in den Vollbildmodus versetzt und die Zuweisung ist ungültig.

Suchen Sie folglich nach diesem Muster, zu finden in der [Formularname].designer.cs-Datei.

```
this.ClientSize = new System.Drawing.Size(591, 485);
```

## 3.2.8 Das additive Farbmodell

RGB (Rot, Grün, Blau) ist ein additives Farbmodell. In der Literatur ist zudem häufig die Rede vom RGB-Raum, weil sich dieses Farbmodell als Raum schematisch darstellen lässt. Laut jenem Farbmodell mischt sich die Farbe Weiß aus den Primärfarben Rot, Grün und Blau in dessen größten Intensität.

In der Computertechnik wird für jeden Farbkanal ein Byte, sprich 8 Bit reserviert. Folglich entspricht der Wertebereich der Intensität, die eine Primärfarbe annehmen kann, zwischen 0 und 255. Anders ausgedrückt sind für jede Primärfarbe 256 Abstufungen definiert und insgesamt 16777216 Farben möglich. Dieses Format umfasst insgesamt 24 Bit und wird als TrueColor bezeichnet.

Direct3D bedient sich ebenfalls diesem und dem erweiterten Modell (ARGB bzw. RGBA). Das erweiterte Modell sieht zusätzlich zu den drei Kanälen einen Alpha-Kanal vor, der die Stärke der Transparenz angibt. Somit lassen sich zwei Grafiken miteinander kombinieren.

Betrachten wir einen RGB-Wert als Vektor, so ist die Multiplikation so definiert, dass jede Komponente mit dem Faktor multipliziert wird. In der Praxis bedeutet dies, dass mittels eines Faktors die Farbe aufgehellt oder abgedunkelt werden kann. Ebenso definiert ist die Addition zweier Vektoren. Beispielsweise ergibt die Addition von Rot und Grün die Farbe Gelb.

## 3.2.9 Texture Blending

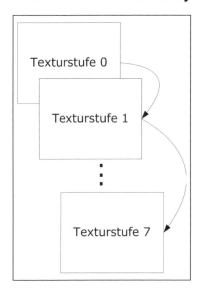

**Abbildung 3.11:** Weitergabe des Resultats von Stufe zur Stufe

Vielleicht haben Sie sich schon gefragt, weshalb sich hinter der SamplerState-Eigenschaft eine Auflistungsklasse verbirgt. Dies ist damit begründet, dass Direct3D bis zu acht Texturen auf eine Primitive rendern kann, wobei wiederum das Pipelining-Prinzip zum Tragen kommt. In jeder Stufe wird eine Aktion auf die Textur angewandt. Das daraus resultierende Produkt wird anschließend an die nächst höhere Stufe weitergereicht. Am Ende erhalten Sie dann eine Mischung aus allen Texturen.

Im Fachjargon ist teils von Multiple Texture Blending oder Multitexturing die Rede. Quasi der Stapel aller Schichten wird als Texture Blending Kaskade bezeichnet.

## Lightmapping

Indem Sie mehrere Texturen überblenden, können Sie die unterschiedlichsten Effekte erzielen. Durch eine zweite Textur beispielsweise wird die erste Textur um weitere Details ergänzt. Oder aber es werden Einschusslöcher oder Blut an einer Wand vorgetäuscht – in Computerspielen als Decals bekannt. In diesem ersten Beispiel zum Thema Texture Blending ist der Fokus auf das sog. Texture Lighting mit mehreren Render-Durchgängen gerichtet. Soll heißen, eine zweite Textur (Lightmap) enthält die Informationen, wie die eigentliche Textur aufgehellt oder verdunkelt werden soll.

Auf welche Art und Weise die Texturen miteinander kombiniert werden, ist immer von drei Faktoren abhängig.

- Argument 1
- Argument 2
- Operator

Hinter der TextureState-Eigenschaft eines Device-Objekts verbirgt sich eine Auflistungsklasse vom Typ TextureStateManagerCollection. Wie der Name bereits vermuten lässt, enthält diese Instanzen der TextureStateManager-Klasse. Jedes dieser Objekte definiert den Operator und die Argumente, um ein Kombinationsverfahren zu beschreiben. Speziell die Eigenschaften ColorArgument1, ColorArgument2 und ColorOperation sind für dieses Beispiel von Interesse. Werfen Sie zunächst einen Blick auf das nachfolgende Listing, welches ein einfaches Texture Lighting realisiert.

```
this.RenderDevice.SetTexture(0, m_oTexture);

//Einstellungen für die Lightmap
this.RenderDevice.TextureState[1].ColorArgument1 =
  TextureArgument.TextureColor;
this.RenderDevice.TextureState[1].ColorArgument2 =
  TextureArgument.Current;
this.RenderDevice.TextureState[1].ColorOperation =
  TextureOperation.Add;
this.RenderDevice.TextureState[1].TextureCoordinateIndex = 0;

this.RenderDevice.SetTexture(1, m_oLightmap);
```

Die SetTexture()-Methode ist Ihnen schon einmal begegnet. Bis hierher wurde als erstes Argument immer pauschal der Wert 0 übergeben. Dies lag daran, dass bisher nie mehr als eine Textur gleichzeitig auf ein Polygon gerendert wurde. Nun ist es an der Zeit dieses Mysterium etwas zu lüften. In Wirklichkeit haben Sie Direct3D damit mitgeteilt, dass die Textur in der 0ten Texturstufe angewandt werden soll. Für die Argumente und den Operator hat der Device einfach auf die Standardwerte zurückgegriffen. Auch in diesem Fall sind die Standardwerte erst einmal erwünscht.

Anschließend werden die Argumente und der Operator für die zweite Stufe definiert, wobei die Konstante TextureArgument.TextureColor beim ersten Argument besagt, dass der Farbwert aus der Textur der Stufe 1 gelesen werden soll. Beim zweiten Argument hingegen kommt die Konstante TextureArgument.Current ins Spiel. Jene Textur stellt den Verweis auf das Ergebnis der vorherigen Texturstufe dar. Beide Farbwerte werden nun miteinander addiert – das bewirkt die TextureOperation.Add-Konstante.

Bevor dem Device nun die zweite Textur für Stufe 1 zugewiesen wird, muss eine Angabe erfolgen, woher Direct3D die Texturkoordinaten beziehen kann. Warum kann Direct3D für die zweite Texturstufen ohne weiteres keine Texturkoordinaten beziehen? Ganz einfach deshalb nicht, weil der verwendete Vertex-Typ – CustomVertex.PositionTextured – nur ein Koordinatenpaar anbietet. Damit die Koordinaten für beide Texturen gleichermaßen gelten, müssen Sie dem Device explizit mitteilen, dass die Texturkoordinaten der ersten Texturstufe auch für die zweite Stufe gültig sind.

```
this.RenderDevice.TextureState[1].TextureCoordinateIndex = 0;
```

**Abbildung 3.12:** Die Lightmap des Beispielprojekts

Die verwendete Lightmap besteht lediglich aus Graustufen. Die Addition der Farbwerte bewirkt also, dass die originale Textur an den Stellen aufgehellt wird, an denen in der Lightmap ein Grauton oder gar die Farbe Weiß enthalten ist. Hingegen bleibt der schwarze Bereich unberücksichtigt, weil Schwarz durch den Wert #000000 (RGB-Darstellung [0, 0, 0]) repräsentiert wird. Das Endergebnis zeigt Abbildung 3.13.

**Abbildung 3.13:** Ergebnis aus der Kombination beider Texturen

Im Laufe dieses Kapitels werden Sie lernen, wie Materialien und Lichter die Helligkeit eines Polygons beeinflussen. Dadurch dass die Standardeinstellung für die erste Texturstufe beibehalten wurde, stellen Sie zugleich sicher, dass Lichtquellen in Zukunft dennoch Einfluss auf die Primitive nehmen können. Die Standardeinstellung lautet:

```
this.RenderDevice.TextureState[0].ColorArgument1 =
   TextureArgument.TextureColor;
this.RenderDevice.TextureState[0].ColorArgument2 =
   TextureArgument.Current;
this.RenderDevice.TextureState[0].ColorOperation =
   TextureOperation.Modulate;
```

Sofern erwünscht, kann die Einflussnahme von Lichtquelle auf das Polygon deaktiviert werden. Dies veranlassen die folgenden Zuweisungen.

```
this.RenderDevice.TextureState[0].ColorArgument1 =
   TextureArgument.TextureColor;
this.RenderDevice.TextureState[0].ColorOperation =
   TextureOperation.SelectArg1;
```

Kurze Erläuterung: Durch das erste Argument werden die Farbwerte aus der Textur gelesen. Der Operator definiert einfach nur, dass der Farbwert des ersten Arguments ohne Änderungen übernommen werden soll.

## Darkmapping

Das Pendant zum Lightmapping ist das Darkmapping. Durch jenes Verfahren werden auch die schwarzen Pixel der zweiten Textur berücksichtigt, welche folglich die originale Textur abdunkeln. Hellere Farbwerte hingegen simulieren quasi eine Transparenz. Je heller der Wert, desto mehr schimmert von den originalen Farbwerten durch. Das Prinzip ist dasselbe wie beim Lightmapping, mit dem Unterschied dass ein anderer Operator gewählt wird.

```
this.RenderDevice.TextureState[1].ColorArgument1 =
  TextureArgument.TextureColor;
this.RenderDevice.TextureState[1].ColorArgument2 =
  TextureArgument.Current;
this.RenderDevice.TextureState[1].ColorOperation =
  TextureOperation.Modulate;
this.RenderDevice.TextureState[1].TextureCoordinateIndex = 0;
```

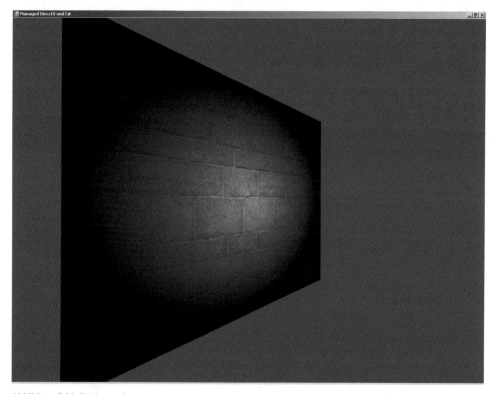

**Abbildung 3.14:** Darkmapping

## Hardwarefähigkeiten prüfen

Zwar unterstützt Direct3D bis zu acht Texturstufen, das soll aber nicht gleich heißen, dass alle Grafikkarten ebenfalls acht Texturstufen gleichzeitig verarbeiten können. Die maximale Anzahl der Texturstufen gibt Ihnen die MaxSimultaneousTextures-Eigenschaft zurück. Solch ein Fall wird nur bei sehr alter Grafikhardware auftreten.

Bei welchen Texturoperationen Sie auf die Mitarbeit der Grafikkarte bauen können, legt die TextureOperationCaps-Struktur offen, welche unter der gleichnamigen Eigenschaft zu finden ist. Für eine detaillierte Auflistung aller dafür vorgesehen Eigenschaften wird an dieser Stelle auf die Dokumentation des DirectX SDK's verwiesen.

## Das Beispielprogramm

Analog zum Beispielprojekt der Texturfilterung wurde eine Auswahl der TextureOperation-Konstanten in einem Array gespeichert. Ein Index definiert wiederum die zu verwendende Operation. Im Array ist lediglich eine Auswahl der Konstanten enthalten, weil die Enumeration auch Konstanten für andere Zwecke definiert hat.

### 3.2.10 Mehrere Texturkoordinaten pro Vertex

Die DirectX-Klassenbibliothek zählt keine Vertex-Struktur zu ihrem Standardrepertoire, die mehr als ein Texturkoordinatenpaar aufnehmen kann. Dennoch ist es möglich bis zu acht Texturkoordinaten pro Vertex zu speichern. Zuvor sind jedoch Sie als Programmierer gefragt, eine dafür geeignete Vertex-Struktur zu definieren. Eine Struktur, die neben dem Ortsvektor ausreichend Platz für einen Normalen-Vektor und für zwei Texturkoordinaten bietet, könnte wie folgt aussehen.

```
public struct PositionNormalTextured2
{
  public float X;
  public float Y;
  public float Z;
  public Vector3 Normal;
  public float Tu0;
  public float Tv0;
  public float Tu1;
  public float Tv1;

  public static VertexFormats Format
  {
    get { return VertexFormats.Position | VertexFormats.Normal |
      VertexFormats.Texture1 | VertexFormats.Texture2; }
  }
}
```

Jede Komponente des Orts- und Normalen-Vektors sowie jede Komponente der Texturkoordinaten muss als Typ float deklariert werden. Weiterhin haben Sie in Kapitel 2 gelernt, dass die Struktur eine statische Eigenschaft veröffentlichen muss, die das Format beschreibt.

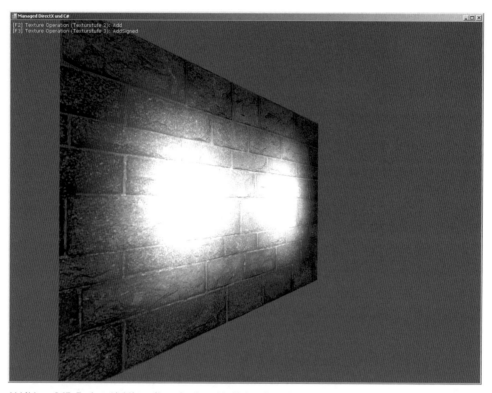

**Abbildung 3.15:** Texture Lighting mit zwei unterschiedlichen Texturkoordinaten

Nachdem die nötige Struktur zur Verfügung steht, können Sie die Texturkoordinaten für jeden Vertex festlegen. Bevor Sie nun eine Primitive durch die Rendering Pipeline schicken, müssen Sie dem Direct3D-Device mitteilen, welche Texturkoordinaten verwendet werden sollen. Andernfalls verwendet Direct3D standardmäßig das erst Koordinatenpaar. Weisen Sie der TextureCoordinateIndex-Eigenschaft in jeder Texturstufe einen nullbasierten Index zu.

```
//Verwende die Koordinaten Tu0 und Tv0
this.RenderDevice.TextureState[0].TextureCoordinateIndex = 0;

//Verwende die Koordinaten Tu1 und Tv1
this.RenderDevice.TextureState[1].TextureCoordinateIndex = 1
```

## 3.2.11 Texture Blending mit Alpha-Werten

Alternativ zu den bisher vorgestellten Möglichkeiten, zwei Texturen miteinander zu kombinieren, können Sie einen zusätzlichen Farbwert ins Spiel bringen, wobei der Farbwert einen Alphakanal sein Eigen nennen muss. Der Alphawert definiert dann die Transparenz der zweiten Textur, die über diejenige der vorherigen Stufe gelegt wurde.

```
this.RenderDevice.TextureState[1].ColorArgument1 =
  TextureArgument.TextureColor;
this.RenderDevice.TextureState[1].ColorArgument2 =
  TextureArgument.Current;
this.RenderDevice.TextureState[1].ColorOperation =
  TextureOperation.BlendFactorAlpha;
this.RenderDevice.TextureState[1].TextureCoordinateIndex = 0;
```

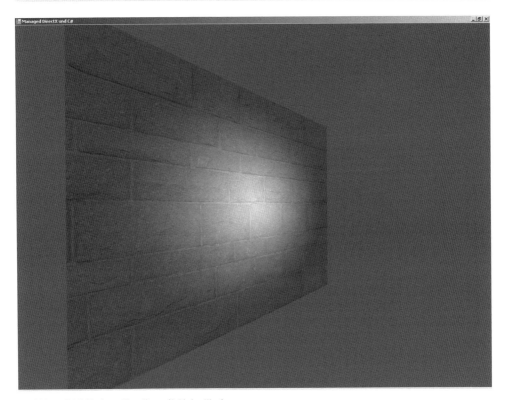

**Abbildung 3.16:** Texture Blending mit Alpha-Werten

Die Argumente gleichen denen vom Texture Lighting. Neu ist die Operation TextureOperation.BlendFactorAlpha. Diese multipliziert die Farbwerte beider Texturen, wobei die Farbwerte von der aktuellen Texturstufe zuvor mit einem Alphawert gewichtet werden. Somit kann die Transparenz entweder vermindert oder vergrößert werden. Dieser Faktor wird in der Eigenschaft TextureFactor der Render States hinterlegt und muss einen Farbwert als integer definieren, wobei die Kanäle Rot, Grün und Blau außer Acht gelassen werden. Stattdessen kommt nur der Alphakanal zum tragen.

```
this.RenderDevice.RenderState.TextureFactor =
  Color.FromArgb(m_iBlendFactor, 0, 0, 0).ToArgb();
```

Oben zu sehende Variable m_iBlendFactor enthält Werte zwischen 0 und 255, wobei 0 eine vollständige Transparenz repräsentiert. Folglich ist die Textur der zweiten Stufe nicht sichtbar. In der Beispielanwendung pendelt der Alphawert stetig zwischen 0 und 255, so dass Sie die unterschiedlichen Effekte gut beobachten können.

```
private int m_iBlendFactor = 0;
private int m_iDirection = -1;



//Innerhalb der Render()-Methode
if (m_iBlendFactor == 0 || m_iBlendFactor == 255)
  m_iDirection = -m_iDirection;

m_iBlendFactor += m_iDirection;
```

## 3.2.12 Alpha Blending

Mit Hilfe des Alpha Blendings sind Sie in der Lage, Objekte transparent darzustellen. Analog zum vorherigen Thema, wird das Pixel-Format RGB um einen Kanal erweitert, der genügend Platz für die Transparenzinformationen schafft.

> **Hinweis**
>
> Es sei ausdrücklich darauf hingewiesen, dass dieses Verfahren nicht mit dem vorherigen Abschnitt verwechselt werden darf. Alpha-Werte beim Texture Blending spielen nur beim Kombinieren mehrere Texturen eine Rolle. Soll heißen, der Alpha-Wert wird beim Texture Blending nur auf eine Textur angewandt, nicht aber auf ganze Körper.

Zwar bietet Direct3D mit dem Alpha Blending eine komfortable Lösung an, Objekte transparent darzustellen, dennoch gibt es ein großes Fettnäpfchen, welches zu falschen Ergebnissen führt. Beim Alpha Blending geschieht nichts anderes, als dass Direct3D für jedes Objekt die Farbwerte der Pixel berechnet. Bevor die neu errechneten Werte in den Back Buffer geschrieben werden, kombiniert Direct3D die bereits bestehenden Farbwerte mit dem neu errechneten Farbwert. Transparenzabstufungen werden durch zwei Faktoren realisiert, welche die Farbwerte entsprechend gewichten. Daraus ergibt sich die folgende Gleichung.

```
Endwert = (Hintergrund * Blend-FaktorHintergrund) + (Vordergrund + Blend-FaktorVordergrund)
```

# Texturen

Werden die transparenten Objekte in der falschen Reihenfolge durch die Rendering Pipeline geschickt, dann sind eventuelle Hintergrundobjekte nicht durch den transparenten Körper zu sehen, da sie zum gegebenen Zeitpunkt noch nicht im Back Buffer abgebildet waren. Es obliegt Ihnen als Programmierer die Aufgabe, den Abstand der Objekte zur Kamera zu berechnen und anhand dessen die Objekte in korrekter Reihenfolge zu rendern. Doch genug der Theorie, schauen wir uns einmal die praktische Seite dieses Verfahrens an.

## Alpha Blending aktivieren

Im ersten Schritt wird das Alpha Blending aktiviert. Dazu sieht der Device in dessen Render States die Eigenschaft `AlphaBlendEnable` vom Typ `bool` vor.

```
//Aktivieren
this.RenderDevice.RenderState.AlphaBlendEnable = true;

//Deaktivieren
this.RenderDevice.RenderState.AlphaBlendEnable = false;
```

Beachten Sie dass Direct3D solang Alpha Blending nutzt, bis Sie es explizit wieder deaktivieren.

## Blend-Faktoren

In der Standardkonfiguration ist noch kein Effekt erkennbar, nachdem das Alpha Blending aktiviert wurde. Das ist darin begründet, dass Direct3D als Voreinstellung den Hintergrund mit 0% und den Vordergrund mit 100% gewichtet. Zu gut deutsch, die Werte im Back Buffer werden einfach überschrieben. In C# formuliert bedeutet dies:

```
this.RenderDevice.RenderState.DestinationBlend = Blend.Zero;
this.RenderDevice.RenderState.SourceBlend = Blend.One;
```

**Abbildung 3.17:** Alpha Blending jeweils mit Blend.One (links) und mit Blend.SourceAlpha bzw. Blend.InvSourceAlpha (rechts)

Eine gleichmäßige Gewichtung der Pixel erreichen Sie, indem beiden Eigenschaften derselbe Wert zugewiesen wird (beispielsweise für beide Eigenschaften die Konstante Blend.One). Alphawerte fließen in die Gleichung ein, wenn stattdessen die Konstanten Blend.SourceAlpha und Blend.InvSourceAlpha zum Einsatz kommen (siehe Abbildung 3.17).

Einen Moment bitte! In Abbildung 3.17 rechts ist das Rechteck nicht transparent. Warum das? Ganz einfach deshalb, weil bisher nirgends ein Alphawert vorliegt. Grundlage der Textur ist eine JPG-Datei im Format RGB. Aufgrund des fehlenden Alphakanals kann auch keine Transparenz umgesetzt werden. Ein anderes Dateiformat, etwa das Direct Draw Surface-Dateiformat (*.dds), könnte dem Abhilfe schaffen. In diesem Format wird für jeden Pixel neben den Farbanteilen für Rot, Grün und Blau ein Alpha-Wert gespeichert, wodurch die Textur pro Pixel eine unterschiedliche Transparenz annehmen kann.

Doch nicht nur innerhalb einer Textur können Transparenzinformationen abgelegt sein, sondern auch in Color-Strukturen eines Vertex oder in Materialien, die erst noch behandelt werden müssen.

Konstante Transparenz, unabhängig vom der Vertex-Farbe, der Textur oder dem Material erzielt ein Blend-Faktor. Eigenes für diesen Faktor wurden die Eigenschaften BlendFactor und BlendFactorColor implementiert. Letztere Variante ist vom Typ int., BlendFactor hingegen können Sie eine Color-Struktur zuweisen. Zur Auswahl dieses Faktors stehen die Konstanten Blend.BlendFactor und Blend.InvBlendFactor bereit.

```
this.RenderDevice.RenderState.BlendFactor =
   Color.FromArgb(150, 150, 150, 150);
this.RenderDevice.RenderState.DestinationBlend =
   Blend.InvBlendFactor;
this.RenderDevice.RenderState.SourceBlend = Blend.BlendFactor;
this.RenderDevice.RenderState.BlendOperation = BlendOperation.Add;
```

Eine genaue Auflistung aller relevanten Konstanten der Blend-Enumeration und eine entsprechende Beschreibung finden Sie in Tabelle 3.3.

| Konstante | Beschreibung |
| --- | --- |
| BlendFactor | Die Transparenzinformation wird der BlendFactor bzw. der BlendFactorColor-Eigenschaft der Render States entnommen. |
| InvBlendFactor | Invertiert den Alphawert der BlendFactor bzw. der BlendFactorColor-Eigenschaft. |
| BothSourceAlpha | Wird in zukünftigen Versionen entfallen. Sie erreichen denselbigen Effekt, wenn SourceBlend auf Blend.SourceAlpha und DestinationBlend auf Blend.InvSourceAlpha gesetzt wird. |
| BothInvSourceAlpha | Invertiert den Alphawert für den Vordergrund und legt für die bereits im Back Buffer enthaltenen Pixel den Alphawert des neu gerenderten Objekts fest. Entspricht im ARGB-Format (1 – AS, 1 – AS, 1 – AS, 1 – AS) für den Vordergrund und (AS, AS, AS, AS) für den Hintergrund. |
| DestinationAlpha | Spricht den Alphakanal des Back Buffers an. |

**Tabelle 3.3:** Konstanten der Blend-Enumeration

| Konstante | Beschreibung |
|---|---|
| InvDestinationAlpha | Invertiert den Alphawert, der aus dem Back Buffer gelesen wurde (sprich, invertiert den Alphawerts des Hintergrundes). |
| DestinationColor | Legt den Farbwert des Pixels des Hintergrundes für die Alpha Blending-Operation zugrunde. |
| InvDestinationColor | Invertiert den Farbwert des Hintergrundes. |
| One | Der Blend-Faktor ist 1. |
| SourceAlpha | Bezieht die Transparenzinformationen aus dem Vordergrund. Die Quelle kann eine Farbinformation des Vertex sein, der Alpha-Kanal einer Textur oder ein Material. |
| InvSourceAlpha | Invertiert den Alphawerts des Vordergrundes. |
| SourceAlphaSat | Der Blend-Faktor entspricht (f, f, f, 1), wobei f = min(A, 1 − Ad). |
| SourceColor | Entnimmt dem Vordergrund den Farbwert des entsprechenden Pixels. |
| InvSourceColor | Invertiert den Farbwert des aktuellen Pixels des Vordergrundes. |
| Zero | Entspricht dem Blend-Faktor 0. |

**Tabelle 3.3:** Konstanten der Blend-Enumeration (Forts.)

## Alpha Blending-Operationen

Standardmäßig addiert Direct3D die Farbwerte miteinander, wenn Alpha Blending aktiviert ist. Neben dieser Operation stehen noch weitere vier Operationen zur Verfügung (siehe Tabelle 3.4).

| Konstante | Beschreibung |
|---|---|
| Add | Addiert beide Farbwerte miteinander. (Ergebnis = Vordergrund + Hintergrund) |
| Max | Die Farben werden nicht kombiniert. Stattdessen wird der Pixel in den Back Buffer geschrieben, dessen Farbwert am größten ist. |
| Min | Die Farben werden nicht kombiniert. Stattdessen wird der Pixel in den Back Buffer geschrieben, dessen Farbwert am kleinsten ist. |
| RevSubtract | Subtrahiert die Vordergrundfarbe von der Hintergrundfarbe. (Ergebnis = Hintergrund − Vordergrund) |
| Subtract | Subtrahiert die Hintergrundfarbe von der Vordergrundfarbe. (Ergebnis = Vordergrund − Hintergrund) |

**Tabelle 3.4:** Konstanten der BlendOperation-Enumeration

## Hardwarefähigkeiten prüfen

Welche Blendfaktoren Ihrer Grafikkarte ein Begriff sind, geben die Eigenschaftswerte eines BlendCaps-Objekts an. Jeweils für beide beteiligten Parteien, d.h. für SourceBlend und für DestionationBlend, existieren ebenfalls zwei separate Eigenschaften, SourceBlendCaps und DestinationBlendCaps, in der Caps-Struktur, über die solch eine Instanz bezogen werden kann.

Ob neben der Addition zweier Farbwerte auch andere Operationen durchgeführt können, besagt ein boolescher Wert der Caps.PrimitiveMiscCaps.SupportsBlendOperation-Eigenschaft.

## Das Beispielprogramm

In dem Beispielprogramm werden letztlich zwei Rechtecke gezeichnet, wobei sich beide demselben Vertex Buffer bedienen. Die Größenunterschiede werden mit Hilfe einer Skalierungsmatrix realisiert.

Wichtig anzumerken ist, dass das Hintergrundrechteck zuerst gerendert wird. Anschließend erfolgt die Konfiguration des Devices für das zweite Rechteck, welches durchsichtig sein soll.

```
//Erstes Rechteck rendern
this.RenderDevice.Transform.World = Matrix.Scaling(3, 3, 3);
this.RenderDevice.SetTexture(0, m_oTexture);
this.RenderDevice.VertexFormat =
  CustomVertex.PositionTextured.Format;
this.RenderDevice.SetStreamSource(0, m_oVertexBuffer, 0);
this.RenderDevice.DrawPrimitives(
  PrimitiveType.TriangleStrip, 0, 2);

//Zweites Rechteck rendern
this.RenderDevice.Transform.World =
  Matrix.Multiply(Matrix.Multiply(
  Matrix.Scaling(1.0f, 0.5f, 1.0f),
  Matrix.RotationY(Geometry.DegreeToRadian(m_fAngle))),
  Matrix.Translation(0, 0, -50));

//Alpha Blending aktivieren und Blend-Faktoren konfigurieren
this.RenderDevice.RenderState.AlphaBlendEnable = true;
this.RenderDevice.RenderState.DestinationBlend =
  Blend.InvSourceAlpha;
this.RenderDevice.RenderState.SourceBlend = Blend.SourceAlpha;

//Transparentes Rechteck rendern
this.RenderDevice.SetTexture(0, m_oEntwicklerTexture);

this.RenderDevice.VertexFormat =
  CustomVertex.PositionTextured.Format;
this.RenderDevice.SetStreamSource(0, m_oVertexBuffer, 0);
```

```
this.RenderDevice.DrawPrimitives(PrimitiveType.TriangleStrip, 0, 2);

//Alpha Blending deaktivieren
this.RenderDevice.RenderState.AlphaBlendEnable = false;
```

> **Hinweis**
>
> Halten Sie sich immer im Hinterkopf, dass Alpha Blending eine rechenintensive Aufgabe für den Computer darstellt. Für jeden einzelnen Pixel müssen die Farbwerte gewichtet und kombiniert werden. Selbst moderne Prozessoren und Grafikkarten gehen bei zu vielen und großen, transparenten Objekten in die Knie. Zudem erhöht sich Ihr Verwaltungsaufwand, damit alle Körper immer in der korrekten Reihenfolge in die Rendering Pipeline hineingereicht werden.

## Das DirectX Texture Tool

Im Rahmen von Microsoft DirectX Software Development Kit (DirectX SDK) wird ein kleines Hilfswerkzeug namens DirectX Texture Tool ausgeliefert. Mit dessen Hilfe können Sie unterschiedlichste Dateiformate (siehe Abschnitt Texturen laden und anwenden) ins Direct Draw Surface-Dateiformat umwandeln. Im gleichen Atemzug sind Sie in der Lage, den Alpha-Kanal der Grafik mit einer beliebigen anderen Bitmap zu bestücken. Oder aber Sie generieren bereits die Mip Maps für diese Textur.

Zu finden ist das Programm entweder beispielsweise im Windows-Startmenü (z.B. START | PROGRAMME | MICROSOFT DIRECTX SDK (AUGUST 2006) | DIRECTX UTILITIES) oder im Unterordner Utilities\Bin\x86 des DirectX SDK-Installationspfads (Dateiname: DxTex.exe).

Arbeiten Sie die folgenden Schritte ab, um das Format einer Grafikdatei umzuwandeln und den Alpha-Kanal mit einer beliebigen anderen Bitmap zu füllen.

- Öffnen Sie eine neue Datei über OPEN…

- Rufen Sie den CHANGE SURFACE FORMAT-Dialog über den gleichnamigen Eintrag im FORMAT-Menü auf.

- Wählen Sie in diesem Dialog das Format A8R8G8B8 und bestätigen Sie die Auswahl mit OK.

- Wechseln Sie zur Ansicht des Alpha-Kanals (VIEW | ALPHA CHANNEL ONLY)

- Fügen Sie zu guter Letzt eine beliebige Grafik in den Alpha-Kanal über den Menüpunkt FILE | OPEN ONTO ALPHA CHANNEL OF THIS TEXTURE… ein und speichern Sie die Datei neu ab.

# 3 – Texturen und Lichtquellen

**Abbildung 3.18:** Das DirectX Texture Tool, enthalten im DirectX SDK

## 3.2.13 Alpha-Testing

Wie Sie wissen, stellt Alpha Blending in entsprechender Menge auch aktuelle Computer vor anspruchsvolle Aufgaben. In manchen Situationen ist das Rendern einer transparenten Primitive gar nicht nötig. Beispielsweise wenn das Objekt vollständig durchsichtig ist oder wenn die Transparenz so fortgeschritten ist, dass der Körper im Nebel schon gar nicht mehr richtig erkennbar ist. Genau in solchen Szenarien wirkt das sog. Alpha-Testing bei der Performance-Verbesserung.

Hinter dem Begriff Alpha-Testing verbirgt sich eine Prüfung der Transparenzinformationen, ob die von Ihnen definierten Kriterien erfüllt werden. Die folgenden Codepassagen verhindern, dass das orange e aus dem Entwickler-Logo in den Back Buffer gelangt.

```
this.RenderDevice.RenderState.AlphaTestEnable = true;
this.RenderDevice.RenderState.AlphaFunction = Compare.Greater;
this.RenderDevice.RenderState.ReferenceAlpha = 100;

//Primitive rendern

this.RenderDevice.RenderState.AlphaTestEnable = true;
```

Mit der ersten Zuweisung wird Alpha-Testing aktiviert. In der zweiten Zuweisung wird die Art und Weise der Prüfung definiert. Für eine genaue Auflistung der Vergleichsmöglichkeiten, konsultieren Sie bitte Tabelle 3.5. Zu guter Letzt wird ein Vergleichswert in der ReferenceAlpha-Eigenschaft abgelegt.

Direct3D prüft nun für jeden Pixel, ob dessen Alpha-Wert größer ist als 100. Sofern die Bedingung erfüllt ist, wird der Pixel mit dem entsprechenden Pixel im Back Buffer kombiniert. Andernfalls wird der Farbwert verworfen.

| Konstante | Beschreibung |
| --- | --- |
| Always | Der Test verläuft immer erfolgreich. |
| Equal | Der Pixel wird akzeptiert, wenn der Farbwert mit dem aktuellen Farbwert übereinstimmt. |
| Greater | Akzeptiert den neuen Pixel wenn der Farbwert größer ist, als der aktuell verzeichnete. |
| GreaterEqual | Akzeptiert den neuen Pixel wenn der Farbwert größer ist, als der aktuell verzeichnete oder dem aktuellen Wert gleicht. |
| Less | Der Test verläuft für jeden Pixel erfolgreich, dessen Wert kleiner ist als der aktuell verzeichnete. |
| LessEqual | Der Test verläuft für jeden Pixel erfolgreich, dessen Wert kleiner ist oder dem aktuellen Farbwert gleicht. |
| Never | Die Bedingung ist niemals erfüllt. |
| NotEqual | Die Bedingung ist für jeden Pixel erfüllt, dessen Farbwert nicht dem aktuellen Wert entspricht. |

**Tabelle 3.5:** Konstanten der Compare-Enumeration

### Hardwarefähigkeiten prüfen

Die Eigenschaften eines ComparisonCaps-Objekts geben Auskunft darüber, welche Vergleichsmethodiken von der Grafikkarte unterstützt werden. Über die Caps-Struktur gelangen Sie an dieses Objekt über die Eigenschaft AlphaCompareCaps.

## 3.2.14 Ein Surface als Renderziel verwenden

Wie Sie wissen, handelt es sich beim Back Buffer um ein Surface, sprich einen sequentiell aufgebauten Speicherbereich, in der die Projektion der dreidimensionalen Welt gespeichert wird. Prinzipiell dürfte es also möglich sein, anstelle des Back Buffers ein anderes Surface zu wählen, um darin die Szene zu speichern. Genau diese Aufgabe gilt es in diesem Abschnitt zu lösen.

Jetzt stellt sich Ihnen vielleicht die Frage, für welche Zwecke man einen Frame in ein gesondertes Surface zeichnen sollte. Für Autorennsimulationen beispielsweise ließe sich auf diese Art und Weise ein Spiegel realisieren, der als einfaches Rechteck am oberen Rand den Blick nach hinten gewährt. Oder Sie wollen dem Benutzer gestatten, Screenshots (siehe Abschnitt Speichern von Surface-Inhalten in einer Datei) zu erstellen, dessen Ausmaße sich von denen des Back Buffers unterscheiden. Dann können Sie den aktuellen Frame einfach erneut in ein Surface schreiben, um dessen Inhalte anschließend physikalisch auf der Festplatte zu hinterlegen.

Zunächst einmal werden eine Hand voll Objekte benötigt, dessen Typen in der folgenden Auflistung zu sehen sind.

- RenderToSurface
- Texture
- Surface
- Sprite

RenderToSurface ist eine Hilfsklasse aus der DirectX-Klassenbibliothek, welche Ihnen bei diesem Vorhaben unter die Arme greift. Mittels eines Objekts dieses Typs wird der Beginn und das Ende des Frames signalisiert.

Selbstverständlich benötigen wir die Daten anschließend in einer Instanz der Texture-Klasse, damit die Ergebnisse mit Hilfe des Sprite-Objekts in die sichtbare Szene eingebunden werden können.

**Abbildung 3.19:** Eine Szene aus zwei Blickwinkeln, dank einem gesonderten Render-Surface

Ein Surface-Objekt eröffnet den Zugriff auf einen sequentiellen Speicherbereich, in den die berechneten Pixel geschrieben werden. Das Objekt wird von einer Texture-Instanz bezogen, wie wir gleich sehen werden.

```
m_oRenderTarget = new RenderToSurface(this.RenderDevice,
    256, 256, Format.X8R8G8B8, true, DepthFormat.D16);
```

## Texturen

Die Signatur des `RenderToSurface`-Konstruktors besagt, dass als erstes Argument ein `Device`-Objekt übergeben werden muss. An zweiter und dritter Stelle folgen dann die Breite sowie die Höhe des Render-Ziels, quasi die Ausmaße des Ersatz-Back Buffers. Das vierte Argument bestimmt die Anzahl der Bits pro Farbkanal. Sofern Transparenzeffekte erwünscht sind, dann muss die Wahl mindestens auf ein 32 Bit-Format fallen. Andernfalls ist Direct3D nicht genügend Spielraum geboten, die Farbwerte entsprechend Ihren Vorstellungen zu kombinieren, da die nötigen Informationen nicht vorliegen.

Mittels der letzten beiden Argumente lässt sich schließlich die Unterstützung des Tiefenspeichers aktivieren bzw. deaktivieren sowie das Format des Tiefenspeichers definieren.

In Bezug auf die Ausmaße und das Format, muss das `Texture`-Objekt dieselbe Charakteristika aufweisen (siehe folgende Zuweisung).

```
m_oRenderTexture = new Texture(this.RenderDevice,
  256, 256, 1, Usage.RenderTarget, Format.X8R8G8B8, Pool.Default);
```

Neben einer Instanz der `Device`-Klasse übergeben Sie dem obigen Konstruktor die Breite und Höhe der Textur sowie die Anzahl der Mip Maps. Das Flag `Usage.RenderTarget` weist die Textur als Ziel einer Render-Operation aus. Als viertes Argument wird nochmals das Format übergeben. Für den letzten Parameter akzeptiert der Konstruktor ausschließlich die `Pool.Default`-Konstante. Als Konsequenz daraus, dass die Textur nicht als verwaltete Ressource erstellt werden kann, muss bei Eintritt des `Device.DeviceReset`-Ereignisses, das Objekt neu initialisiert werden.

Hinsichtlich der Ausmaße und des Formats der Textur, fordert Direct3D dieselben Angaben, die Sie zuvor dem Konstruktor der `RenderToSurface`-Klasse mitgeteilt haben. Weicht ein Wert von den zuvor übermittelten Daten ab, resultiert daraus ein Laufzeitfehler.

Anschließend wird das Surface einfach vom `Texture`-Objekt bezogen. Genauer genommen von dessen erster (und in diesem Beispiel einziger) Mip Map.

```
m_oRenderSurface = m_oRenderTexture.GetSurfaceLevel(0);
```

### Rendern des Frames

Analog zur bisherigen Vorgehensweise wird der Beginn eines neuen Frames sowie das Ende aller Render-Vorgänge mit den Methoden `BeginScene()` und `EndScene()` signalisiert und sowohl das Surface und der Z-Buffer mit einheitlichen Werten beschrieben.

```
m_oRenderTarget.BeginScene(m_oRenderSurface);
this.RenderDevice.Clear(ClearFlags.ZBuffer | ClearFlags.Target,
  Color.DarkBlue, 1.0f, 0);

this.RenderDevice.Transform.View = m_oViewInvert;

//Zeichnen einer Primitive über das Device-Objekt

m_oRenderTarget.EndScene(Filter.Linear);
```

Im Gegensatz zu den Varianten vom Direct3D-Device fordern die Methoden `BeginScene()` und `EndScene()` im minimalen Fall die Übergabe eines Arguments. Zum einen ist dies das entsprechende Surface bei `BeginScene()` und zum anderen ist das eine Filter-Methodik für die Mip Maps bei der Methode `EndScene()`. Alle anderen Aufgaben, etwa die Ausgabe einer Primitive, erledigen Sie wie gehabt über den Device.

Optional kann der `BeginScene()`-Methode zudem ein `Viewport`-Objekt mitgegeben werden. Über dessen Eigenschaften `X`, `Y`, `Width` und `Height` wird zusätzlich gesteuert, wie groß die Projektion werden soll und an welcher Position des Surfaces die Szene erscheint.

```
Viewport oViewPort = new Viewport();
oViewPort.X = m_oRenderSurface.Description.Width / 2 - 64;
oViewPort.Y = m_oRenderSurface.Description.Height / 2 - 64;
oViewPort.Width = 128;
oViewPort.Height = 128;

m_oRenderTarget.BeginScene(m_oRenderSurface, oViewPort);
```

### Vorberechneten Frame in die Szene integrieren

Alle Änderungen des Surfaces reflektieren sich in dem dazugehörigen `Texture`-Objekt, weshalb die vorberechnete Szenen entweder auf einen Körper gelegt werden kann oder aber Sie zeichnen dessen Inhalte einfach über die aktuelle Szene in ein spezielles Rechteck. Wie Sie sicher schon ahnen, gibt es eine besondere Methodik zur Darstellung einer Textur auf dem Back Buffer, so dass auf ein Rechteck aus zwei Dreiecken verzichtet werden kann.

Das Zauberwort hört auf den Namen Sprite. Detaillierte Informationen dazu finden Sie im Abschnitt Sprites. Kurz gesagt bewirkt der unten zu sehende Quelltext, dass die Farbwerte der entsprechenden Textur in den Back Buffer kopiert werden. Genauer gesagt an die Position (0, 0) mit einem Ausmaß von 256x256 Pixeln.

```
m_oSprite = new Sprite(this.RenderDevice);

m_oSprite.Begin(SpriteFlags.None);
m_oSprite.Draw(m_oRenderTexture, new Rectangle(0, 0, 256, 256), new Vector3(0, 0, 0), new Vector3(0, 0, 0), Color.White);
m_oSprite.End();
```

### Das Beispielprogramm

Das Beispielprojekt bedient sich gleich zwei neuer Klassen: `Room3D` und `TextureCache`. Letztere speichert, wie der Name schon sagt, alle `Texture`-Objekte in einem Verzeichnis zwischen. Ergibt sich die Forderung nach einer Textur, wird die statische Methode `GetTexture()` bemüht, welcher neben dem Direct3D-Device der Pfad mitgegeben wird. Sofern die Datei schon einmal als Textur geladen wurde, wird das Objekt aus dem Verzeichnis bezogen. Andernfalls ergänzt die Methode das Verzeichnis um jene Textur.

```csharp
public class TextureCache
{
  private static Dictionary<string, Texture> m_oTextures =
    new Dictionary<string, Texture>();

  public static Texture GetTexture(Device oDevice, string sPath)
  {
    Texture oTexture;

    if (!m_oTextures.TryGetValue(sPath, out oTexture))
      if (File.Exists(sPath))
      {


        oTexture = TextureLoader.FromFile(oDevice, sPath);
        m_oTextures.Add(sPath, oTexture);
      }
      else
        throw new FileNotFoundException(
          string.Format("Path: {0}", sPath));

    return oTexture;
  }
}
```

Dieser doch recht einfachen Klasse kommt dennoch eine besondere Bedeutung zu, da sie redundante Operationen und vor allem redundante Informationen vermeidet. Aufgrund der stetig wachsenden Ansprüche an die Optik eines Computerspiels, bleibt Speicher auch heute noch Mangelware. Zumindest der schnelle Speicher der Grafikkarte. Stellen Sie sich nun vor, Sie initialisieren drei Objekte, die alle dieselbe Grafikdatei in den Speicher laden. Würde kein Programmteil die verfügbaren Texturen verwalten, dann lägen drei Abbilder dieser Informationen im Speicher, welcher sich zunehmend füllt.

Die Room3D-Klasse erzeugt für alle sechs Seiten des Quaders die nötigen Vertices, wobei dem Konstruktor neben der Breite, Höhe und Tiefe jeweils die Anzahl der Segmente übergeben werden kann. Ein Segment ergibt sich aus zwei Primitiven pro Reihe. Warum nicht einfach zwei Dreiecke pro Seite verwendet werden, klärt Abschnitt *Lichtquellen* auf.

Als Struktur kommt der Typ CustomVertex.PositionNormalTextured zum Einsatz, welcher neben den Positionskoordinaten bzw. Texturkoordinaten auch den Normalen-Vektor speichert, in Voraussicht auf den Abschnitt *Lichtquellen*, wenn wir uns den Lichtquellen zuwenden. Prinzipiell bedarf es keiner Erklärung des Quelltexts, da das Konzept zur Generierung eines Drahtgitters bereits in Kapitel 2 erklärt wurde. Sie finden den Code natürlich auf der CD-Rom zum Buch.

Einzig und allein die Berechnung der Texturkoordinaten sowie des Normalenvektors ist an dieser Stelle von Interesse.

```
oVerts[iVertexNumber].Tv = (m_oMaxTexCoordBack.Y /
  (m_iNumSegmentsHeight)) * iTvCounter;

if (this.IsCube)
{
  oVerts[iVertexNumber].Tu = (m_oMaxTexCoordBack.X /
    (m_iNumSegmentsFrontBack)) * iTuCounter;
  oVerts[iVertexNumber++].Normal = new Vector3(0, 0, 1);
}
else
{
  oVerts[iVertexNumber].Tu = m_oMaxTexCoordBack.X -
    (m_oMaxTexCoordBack.X / (m_iNumSegmentsFrontBack)) *
    iTuCounter;
  oVerts[iVertexNumber++].Normal = new Vector3(0, 0, -1);
}
```

Ein Wort vorweg: Die Room3D-Klasse können Sie verwenden, um entweder einen Quader oder einen Raum darzustellen. Beide Varianten unterscheiden sich lediglich um dessen Texturkoordinaten und dessen Normalen. Letztere müssen im Fall eines Raumes nach innen gerichtet sein, damit der Raum ausgeleuchtet werden kann (siehe Abschnitt Lichtquellen). Wollen Sie stattdessen einen Quader darstellen, sprich die Kamera auf das Objekt richten, dann werden die Normalen nach außen hin ausgerichtet.

Dem Konstruktor der Room3D-Klasse kann für jede Seite eine Vector2-Struktur mitgegeben werden, dessen X- und Y-Komponente den jeweils maximalen Wert der Texturkoordinaten U und V entspricht. Begonnen wird immer bei (0, 0). Zunächst wird die Schrittweite berechnet, indem der maximale Wert durch die Anzahl der Segmente dividiert wird. Die Anzahl der Segmente wiederum errechnet sich aus der Anzahl der nebeneinander liegenden Vertices.

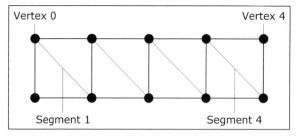

**Abbildung 3.20:** Ein Segment ergibt sich aus zwei Primitiven

## 3.2.15 Speichern von Surface-Inhalten in einer Datei

In jedem Computerspiel existiert eine Tastenbelegung, mit welcher der Spieler im Spiel ein Screenshot vom aktuellen Geschehen machen kann. Praktisch gesehen, müssen Sie dazu nur den aktuellen Back Buffer-Inhalt in eine Datei schreiben. Beim Wegschreiben des Surface-Inhalts greift Ihnen die `Save()`-Methode der `SurfaceLoader`-Klasse unter die Arme. Wie folgt lautet dessen Signatur.

```
Public static void Save(string destFile,
  ImageFileFormat destFormat, Surface srcSurface);
```

Übergeben Sie als erstes Argument den Pfad der Datei, in welcher der Screenshot gespeichert werden soll. Anschließend folgt das gewünschte Dateiformat (siehe Abschnitt Texturen laden und anwenden für die unterstützten Dateiformate). Abschließend muss der Methode ein Surface-Objekt übergeben werden, dessen Inhalt Sie serialisieren wollen. Bekanntlich befindet sich die aktuelle Szene im Back Buffer, weshalb dessen Surface von Nöten ist.

Bemühen Sie zum Abrufen des Offscreen-Surfaces die Methode `GetBackBuffer()` eines `Device`-Objekts. Übergeben Sie als ersten Parameter die Nummer des Swap Chains. Da wir bisher ohne Swap Chain gearbeitet haben, genügt die Übergabe des Werts 0. Dasselbe gilt für den zweiten Parameter, der den Index des Back Buffers erwartet. Abschließend wird die `BackBufferType.Mono`-Konstante übergeben.

```
protected override void OnKeyDown(object sender, KeyEventArgs e)
{
  base.OnKeyDown(sender, e);

  switch (e.KeyCode)
  {
    case Keys.F12:
      string sFile = Application.ProductName;
      int iFileNumber = 0;

      while (File.Exists(sFile + iFileNumber.ToString() + ".bmp"))
        iFileNumber++;

      sFile += iFileNumber.ToString() + ".bmp";

      SurfaceLoader.Save(Path.Combine(Application.StartupPath,
        sFile), ImageFileFormat.Bmp,
        this.RenderDevice.GetBackBuffer(0, 0,
        BackBufferType.Mono));
      break;
  }
}
```

## 3.3 Sprites

Vorausgesetzt es existieren mindestens zwei Rechtecke, dann kann Direct3D eine Textur auf den Monitor ausgeben. Selbst in Zeiten von beeindruckenden 3D-Welten sind zweidimensionale Grafiken nicht unerlässlich. Das beste Beispiel sind die Benutzeroberflächen eines Computerspiels, sprich das Menü in dem Sie ein neues Spiel beginnen können oder den letzten Spielstand laden. Herkömmliche Steuerelemente des .NET Frameworks finden in einer Direct3D-Anwendung keinen Platz. Erstens, weil die Optik nicht in den Stil des Spiels passt und zweitens weil es zu unerwünschten Effekten führen kann, sobald ein Dialog geöffnet wird, obwohl der Benutzer sich im Vollbildmodus befindet.

Viel mehr bleibt die Aufgabe an Ihnen hängen, eine geeignete Benutzerschnittstelle zu kreieren, wobei Sprites einen enormen Beitrag leisten. Nach dieser erschreckenden Nachricht nun noch eine erfreuliche Information: Microsoft hat dem DirectX SDK ein sog. Sample Framework beigelegt. Mit zum Repertoire gehören eine Hand voll Standardsteuerelemente für Direct3D-Anwendungen, die sowohl für den Betrieb im Fenstermodus als auch im Vollbildmodus geeignet sind. Für eine detaillierte Beschreibung des Sample Frameworks von Microsoft kontaktieren Sie bitte die Dokumentation des DirectX Software Developer Kits.

### 3.3.1 Initialisieren und Rendern von Sprites

Im Abschnitt *Ein Surface als Renderziel verwenden* wurde bereits die Initialisierung eines Sprite-Objekts demonstriert. Dessen Konstruktor erwartet ausschließlich eine Direct3D-Device als Argument.

```
m_oSprite = new Sprite(this.RenderDevice);
```

Aufrufe der Draw()-Methode eines Sprites sind nur dann von Erfolg gekrönt, wenn jene Aktionen von zwei Anweisungen, Begin() und End(), umschlossen sind. Ein oder mehrere Flags der SpriteFlags-Enumeration bedienen schon die Anforderungen dieser Methode. Verwenden Sie zunächst das SpriteFlags.None-Flag, bis die Alternativen an der Reihe sind. Die End()-Methode hingegen weist keine Parameterliste auf.

```
m_oSprite.Begin(SpriteFlags.None);

//Sprites zeichnen

m_oSprite.End();
```

Fehlt jetzt lediglich noch die Draw()-Methode, dessen Aufgabenbereich beim Rendern der Grafiken liegt. Von jener Methode existieren diverse Überladungen. Eine Signatur ist wie folgt formuliert.

```
Public void Draw(Texture srcTexture, Vector3 center,
  Vector3 position, int color);
```

Das erste Argument muss vom Typ Texture sein und die Bildinformationen enthalten, die Sie auf dem Bildschirm ausgeben möchten. Anschließend folgen zwei Vektoren mit jeweils drei Komponenten. Eine der beiden Vektoren definiert die Mitte, quasi den Ursprung für die Textur. Seine Daseinsberechtigung hat der Vektor deshalb, weil Direct3D ansonsten alle Transformationen auf den Ursprung (0, 0) bezieht. Jenes Koordinatenpaar bezeichnet bekanntlich die linke obere Ecke. Rotationen einer Grafik kämen ohne Kenntnis der Mitte immer mit einer Translation daher. Hierbei gilt es zu beachten, dass sämtliche Positionsangaben bei einem Sprite in Bildschirmkoordinaten getätigt werden müssen, weshalb Sie für die Z-Komponente entweder den Wert 0 oder 1 wählen müssen. Andernfalls wird die Grafik nicht sichtbar sein. An dritter Stelle folgt dann die Position der Grafik, ebenfalls als Vector3. Zu guter Letzt fordert die Methode nach einem Farbwert als int. Hintergrund dieses Parameters ist der, jede Farbkomponente beeinflusst die Intensität eines jeden Kanals. Soll heißen das Tripel (255, 0, 0) lässt Ihre Textur im roten Gewand erscheinen. Übergeben Sie stattdessen den Ganzzahlwert für Weiß, bleibt das Erscheinungsbild der Textur unberührt, weil die volle Intensität aller Farbkanäle im additiven Farbmodell Weiß ergibt (siehe Abschnitt Das additive Farbmodell).

```
m_oSprite.Draw(m_oSpriteTexture, new Vector3(0, 0, 0),
  new Vector3(5, 5, 1), Color.White.ToArgb());
```

## 3.3.2 Rotieren von Sprites

### Variante 1

Zwar liegt das Hauptaugenmerk der Sprites bei der Ausgabe zweidimensionaler Objekte, doch im Handumdrehen können Sie ein Sprite wie gewohnt als 3D-Objekt behandeln. Setzen Sie dazu einfach das SpriteFlags.ObjectSpace-Flag, wenn Sie die Sprite.Begin()-Methode aufrufen. Anschließend muss die Transformation, als Matrix ausgedrückt, der Transform-Eigenschaft des Sprite-Objekts zugewiesen werden.

```
m_oSprite.Begin(SpriteFlags.ObjectSpace);
m_oSprite.Transform = Matrix.RotationX(Geometry.DegreeToRadian(m_fAngle));

m_oSprite.Draw(m_oSpriteTexture, m_oCenter,
  m_oPosition, Color.White.ToArgb());

m_oSprite.End();
```

Doch woher wissen wir nun, wie groß die geladene Textur wirklich ist, um die Mitte berechnen zu können? Leider veröffentlicht die Texture-Klasse keine derartige Informationen, weshalb der Umweg über ein Surface-Objekt gegangen werden muss. Der Typ Surface bietet eine Eigenschaft namens Description, die ein SurfaceDescription-Objekt zurückgibt und mittels dessen Eigenschaften Width und Height Informationen über die Ausmaße der Textur gibt.

Sofern Sie lediglich einige Informationen eines Surface abfragen möchten, empfiehlt es sich den Aufruf der `GetSurfaceLevel()`-Methode mit einer `Using`-Anweisung zu verknüpfen. Denn dann ist sichergestellt, dass der Speicher für die Ressource direkt im Anschluss wieder freigegeben wird.

```
using (Surface oSurface = m_oSpriteTexture.GetSurfaceLevel(0))
  m_oCenter = new Vector3(oSurface.Description.Width / 2,
    oSurface.Description.Height / 2, 1);
```

### Tipp

Die Klasse Matrix hält zudem eine Methode namens Transformation2D() bereit. Mit dessen Hilfe können Sie eine Matrix generieren, die zweidimensionale Objekte rotiert. Eine genaue Beschreibung zu dessen Signatur finden Sie in der Dokumentation des DirectX SDK.

### Variante 2

Nun gut, das hört sich vielleicht alles sehr spannend an, ist aber eigentlich nicht in Ihrem Sinne, weil Sie die Sprites schließlich nutzen, um Objekte in der Ebene darzustellen. Folglich würde eine Drehung nach links oder rechts vollkommen genügen. Genau für diesen Bereich bietet die `Sprite`-Klasse eine zweite Methode zum Zeichnen – die `Draw2D()`-Methode, die sich auf den zweidimensionalen Raum beschränkt hat.

```
Public void Draw2D(Texture srcTexture, PointF center,
  float rotationAngle, Point position, Color color);
```

Analog zur bisher kennen gelernten Variante benötigt Direct3D neben einem `Texture`-Objekt einen Punkt in der Ebene, der als Ausgangsbasis für die Rotation dient. Zudem sieht die Signatur die Angabe eines Winkels im Bogenmaß vor. Zu guter Letzt folgt wiederum die Position des Sprites als `PointF`-Struktur und eine `Color`-Struktur.

### 3.3.3 Animierte Sprites

Sprite-Animationen sind vergleichbar mit einem Daumenkino. Sie bemalen zunächst mehrere Blätter mit der jeweiligen Situation (dem Frame) und wechseln anschließend ganz schnell die Seiten, so dass eine relativ fließende Bewegung vorgetäuscht wird.

Prinzipiell verhält es sich bei einem Sprite ähnlich, mit der einzigen Ausnahme, dass jeder Frame in der Regel innerhalb einer Textur untergebracht ist. Eine `Rectangle`-Struktur definiert für jeden Frame den aktuell von der Textur abgebildeten Bereich. Praktisch gesehen müssen Sie also nur das Rechteck entsprechend Ihrer Bilder-Anordnung verschieben. Abbildung 3.21 zeigt eine Abfolge von Bildern in einer geordneten Reihenfolge.

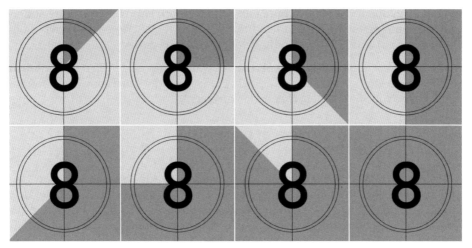

**Abbildung 3.21:** Eine geordnete Anordnung der Grafiken ermöglicht eine Sprite-Animation

Voraussetzung für dieses Vorgehen ist eine Überladung, die es Ihnen gestattet, einen speziellen Bereich der Textur auszuwählen. Genau jenes Kriterium erfüllt die folgende Überladung der Draw( )-Methode.

```
Public void Draw(Texture srcTexture, Rectangle srcRectangle,
   Vector3 center, Vector3 position, Color color);
```

Die Signatur entspricht weitestgehend der, des Abschnitts Initialisieren und Rendern von Sprites, mit Ausnahme des zweiten Parameters. Angenommen jede der in Abbildung 3.21 zu sehenden Teilgrafiken sind 256 Pixel breit und 256 Pixel hoch, dann realisiert die folgende Anweisung die Ausgabe der zweiten Grafik von oben.

```
m_oSprite.Draw(m_oSpriteTexture, new Rectangle(256, 0, 256, 256),
   m_oCenter, m_oPosition, Color.White);
```

### 3.3.4 Transparenz

Mit dem Flag SpriteFlags.AlphaBlend aktivieren Sie Alpha Blending für Sprite-Renderings. Die Alpha-Werte stammen logischerweise aus der Textur, sofern die Textur über ein entsprechendes Format verfügt (z.B. A8R8G8B8). Beschränkt ist die Alpha Blending-Funktionalität für Sprites auf die Voreinstellung, bei der für SourceBlend Blend.SourceAlpha und für DestinationBlend Blend.InvSourceAlpha gewählt wurde. Weiterhin ist das Alpha Testing-Verfahren aktiv, wodurch der unnötigen Berechnung vollständig transparenter Pixel vorgebeugt wird.

```
m_oSprite.Begin(SpriteFlags.AlphaBlend);
m_oSprite.Draw(m_oSpriteTexture, m_oCenter, m_oPosition,
   Color.FromArgb(150, 255, 255, 255).ToArgb());
m_oSprite.End();
```

Einzig und allein durch das letzte Argument, den Farbwert, lässt sich zur Laufzeit Einfluss auf die Transparenz nehmen, indem für den Alpha-Kanal Werte zwischen 0 (vollständig transparent) und 255 (vollständig sichtbar) gewählt werden.

Sofern die Textur ebenfalls einen Alpha-Kanal aufweist, dann ist der Wert 255 mit dem Alpha-Wert der Textur gleichzusetzen. Sprich, Sie können die durch die Textur vorbestimmte Transparenz nur erhöhen, aber nicht verringern.

## 3.4 Materialien

In der Realität zeichnet sich das Erscheinungsbild eines Objekts vor allem durch dessen Material aus. Wie wir ein Material wahrnehmen, ist wiederum von dessen Farbe und von dessen Struktur abhängig. Weiterhin leiten sich von der Farbe und der Struktur des Körpers die Reflektionseigenschaften ab. Je nachdem wie diese Charakteristika ausfallen, sehen wir auf Anhieb, ob der Körper eine glatte (große Reflektion) oder eine raue Oberfläche (geringe Reflektion) besitzt.

Damit Direct3D der Realität so nah wie möglich kommt, existieren in dessen Beleuchtungsmodell insgesamt vier Komponenten, die zusammenwirken. Im Sinne von Direct3D ist ein Material eine Struktur (mit demselbigen Bezeichner), welche Farbwerte für alle Komponenten festlegt, wodurch die Reflektionseigenschaften definiert werden.

Nachdem die Charakteristika eines Materials ausgewiesen wurden, muss der Device über das zu verwendende Material in Kenntnis gesetzt werden. Weisen Sie dazu die entsprechende Instanz der Material-Eigenschaft des Direct3D-Devices zu. Direct3D wird jenes Material so lange nutzen, bis ein anderes Material zum Tragen kommt.

### 3.4.1 Ambient

Der ambiente Materialanteil wirkt zusammen mit dessen Pendant, dem ambienten Lichtanteil. Beide zusammen werden auch als Umgebungslicht bezeichnet, weil dessen Aufgabe darin besteht, die gesamte Szene zu erhellen. Jene Lichtquelle besitzt keine Position und auch keine Ausrichtung, geschweige denn eine abschwächende Lichtintensität. Sofern ausschließlich ambientes Licht aktiv ist, dann sehen Sie alle Objekte in derselben Helligkeit.

Sinn und Zweck vom ambienten Licht ist die Reduzierung starker Kontraste, wodurch eine Annäherung an die reellen Gegebenheiten angestrebt wird. Wenn beispielsweise eine diffuse Lichtquelle auf einen Körper gerichtet ist, dann sehen Sie vorn zwar dessen Farbe und Struktur, von hinten jedoch ist der Körper vollkommen schwarz. In der realen Welt hingegen, reflektieren die Objekte das einstrahlende Licht und hellen dadurch auch die Schattenseiten auf.

Die Eigenschaften `Ambient` und `AmbientColor` nehmen die Reflektionsfarbe entweder als `Color`-Struktur oder als `int`-Wert entgegen.

## 3.4.2 Diffuse

Diffuse Lichtquellen (Streulichter) weisen eine Position und/ oder eine Abstrahlrichtung auf. Anhand des Winkels zwischen dem Richtungsvektor des Lichts und dem Normalenvektor einer Primitive wird die Lichtintensität für die entsprechende Position berechnet.

Analog zum ambienten Materialteil, ermöglicht die Struktur `Material` die Angabe des Farbwerts als Color-Struktur oder als int-Wert.

## 3.4.3 Specular

Glatte Oberflächen kennzeichnen sich besonders durch eine sehr helle Reflektion in Richtung der Lichtquelle aus. Abhängig vom Material ist neben der Farbe zudem die Stärke der Reflektion.

Die zuständigen Eigenschaften der Material-Struktur hören auf die Namen `Specular`, `SpecularColor` und `SpecularSharpness`. Letztere Eigenschaft beeinflusst die Größe des extra stark reflektierenden Bereichs.

## 3.4.4 Emissive

Der Emissive-Bestandteil (Eigenschaften: `Emissive` und `EmissiveColor`) eines Materials beschreibt die Eigenleuchtkraft. In der Natur werden Sie diesen Effekt vergebens suchen. Viel mehr ist dieser Anteil ein Hilfsmittel, um Objekte auch im Dunklen sichtbar zu machen.

# 3.5 Lichtquellen

Menschen, speziell deren Emotionen, werden insbesondere durch die Ausleuchtung der aktuellen Umgebung ausgelöst. Flackerndes Licht in einem insgesamt doch recht dunkeln Szenario wirkt beängstigend. Helles, etwas gelbes Licht, wie jenes der Sonne wirkt hingegen eher freundlich.

Wie Sie sehen ist der richtige Einsatz von Lichtquellen von elementarer Bedeutung, um dem Akteur die entsprechende Atmosphäre zu vermitteln. Natürlich haben sich die Macher der DirectX-Schnittstelle die Natur als Vorbild vorgenommen. Im ersten Augenblick mögen die Techniken auch sehr beeindruckend wirken, doch sobald Sie die Augen von diesem Buch kurz lösen und den Blick durch den Raum oder den Park schweifen lassen, so fällt auf, dass Reflektionen des einstrahlenden Lichts von einem Objekt zu Ihrem Auge gelangen und der Rest absorbiert wird. Im Gegenteil, von jedem Objekt wird ein Teil des Lichts absorbiert und ein Teil wird reflektiert. Letzteres bewirkt wiederum, dass weitere Objekte von der Reflektion erhellt werden. Dieser Vorgang wiederholt sich etliche Male bis das komplette Pensum des Lichts absorbiert wurde. Solche Feinheiten werden vom Direct3D-Beleuchtungsalogrithmus nicht berücksichtigt. Einfach aus dem Grund, dass die Berechnungen zur Laufzeit mit modernen Computern nicht möglich sind.

## 3.5.1 Konzept des Beleuchtungsmodells

In Direct3D wird zwischen zwei grundsätzlichen Sorten von Licht differenziert. Zum einen existieren indirekte Lichtquellen, sprich Umgebungslichter (ambiente Lichtquellen) und zum anderen existieren direkte Lichtquellen (diffuse Lichtquellen). Letztere verfügen über eine Position und/oder eine Lichtrichtung.

Charakteristisch für ambientes Licht ist die gleichmäßige Ausleuchtung aller Objekte, unabhängig von dessen Position oder Ausrichtung. Ob und wie stark ein Objekt von einer diffusen Lichtquelle beleuchtet wird, ist von mehreren Faktoren abhängig.

- Von der Entfernung der Position zum jeweiligen Vertex
- Von der Lichtintensität des Lichts, welche gleichzeitig die Reichweite der Lichtstrahlen definiert
- Vom Winkel zwischen dem Normalenvektor und dem Vektor des Lichtstrahls

Sie müssen wissen, dass Direct3D die Einwirkung des Lichts für jeden Vertex anhand dessen Normale berechnet. Je niedriger der Winkel ist, desto stärker ist die Ausleuchtung. Standardmäßig wird dann ein Verlauf zwischen den Vertices durchgeführt und (falls verwendet) mit den Farbwerten der Textur kombiniert. Wurde zuvor der Shade Mode auf Gouraud festgelegt, bleibt die lineare Interpolation außen vor und die Kanten der Primitiven werden sichtbar.

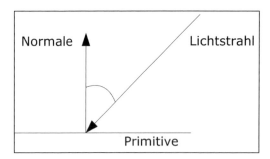

**Abbildung 3.22:** Die Einfluss des Lichts ist abhängig von dem Winkel zwischen der Normale und dem Lichtstrahl

Selbstverständlich soll Ihnen der Nachteil des Vertex Lightings nicht vorenthalten bleiben. Befindet sich kurz vor einem großen Rechteck, bestehend aus zwei Dreiecken, mittig eine Lichtquelle, die zudem eine geringe Intensität aufweist, so dass die Lichtstrahlen nicht zu den Vertices gelangen, dann wird das Rechteck im Worst Case gar nicht beleuchtet. Im besten Fall wird das gesamte Rechteck etwas aufgehellt. Den Lichtkegel werden Sie aber keinesfalls wahrnehmen können. Dem Problem wird Abhilfe geschaffen, wenn eine große Fläche in eine Vielzahl von Vertices unterteilt wird, wodurch viele Vertices von den Lichtstrahlen betroffen sind und die interpolierten Flächen relativ gering ausfallen.

In einem späteren Kapitel, wenn wir uns den Vertex- und Pixel-Shadern annehmen, lernen Sie, wie mittels dieser kleinen Programme ein Pixel Lighting umgesetzt werden kann. Beim Pixel Lighting wird der Einfluss des Lichts für jeden Pixel individuell berechnet, wodurch viel ansehnlichere Ergebnisse resultieren.

## 3.5.2 Lichttypen

Wenn Sie sich an Kapitel 2 zurück erinnern, da haben wir explizit die Beleuchtung der Vertices ausgeschaltet. Bevor also eine der folgenden Lichttypen in Aktion zu bewundern ist, muss die Beleuchtung wieder aktiviert werden. Dies führen Sie durch, indem in den Render States des Direct3D-Devices der Lighting-Eigenschaft true zugewiesen wird.

```
this.RenderDevice.RenderState.Lighting = true;
```

Voraussetzung für die korrekte Funktionsweise aller Lichter ist ein gesetztes Material. Ohne solche Angaben haben die Lichtquellen keine Wirkung.

### Lichter initialisieren

Direct3D verwaltet alle Lichtquellen als Instanzen der Light-Klasse in einer dafür vorgesehenen Auflistungsklasse. Die Device.Lights-Eigenschaft gibt die Liste aller Lichter zurück.

Maximal dürfen laut DirectX nur acht Lichtquellen parallel werkeln. Was nicht heißen mag, dass die Grafikkarte genauso viele Lichter unterstützt. Mit Hilfe der Caps.MaxActiveLights-Eigenschaft wird die maximale Anzahl ermittelt.

Bis auf zwei Ausnahmen sind die Eigenschaften der Light-Klasse mehr oder weniger nützlich. Für alle Lichter gleichermaßen gilt die Enable- sowie die Type-Eigenschaft. Letztere bestimmt den Typ der Lichtquelle. Alle möglichen Typen sind in der LightType-Enumeration definiert. Mit Enable, Sie vermuten es bereits, werden einzelne Lichter aktiviert bzw. deaktiviert. Standardmäßig sind die Objekte deaktiviert.

```
Light oLight = this.RenderDevice.Lights[0];
oLight.Type = LightType.Directional;
oLight.Enabled = true;
```

Die restlichen Eigenschaften werden in den folgenden Abschnitten erklärt. Zudem finden Sie in den jeweiligen Tabellen Beispielwerte.

### Umgebungslicht (Ambient Light)

Zur Umsetzung eines Umgebungslichts, welches die gesamte Szene gleichermaßen aufhellt, reicht die Zuweisung eines Farbwerts aus. Der Farbwert spiegelt logischerweise die Farbe des Lichts wider, weshalb in der Regel Weiß die bevorzugte Wahl ist.

In welcher Form sie dem Device den Farbwert mitteilen, ob als int-Wert oder als Color-Struktur spielt keine Rolle. Sie müssen lediglich die richtige Eigenschaft in Anspruch nehmen (Device.RenderState.Ambient für Color-Strukturen bzw. Device.RenderState.AmbientColor für int-Werte).

```
this.RenderDevice.RenderState.Ambient = Color.White;
```

## Direktionales Licht (Directional Light)

Als richtungsorientiertes Licht kommt das sog. Directional Light daher. Jener Lichttyp besitzt ebenfalls keine Position, im Gegensatz zum ambienten Licht jedoch eine Richtung, in der sich die Lichtstrahlen gleichmäßig und parallel ausbreiten. Einzig und allein die Farbe des Lichts und dessen Orientierung beeinflussen die Stärke der Beleuchtung, da ein direktionales Licht nicht über Abschwächungsfaktoren verfügt.

```
Light oLight = this.RenderDevice.Lights[0];
oLight.Type = LightType.Directional;

Vector3 oDirection = new Vector3(30, 20, 10);
oDirection.Normalize();

oLight.Direction = oDirection;
oLight.Ambient = Color.White;
oLight.Diffuse = Color.Red;
oLight.Enabled = true;
```

Zu guter Letzt sei erwähnt, dass der Vektor im obigen Quelltext keine absolute Position im Raum angibt. Sie können beliebige Werte wählen, sollten dann aber den Vektor im Nachhinein normalisieren. Richtungsvektoren haben meist eine Länge von 1, sprich sie sind normalisiert.

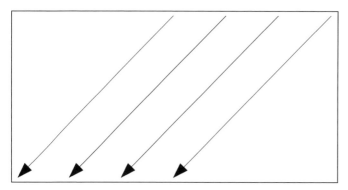

**Abbildung 3.23:** Direktionale Lichtquellen bieten unendliche, ausgerichtete Strahlen

| Eigenschaft | Beispielwert |
| --- | --- |
| Type | LightType.Directional |
| Ambient | Color.White |
| Diffuse | Color.FromArgb(255, 255, 255) //Entspricht der Farbe Weiß |
| Direction | New Vector3(1, 0, 0) //Zeigt entlang der positiven X-Achse |

**Tabelle 3.6:** Beispielhafte Werte für eine direktionale Lichtquelle

## Punktlicht (Point Light)

Dieser Typ einer Lichtquelle ist schwer in der realen Welt anzutreffen. Die Quelle besitzt eine Position aber keine einheitliche Abstrahlrichtung. Stattdessen wird Licht in alle Richtungen ausgestrahlt. Weiterhin ist die Entfernung durch diverse Faktoren beschränkt. Folgende Eigenschaften schwächen das Licht ab.

- Range
- Attenuation (dieser Faktor ist in folgende drei Eigenschaften untergliedert: Attenuation0, Attenuation1 und Attenuation2)

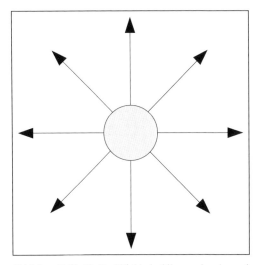

**Abbildung 3.24:** Ein Punktlicht strahlt ausgehend von einer Position Licht in alle Richtungen ab

Die Range-Eigenschaft ist selbsterklärend. Sie definiert die maximale Distanz, welche von dem Licht zurückgelegt werden kann, bevor das Licht vollständig absorbiert ist. Attenuation definiert eine Regel, wie stark die Intensität über die Distanz abnimmt. Wenn die Distanz mit D abgekürzt wird, errechnet sich die vollständige Lichtschwächung aus der Formel in Abbildung 3.25.

$$\text{Attenuation} = \frac{1}{A_0 + A_1 * D + A_2 * D^2}$$

**Abbildung 3.25:** Gleichung zum Berechnen der Lichtschwächung über die Distanz

| Eigenschaft | Beispielwert |
|---|---|
| Type | LightType.Point |
| Ambient | Color.White |
| Diffuse | Color.White |

**Tabelle 3.7:** Beispielwerte für ein Punktlicht

| Eigenschaft | Beispielwert |
|---|---|
| Specular | Color.White |
| Position | new Vector3(0, 50, 80) |
| Attenuation0 | 0.045f |
| Attenuation1 | 0.05f |
| Attenuation2 | 0.0025f |
| Range | 200.0f |

**Tabelle 3.7:** Beispielwerte für ein Punktlicht

### Lichtkegel (Spot Light)

Letzter Typ im Bunde ist das Spot Light, bestehend aus einem inneren und einem äußeren Kegel. Die Kombination beider Komponenten simuliert einen Lichtkegel, wobei der innere Kegel das gebündelte Licht darstellt und der äußere Kegel das Streulicht. Vergleichbar ist dieser Sachverhalt mit dem Strahl eines Scheinwerfers oder einer Taschenlampe.

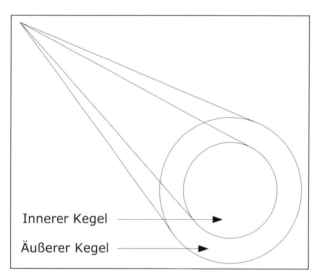

**Abbildung 3.26:** Schematisierte Darstellung der Komponenten eines Spot Lights

Als einziger Typ nimmt der Lichtkegel alle Eigenschaften der Light-Klasse in Anspruch. Folgende drei Eigenschaften sind Ihnen neu.

- InnerConeAngle
  Definiert den Winkel des inneren Lichtkegels

- OuterConeAngle
  Definiert den Winkel des äußeren Lichtkegels

- Falloff
  Siehe Beschreibung unten

## Lichtquellen

Die ersten beiden Eigenschaften sind selbsterklärend. Weniger intuitiv ist die Eigenschaft namens `Falloff`. Dieser Wert beeinflusst die Lichtabschwächung zwischen dem inneren und dem äußeren Lichtkegel. Demzufolge wird der Lichtkegel heller, wenn dieser Eigenschaft ein niedriger Wert zugewiesen wird. Hohe Falloff-Werte hingegen führen zu sehr weichen Übergängen und weichen Kanten.

Alle Lichtabschwächungsfaktoren können natürlich nur berücksichtigt werden, wenn die Lichtquelle über eine Position und eine Orientierung verfügt.

| Eigenschaft | Beispielwert |
|---|---|
| Type | LightType.Spot |
| Ambient | Color.White |
| Diffuse | Color.Yellow |
| Specular | Color.Yellow |
| Position | new Vector3(0, 0, 0) |
| Direction | new Vector3(1, 0, 0) |
| InnerConeAngle | 0.5235f<br>Geometry.DegreeToRadiant(30) |
| OuterConeAngle | 2.007f<br>Geometry.DegreeToRadiant(115) |
| Falloff | 1.0f |
| Attenuation0 | 0.045f |
| Attenuation1 | 0.01f |
| Attenuation2 | 0.000025f |
| Range | 200.0f |

**Tabelle 3.8:** Beispielwerte für einen Lichtkegel

### Hardwarefähigkeiten prüfen

Ambientes Licht kann quasi von jeder Hardware ohne weiteres gefordert werden. Anders sieht es da bei der direktionalen oder punktuellen Lichtquelle sowie beim Lichtkegel aus. Sowohl für Punktlichter als auch für Lichtkegel gibt die Eigenschaft `Caps.VertexProcessingCaps.SupportsPositionalLights` zusammenfassend Auskunft darüber, ob die Technik der Ausgabehardware ein Begriff ist.

Für direktionale Lichter fragen Sie bitte den Wert der `Caps.VertexProcessingCaps.SupportsDirectionalLights`-Eigenschaft ab.

### Das Beispielprogramm

In dem Projekt „Kapitel 03 – Lichter" werden alle drei Lichtquellentypen demonstriert. Selbstverständlich müssen entsprechende Primitive vorhanden sein, die das Licht „reflektieren" können, weshalb das Beispiel Gebrauch von der `Room3D`-Klasse macht und einen Raum darstellt.

Die Initialisierung der Lichter findet in einer gesonderten Methode statt. Sobald das Device verloren gegangen ist, müssen die Lichter erneut konfiguriert werden. In dem folgenden Listing sind die Einstellungen für jedes Licht zu sehen.

```
private void InitLights()
{
  //Umgebungslicht aktivieren
  this.RenderDevice.RenderState.Ambient =
    Color.FromArgb(50, 50, 50);

  //Lichter initialisieren
  m_oLights[0] = this.RenderDevice.Lights[0];
  m_oLights[0].Type = LightType.Directional;

  //Wird zur Laufzeit geändert
  m_oLights[0].Direction = new Vector3(0, 0, 1);

  m_oLights[1] = this.RenderDevice.Lights[1];
  m_oLights[1].Type = LightType.Point;

  //Wird zur Laufzeit geändert
  m_oLights[1].Direction = new Vector3(0, 0, 1);
  m_oLights[1].Range = 200;
  m_oLights[1].Attenuation0 = 0.045f;
  m_oLights[1].Attenuation1 = 0.05f;
  m_oLights[1].Attenuation2 = 0.0025f;

  m_oLights[2] = this.RenderDevice.Lights[2];
  m_oLights[2].Type = LightType.Spot;

  //Wird zur Laufzeit geändert
  m_oLights[2].Direction = new Vector3(0, 0, 1);
  m_oLights[2].Position = m_oPosition;
  m_oLights[2].Range = 200;
  m_oLights[2].Attenuation0 = 0.045f;
  m_oLights[2].Attenuation1 = 0.01f;
  m_oLights[2].Attenuation2 = 0.000025f;
  m_oLights[2].InnerConeAngle = 0.5235f;
  m_oLights[2].OuterConeAngle = 1.0f;
  m_oLights[2].Falloff = 1.0f;
}
```

## Lichtquellen

Zur Laufzeit wird die Position bzw. die Ausrichtung jeder Lichtquelle geändert, damit das Licht den Raum auf einer ovalen Laufbahn dynamisch beleuchtet. Ein Beispiel:

```
if(oLight.Type == LightType.Point)
  oLight.Position = new Vector3(
    90 * (float)Math.Cos(Geometry.DegreeToRadian(m_fAngle)),
    90 * (float)Math.Sin(Geometry.DegreeToRadian(m_fAngle)),
    90 * (float)Math.Sin(Geometry.DegreeToRadian(m_fAngle)));
```

Damit die obigen Codezeilen auch ihre Wirkung zeigen, dürfen Sie nicht vergessen, die Vertex-Beleuchtung zu aktivieren und dem Device ein Material zuzuweisen. Letzteres kann schnell in Vergessenheit geraten und ist dann der Grund, dass die Szene einer schwarzen Fläche gleicht.

```
this.RenderDevice.RenderState.Lighting = true;

m_oMaterial = new Material();
m_oMaterial.Ambient = Color.White;
m_oMaterial.Diffuse = Color.White;
m_oMaterial.Specular = Color.White;

//In der Render()-Methode
this.RenderDevice.Material = m_oMaterial;
```

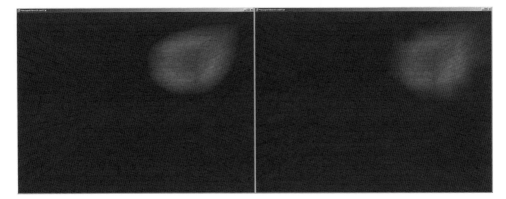

**Abbildung 3.27:** Beleuchtung eines Raumes durch ein Spot Light. Links mit vielen Vertices, rechts mit wenig Vertices

In Abbildung 3.27 ist sehr schön zu erkennen, welchen Einfluss die Anzahl der Vertices auf die optische Qualität der Beleuchtung hat. Links im Bild sehen Sie den Raum mit 2601 Vertices. Der Lichtkegel besitzt eine sehr schöne runde und weiche Form. Hingegen erscheint der Lichtkegel rechts im Bild etwas kantig. Das liegt daran, dass die rechte Variante lediglich mit 121 Vertices pro Seite gerendert wurde.

## 3.6 Zusammenfassung

Texturen und Lichtquellen leisten einen enormen Beitrag zur Umsetzung des gewünschten Ambientes eines Computerspieles.

Texturen sind Bitmaps, die über ein Drahtgittermodell gelegt werden. Die Positionierung der Textur erfolgt über ein Koordinatenpaar, welches die Komponenten U und V umfasst. Die volle Auflösung einer Bitmap wird immer mit den Koordinaten (1, 1) beschrieben. Direct3D unterstützt bis zu acht Texturen, die gleichzeitig auf eine Primitive angewendet werden. Jede Textur liegt innerhalb einer Texturstufe. Zwei Argumente und ein „Operator" definieren, wie die Farbwerte der vorherigen Stufe mit den Werten der aktuellen Textur kombiniert werden. Ein Anwendungsgebiet des sog. Texture Blendings hört auf den Namen Texture Lighting. Bei diesem Verfahren wird eine Graustufen-Textur über die originale Textur gelegt, um diese aufzuhellen bzw. zu verdunkeln.

Bei aktivierter Beleuchtung werden die Farbwerte der Texturen anschließend mit einem Lichtfaktor multipliziert. Leider berechnet Direct3D den Einfluss der Lichtquelle nicht für jeden Pixel einzeln, sondern berechnet die Lichtintensität für jeden Vertex anhand der dazugehörigen Normalen. Zwischen den Vertices wird eine Interpolation durchgeführt und anschließend mit den Farbwerten der Textur multipliziert. Dieses Verfahren birgt einen erheblichen Nachteil in sich: Sofern relativ wenige Primitive im Einsatz sind, wirkt etwa ein Punktlicht recht kantig oder hat im schlechtesten Fall so gut wie keine Wirkung auf die Beleuchtung der Primitive.

Speziell wenn es um die Shader-Programmierung geht, werden Sie die Aufgaben der Fixed Function Pipeline selbst übernehmen. Soll heißen, Sie werden sich selbstständig um die Texturierung der Objekte kümmern und eine Lichtberechnung pro Pixel vornehmen. Letztere Methodik hört auf den Namen Per Pixel Lighting. Mit dem Per Pixel Lighting wird die Qualität der Beleuchtung enorm angehoben. Gleiches gilt leider auch für den Berechnungsaufwand.

# 4 Mesh-Objekte

Alle Vertex-Daten lagen bisher in einem Vertex Buffer vor und wurden entweder per Hand definiert oder mittels eines Algorithmus generiert. Einfache Körper wie beispielsweise ein Quader, Zylinder oder eine Kugel können fast mühelos mit ein wenig Mathematik erstellt werden. Ganz anders sieht das bei komplexen Objekten aus. Etwa eine menschenähnliche Spielfigur, ein Raumschiff oder ein Auto gehören schon zu den komplexen Modellen. Selbst mathematische Algorithmen oder per Hand definierte Vertices sind bei dieser Aufgabenstellung zum Scheitern verurteilt. Oder würden Sie gerne tausende Vertices im Quellcode definieren, woraus sich letztlich ein menschliches Abbild ergeben soll?

Natürlich nicht. Stattdessen greifen professionelle Spieledesigner auf spezielle Tools wie 3D Studio Max, Maya oder Cinema 4D zurück, mit denen alle Modelle für ein Spiel erstellt werden. Für Hobbyprogrammierer ist die Anschaffung der eben genannten Tools nicht empfehlenswert. Die Kosten liegen doch allesamt im vierstelligen Bereich. Eine (kostenlose) Alternative ist Blender. Das 3D-Modeling-Tool Blender ist ein Open Source-Projekt und kann unter der Adresse *http://www.blender.org* entweder mit einem Installationspaket oder als Quelltext bezogen werden.

> **Hinweis**
>
> Der Internetauftritt der Blender Foundation bietet neben dem Programm an sich zusätzliche Ressourcen an. Darin inbegriffen sind Tutorials zur Verwendung von Blender, Texturen oder Plug-Ins. Die Texturen stehen in einem herkömmlichen Grafikformat zur Verfügung, weshalb sie ohne weiteres in Ihren DirectX-Anwendungen eingesetzt werden können.

Fast allen Modeling-Werkzeugen gemeinsam ist die Fähigkeit, das 3D-Objekt als DirectX-Mesh-Datei (*.x) abzuspeichern. Die Vorteile eines Mesh-Objekts liegen auf der Hand. Während die Programmierer sich um die Logik des Spiels kümmern, können die Designer die Modelle des Spiels entwerfen. Ein Dummy kann während den Tests die Stellung halten, denn welche Materialien und Texturen ein Mesh benötigt, ist ebenfalls in der Datei hinterlegt, wodurch die Objekte ohne Probleme ausgetauscht werden können.

# 4 – Mesh-Objekte

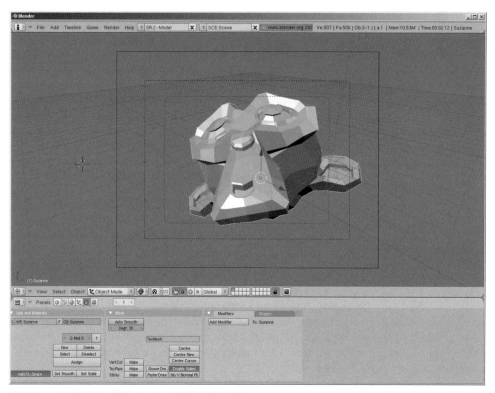

**Abbildung 4.1:** Blender, ein kostenloses 3D-Modeling-Tool

## 4.1 Mesh-Objekte laden und rendern

Im Groben ist Ihnen nun bekannt, welche Anforderung ein Mesh-Objekt bedient. Bevor es ins Detail geht, soll zunächst ein Mesh-Objekt aus einer Datei geladen und gerendert werden.

Die DirectX-Klassenbibliothek stellt dazu eine Klasse, namens Mesh zur Verfügung. Indem Sie dessen statische Methode FromFile() bemühen, liest Direct3D die Daten aus der Datei und repräsentiert sie anschließend in einem objektorientierten Modell.

Gefordert werden von der FromFile()-Methode zum einen der Dateipfad, ein oder mehrere Flags der MeshFlags-Enumeration und ein gültiger Direct3D-Device.

```
private Mesh m_oMesh;

m_oMesh = Mesh.FromFile("entwicklerpress.x", MeshFlags.Managed,
  this.RenderDevice);
```

## Mesh-Objekte laden und rendern

Intern macht das Mesh von einem Vertex Buffer und einem Index Buffer Gebrauch. Mit dem Flag `MeshFlags.Managed` teilen Sie dem Objekt mit, dass sowohl der Vertex Buffer als auch der Index Buffer automatisch in dem effizientesten verfügbaren Speicher abgelegt werden. Die Verwaltung der Ressource wird von Direct3D übernommen (siehe Kapitel 2 zum Thema „Ressourcen").

Sofern Sie das DirectX SDK installiert haben, liegen in den diversen Unterordnern des exemplarischen Pfads C:\PROGRAMME\MICROSOFT DIRECTX SDK (AUGUST 2006)\SAMPLES\MEDIA eine Menge von Mesh-Dateien, die Sie verwenden können. Ein Mesh-Objekt kann mehrere untergeordnete Objekte beinhalten. Für die Beispiele des DirectX SDK's genügt die Angabe des ersten Objekts, wobei dessen Index nullbasiert ist. Übergeben Sie jenen Index der `DrawSubset()`-Methode als Argument.

```
m_oMesh.DrawSubset(0);
```

Damit haben Sie Ihr erstes Mesh-Objekt gerendert. Zu guter Letzt sei noch erwähnt, dass das Mesh, wie alle sonstigen Primitiven auch, von der World-Matrix beeinflusst wird.

### 4.1.1 Materialen und Texturen des Meshes berücksichtigen

Für schnelle Ergebnisse kommt die eben vorgestellte Überladung gerade recht. Ein entscheidender Nachteil an der oben geschilderten Vorgehensweise ist die fehlende Berücksichtigung der Materialien und Texturen des Körpers. Diesen Missstand behebt eine weitere Überladung mit folgender Signatur.

```
Public static Mesh FromFile(string filename, MeshFlags options,
   Device device, out ExtendedMaterial[] materials);
```

Neben den bekannten Parametern verfügt die oben zu sehende Überladung einen Ausgabe-Parameter. Der Array vom Typ `ExtendedMaterial` enthält für jeden Teil des Körpers ein Material und den Dateinamen der jeweiligen Textur. Das Beispielprojekt (Abbildung 4.2) bedient sich einem Mesh-Objekt, das den Schriftzug „entwickler.press" repräsentiert und zwei Materialien verwendet. Texturen verwendet das Mesh nicht, trotzdem wird der Fall in den folgenden Anweisungen berücksichtigt.

```
foreach (ExtendedMaterial oMaterial in m_oMeshMaterials)
   if(!string.IsNullOrEmpty(oMaterial.TextureFilename))
      TextureCache.GetTexture(this.RenderDevice,
         oMaterial.TextureFilename);
```

Instanzen der Klasse `ExtendMaterial` veröffentlichen lediglich den Dateinamen der Textur über dessen Eigenschaft `TextureFilename`. Es bietet sich an, in Zusammenhang mit der Initialisierung eines Meshes die Texturen in einen Zwischenspeicher zu laden, um die Instanzierung der `Texture`-Klasse während des Render-Vorgangs zu vermeiden.

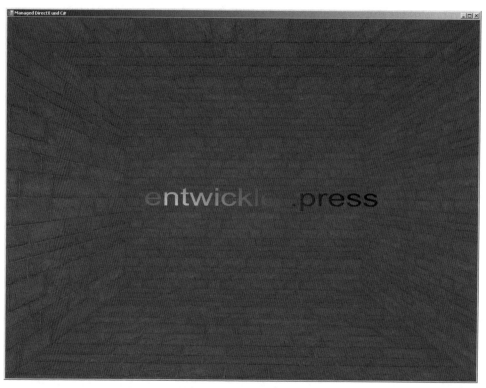

**Abbildung 4.2:** Anzeige eines Mesh-Objekts mit dessen Materialien

Folglich müssen die Informationen eines jeden Eintrags pro Render-Durchgang berücksichtigt werden. Der Index der Materialinformation gleich dem Index des spezifischen Teil des Körpers. In C# formuliert sieht das Ganze wie folgt aus.

```
for (int i = 0; i < m_oMeshMaterials.Length; i++)
{
  this.RenderDevice.Material = m_oMeshMaterials[i].Material3D;
  if (!string.IsNullOrEmpty(m_oMeshMaterials[i].TextureFilename))
    this.RenderDevice.SetTexture(0,
      TextureCache.GetTexture(this.RenderDevice,
      m_oMeshMaterials[i].TextureFilename));

  m_oMesh.DrawSubset(i);
}
```

## 4.1.2 Standardkörper

Viele Bespiele die Sie im Internet finden oder die dem Software Development Kit beigelegt sind, bedienen sich einer Kaffeekanne als Körper. Das kommt nicht etwa von der außerordentlichen Vorliebe der Programmierer zum Kaffee, sondern daher, dass die Teapot()-Methode der Mesh-Klasse eben solch einen Körper zurückgibt. Neben der Kaffeekanne bietet die Mesh-Klasse ein paar weitere geometrische Formen, die in Tabelle 4.1 gelistet sind.

| Methode | Beschreibung |
| --- | --- |
| Box | Erstellt einen Quader mit jeweils zwei Dreiecken pro Seite<br>Mesh.Box(Device device, int iBreite, int iHoehe, int iTiefe); |
| Cylinder | Erstellt einen Zylinder, anhand zweier Radien. Das letzte Argument bestimmt die Anzahl der Vertices auf der Kreisbahn. Die Anzahl der Scheiben entspricht der Anzahl der Segmente auf die Länge bezogen.<br>Mesh.Cylinder(Device device, float fRadius1, float fRadius2,<br>  float fLaenge, int iScheiben, int iStacks); |
| Polygon | Erstellt ein Vieleck.<br>Mesh.Polygon(Device device, float fSeitenlaenge, int iAnzahlEcken); |
| Sphäre | Erstellt eine Kugel.<br>Mesh.Sphäre(Device device, float fRadius,<br>  int iScheiben, int iStacks); |
| Teapot | Erstellt eine Kaffeekanne.<br>Mesh.Teapot(Device device); |
| Torus | Erstellt einen Ring.<br>Mesh.Torus(Device device, float fInnererRadius,<br>  float fAeusererRadius, int iStacks, int iRinge) ; |

**Tabelle 4.1:** Methoden zur Erzeugung von simplen geometrischen Formen

## 4.1.3 Dreidimensionale Texte

Wie einfache Texte auf den Monitor ausgegeben werden, haben Sie in Kapitel 3 gelernt. Eine Steigerung ist die dreidimensionale Darstellung von Texten, welche dank der Mesh-Klasse nicht schwieriger umzusetzen ist. Ein Hinweis vorab: Wägen Sie gut ab, ob 3D-Texte überhaupt sinnvoll sind. Zum einen passen Zeichenfolgen in 3D-Form in der Regel nicht in die Optik des Spiels und zum anderen können unter Umständen mehrere tausend Vertices ihren Dienst tun. Zum Vergleich: Zweidimensionale Texte verbrauchen maximal sechs Vertices.

Die TextFromFont()-Methode setzt Ihre Zeichenfolge in einen Körper um. Dazu werden die folgenden Argumente gebraucht.

1. Eine Instanz der Device-Klasse
2. Ein Font-Objekt (Namensraum: System.Drawing)
3. Eine Zeichenfolge als string

4. Deviation: Ein Wert der die maximal gültige Abweichung zur Silhouette der Schriftzeichen angibt. Je größer der Wert, desto schlechter die Qualität. Gute Ergebnisse liefert Ihnen der Wert 0.4f.
5. Extrusion: Entspricht der Tiefe des Schriftzugs.

Zu guter Letzt darf ein konkretes Beispiel nicht fehlen.

```
Mesh m_oMesh;


m_oMesh = Mesh.TextFromFont(this.RenderDevice,
  new System.Drawing.Font("Verdana", 12),
  "Hallo Welt!", 5f, 0.2f);
```

## 4.2 Hinter den Kulissen eines Mesh-Objekts

Nachdem die ersten Erfolge in Bezug auf die Verwendung eines Mesh-Objekts verbucht werden konnten, ist es an der Zeit den internen Aufbau und die Funktionsweise eines Meshes näher zu betrachten.

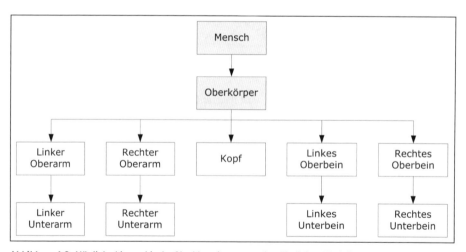

**Abbildung 4.3:** Mögliche hierarchische Struktur eines menschenähnlichen Modells

Grundsätzlich fungiert ein Mesh immer als zentraler Speicher für Vertex-Informationen, die in Vertex Buffern und Index Buffern organisiert sind, für Materialen und Texturverweise oder für Bewegungsabläufe. Weiterhin sind oder besser gesagt können die Vertex-Information in hierarchischer Form vorliegen. Dies hat den Hintergrund, dass ein Designer zwei Teilobjekte miteinander in Verbindung bringen kann. Angenommen Sie besitzen ein Mesh, dessen Vertex-Informationen einen Mensch abbilden. Dem Oberkörper sind alle Extremitäten untergeordnet. Dem Oberarm wiederum ist der Unterarm untergeordnet, welchem dann die Hand untergeordnet ist usw. Wie Sie sehen ergibt sich eine logische Hierarchie. Mittels einer derartigen Hierarchie wird beispielsweise sichergestellt, dass die Arme, Beine und der Kopf verschoben werden, sobald der Oberkörper seine Position wechselt. Abbildung 4.3 stellt diesen Sachverhalt einmal schematisch dar.

Jedes untergeordnete Objekt wird im Fachjargon als „Subset" betitelt. Wie erwähnt werden alle Vertex-Informationen in einem Vertex Buffer und einem Index Buffer abgelegt. Zusätzlich beinhaltet jedes Mesh einen Attribute Buffer. Für jede Primitive ist im Attribute Buffer hinterlegt, welchem Subset das jeweilige Polygon zugeordnet ist. Da jedes Polygon für sich einen Eintrag im Attribute Buffer verbucht, gleicht die Anzahl der Einträge im Attribute Buffer der Anzahl von Primitiven (die vermehrt in der englischen Literatur auch als Faces betitelt werden) des gesamten Körpers. Merken Sie sich also, dass ein Eintrag n im Attribute Buffer immer mit der Primitiven n im Index Buffer korrespondiert (immer genau drei Indizes im Index Buffer bilden ein Polygon, weil Meshes in der Regel durch Dreieckslisten realisiert sind).

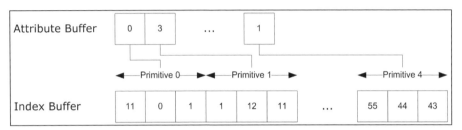

**Abbildung 4.4:** Pro Primitive existiert ein Eintrag im Attribute Buffer, der das Polygon einem Subset zuordnet

## 4.3 Fehlende Normalen ergänzen

Eher selten, aber dennoch vorstellbar sind Mesh-Objekte, die keine Normalen enthalten. Als Konsequenz daraus erscheinen diese Körper in einer beleuchteten Szene komplett schwarz, weil die Berechnung des Lichteinflusses anhand der Normalen durchgeführt wird (siehe Kapitel 3). Die Mesh-Klasse stellt für solche Szenarien eine Methode namens ComputeNormals() zur Verfügung. Dessen Dienste können jedoch nur dann in Anspruch genommen werden, sofern das Mesh ein entsprechendes Vertex-Format vorweisen kann (zum Beispiel CustomVertex.PositionNormalTextured). Sieht das Vertex-Format keine Normalen-Vektoren vor, dann zeigt die ComputeNormals()-Methode keine Wirkung.

Aus diesem Grund sollte zuvor auf ein geeignetes Format geprüft und ggf. das Format erweitert werden. Folgendes Listing tritt dem Problem entgegen.

```
private void PrepareMesh()
{
  //Auf korrektes Vertex-Format prüfen
  if ((m_oMesh.VertexFormat & VertexFormats.Normal) !=
    VertexFormats.Normal)
  {
    //Kopie des Mesh-Objekts erstellen
    Mesh oTempMesh;
```

```
    oTempMesh = m_oMesh.Clone(m_oMesh.Options.Value,
      m_oMesh.VertexFormat | VertexFormats.Normal,
      this.RenderDevice);

    //Normalen berechnen
    oTempMesh.ComputeNormals();

    m_oMesh = oTempMesh;
  }
}
```

Der erste Parameter von `Clone()` ist vom Typ `MeshFlags`. Sofern keine Änderungen der Flag-Kombination nötig sind, wird der Wert einfach vom originalen Mesh übernommen. Repräsentiert werden die gesetzten Flags durch den Wert der `Mesh.Options.Value`-Eigenschaft. Dem folgt das Vertex-Format, bei dem alle Komponenten übernommen und um die Normalen-Vektoren ergänzt werden. Abschließend fordert die Methode die obligatorische `Device`-Instanz.

Wenden Sie die `ComputeNormals()`-Methode auf das temporäre Mesh an und ersetzen Sie anschließend das Original durch die erweiterte Variante.

## 4.4 Meshes optimieren

Viele Material- oder Texturwechsel wirken sich negativ auf die Ausführungsgeschwindigkeit eines Render-Vorgangs aus. Mittels der `Optimize()`-Methode werden Meshes auf verschiedene Art und Weise optimiert, so dass eine bessere Performance zu erwarten ist. Beispielsweise wird die Reihenfolge der Primitive im Vertex Buffer und/oder Index Buffer so reorganisiert, dass möglichst alle Polygone mit demselben Material nacheinander gezeichnet werden können.

`Optimize()` gibt ebenfalls ein neues `Mesh`-Objekt zurück. Im Gegensatz zur `Clone()`-Methode können Sie die Kopie keinem neuen Device unterstellen. Wie folgt lautet dessen Signatur.

```
public Mesh Optimize(MeshFlags flags, GraphicsStream adjacencyIn);
```

Zu Beginn teilen Sie Direct3D die Art und Weise der Optimierung über ein oder mehrere Flags der `MeshFlags`-Enumeration mit, gefolgt von einer `GraphicsStream`-Instanz. Letztere gibt für jede Primitive Auskunft über dessen benachbarte Polygone (siehe Abbildung 4.5).

## Meshes optimieren

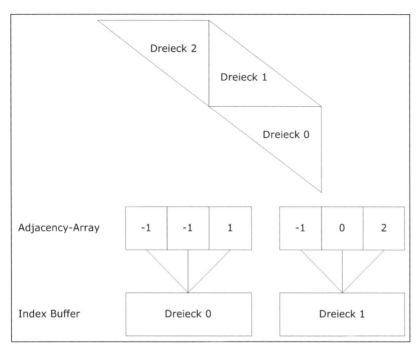

**Abbildung 4.5:** Zusammenhang zwischen den Adjacency-Informationen und den Indizes

| Flag | Beschreibung |
| --- | --- |
| OptimizeAttributeSort | Sortiert alle Primitive, damit so wenig Material-Wechsel beim Rendern stattfinden wie möglich. |
| OptimizeCompact | Reorganisiert die Primitive, so dass nicht verwendete Polygone entfernt werden können. |
| OptimizeDeviceIndependent | Dieses Flag hat den Effekt, dass Direct3D eine Standardgröße für den Vertex-Speicher verwendet, wodurch Probleme auf älterer Hardware unterdrückt werden sollen. |
| OptimizeDoNotSplit | Teilt Direct3D mit, dass Vertices, die von zwei Subsets geteilt werden, nicht aufgelöst werden sollen. |
| OptimizeIgnoreVerts | Der Vertex Buffer ist von allen Aktionen ausgenommen. |
| OptimizeStripeReorder | Ändert die Reihenfolge, so dass möglichst immer die benachbarten Polygone nebeneinander im Speicher liegen. |

**Tabelle 4.2:** Flags der MeshFlags-Enumeration zur Optimierung eines Körpers

Eine Frage ist dennoch offen? Woher beziehen wir die Adjacency-Informationen? Den komfortabelsten Weg gehen Sie über eine erweiterte Überladung des Konstruktors, welcher zusätzlich einen Ausgabeparameter vom Typ GraphicsStream bereitstellt.

```
m_oMesh = Mesh.FromFile(sPath, MeshFlags.Managed,
  this.RenderDevice, out m_oAdjacency, out m_oMeshMaterials);
```

Alternativ bemühen Sie die GenerateAdjacency()-Methode einer bestehenden Mesh-Instanz. Dessen Signatur lautet wie folgt.

```
public void GenerateAdjacency(float epsilon, int[] adjacency);
```

### Hinweis

Für den ersten Parameter definieren Sie eine Epsilonumgebung. Alle Vertices dessen Positionsabweichungen untereinander geringer ist als der definierte Grenzwert, werden als ein und derselbe Ortsvektor behandelt. Als zweites Argument übergeben Sie einen int-Array, welcher als Container für die Informationen fungiert.

## 4.5 Polygonreduzierung (Simplification)

Wenn 3D-Artisten die Anforderung bekommen, ein bestimmtes Modell zu kreieren, dann wird der Körper in der höchst möglichen Detailstufe erstellt und anschließend als Mesh-Datei bereitgestellt. Doch nicht immer macht es Sinn zur Laufzeit das komplette Modell mit allen Details zu rendern. Fährt beispielsweise ein Panzer in weiter Ferne, so ist dessen Projektion auf dem Monitor entsprechend klein. Aufgrund der geringen Größe kann der Betrachter nicht mehr alle Details wahrnehmen. Wozu dann dem Computer die Arbeit aufhalsen, die kompletten Primitive durch die Rendering Pipeline „zu jagen"? Selbst moderne Computer stoßen schnell an ihre Grenzen. Sofort wenn die Technik einen Fortschritt gemacht hat, geht die neu gewonnene Leistung meist für neue Effekte ohne Umwege wieder „verloren". Die Divise lautet folglich: Sparen Sie überall Primitive ein, wo auch immer es geht. Im Fachjargon wird vom Level Of Detail (kurz: LOD) gesprochen. Gemeint sind damit die unterschiedlichen Detailstufen, welche sich ergeben, wenn das Objekt vereinfacht wird.

Als Reduzierungsmethodik kommt das sog. Edge Collapse-Verfahren zum Einsatz. Alle Details dieses Algorithmus finden Sie in den SIG GRAPH Papers von Hugues Hoppe[1].

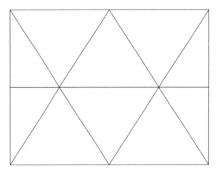 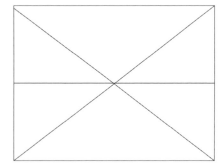

**Abbildung 4.6:** Vereinfachung eines Modells mittels Edge Collapse

---

1  http://research.microsoft.com/~hoppe/

Abbildung 4.6 zeigt, links im Bild, eine schematische Darstellung eines komplexen Objekts. Rechts im Bild ist dessen Vereinfachung zu bestaunen. Ziel des Algorithmus ist es, jene Kanten zu finden, dessen Punkte entfallen können, ohne dass der Körper zu stark verformt wird. Hierfür werden die Kanten in zwei verschiedene Typen kategorisiert. Zum ersten Typ zählen alle diejenigen Kanten, die nur an eine Dreiecksfläche angrenzen. In diese Kategorie fallen alle äußeren Kanten. Zur zweiten Kategorie zählen die Kanten, welche zwei Dreiecksflächen voneinander trennen.

Als Voraussetzung dass ein Punkt entfallen kann, muss dessen Kante der zweiten Kategorie angehören und darf zudem nur an Kanten angrenzen, die ebenfalls in die zweite Kategorie fallen. Anschließend werden die Punkte neu verbunden. Damit ist der Algorithmus schon in groben Zügen umrissen.

## 4.5.1 Polygonreduzierung mit Simplify()

Zugegeben, die Theorie mag sich etwas kompliziert anhören, zum Glück aber bewahrheiten sich die ersten Vermutungen nicht in der Praxis. Die Methoden der Mesh-Klasse greifen Ihnen dabei unter die Arme, dieses Vorhaben zu realisieren. Eine dieser Methoden ist Simplify(), die zunächst den Fokus bekommt.

> **Hinweis**
>
> Sofern gezielte Bestandteile eines Meshs für eine niedrigere Detailstufe entfernt werden sollen, obliegt dies der Aufgabe des Designers. Ein 3D-Artist muss dann zwei (oder mehrere) Versionen des Modells erstellen – ein Modell mit dessen vollem Detailgrad und ein Modell mit nur den wichtigsten Elementen. Alle Verfahren, die Ihnen Direct3D bietet, bedienen sich lediglich eines Algorithmus. Sie können folglich nicht sehr stark beeinflussen, welche Vertices entfernt werden.

### Vorbereiten des Meshes

Voraussetzung für das erfolgreiche Gelingen der Simplify()-Methode ist ein Mesh-Objekt, welches diversen Konventionen unterliegt. Beispielsweise entspricht der Körper nicht den Direct3D-Anforderungen, wenn ein Vertex von zwei Primitiven verwendet wird (zur Erinnerung: In Mesh-Objekten kommen Dreieckslisten zum Einsatz).

Mittels einer Methode namens Validate() kann geprüft werden, ob das Mesh Fehler beinhaltet und wenn ja, welche dies sind. Als einziges Argument müssen die Adjacency-Informationen als GraphicsStream-Instanz übergeben werden.

```
m_oMesh.Validate(m_oAdjacency);
```

Entspricht der Körper nicht den Konventionen tritt eine Ausnahme vom Typ InvalidMeshException ein. Bei Verwendung der folgenden zweiten Überladung wird die Ausnahme unterdrückt. Stattdessen schreibt die Methode alle Vorkommnisse in eine string-Variable. Erstaunlicherweise sind die Informationen relativ informativ (siehe Abbildung 4.7).

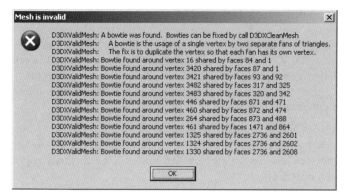

**Abbildung 4.7:** Die Validate()-Methode gibt detaillierte Informationen zu den Missständen des Meshes

Einen weiteren Vorteil spielt die zweite Überladung vor allem in Bezug auf die Performance aus. Ausnahmen brauchen relativ lange, weil die CLR den Stack Trace durchgeht und nach einer Fehlerbehandlung sucht. Sofern nicht vermieden werden kann, das Mesh zu Beginn des Spiels zu laden und vorzubereiten, empfiehlt sich immer die zweite Variante.

```
string sErrorsWarnings = string.Empty;
m_oMesh.Validate(m_oAdjacency, out sErrorsWarnings);
```

Schlug die Validierung fehl, schafft die Clean()-Methode Abhilfe, indem die Vertex-Informationen korrigiert werden. Die Methode weist die folgende Parameterliste auf.

```
Public static Mesh Clean(CleanType cleanType, Mesh mesh,
   GraphicsStream adjacency, GraphicsStream adjacencyOut);
```

Gefordert wird zunächst ein Hinweis, inwiefern Sie das Mesh bereinigen möchten. Zwar definiert die CleanType-Enumeration insgesamt fünf Konstanten, jedoch unterscheiden sich nur drei davon in ihrer Funktionalität. Die Konstanten Optimization und Skinning bewirken intern die Verwendung der Konstanten BackFacing.

- CleanType.BackFacing
  Führt zwei Primitive zusammen, welche sich denselben Vertices bedienen, dessen Normalen jedoch in entgegengesetzte Richtungen zeigen.

- CleanType.BowTies
  Wenn zwei Primitive auf ein und denselben Vertex verweisen, dann generiert Direct3D zwei neue Vertices als Ersatz.

- CleanType.Simplification
  Diese Konstante kombiniert die Konstanten CleanType.BackFacing und CleanType.BowTies.

Bedienen Sie die nächsten zwei Parameter mit einer Instanz der Mesh-Klasse und den dazugehörigen Adjacency-Informationen. Als letztes Argument fungiert eine weitere GraphicsStream-Instanz. Jenes Objekt nimmt die korrigierten Informationen zu den benachbarten Polygonen auf.

```
string sErrorsWarnings = string.Empty;
m_oMesh.Validate(m_oAdjacency);

if(!string.IsNullOrEmpty(sErrorsWarnings))
{
  Trace.TraceError(sErrorsWarnings);

  //Mesh "bereinigen"
  Mesh.Clean(CleanType.Simplification, m_oMesh, m_oAdjacency,
    m_oAdjacency);
}
```

## Reduzierung der Polygonanzahl

Nachdem alle vorbereitenden Maßnahmen getroffen wurden, kann nun endlich der eigentliche Schwerpunkt dieses Abschnitts in den Vordergrund gerückt werden: Die Reduzierung der Polygonanzahl.

Zunächst werfen wir wieder einen Blick auf die Signatur der verantwortlichen Methode – Simplify().

```
Public static Mesh Simplify(Mesh mesh, GraphicsStream adjacency,
  GraphicsStream vertexWeights, int minValue, MeshFlags options);
```

Das zu vereinfachende Mesh-Objekt übergeben Sie als erstes, gefolgt von den Adjacency-Informationen. Mittels des dritten Arguments besteht die Möglichkeit jedem Vertex eine Priorität zuzuweisen, um signifikante Formen eines Körpers länger zu erhalten. Durch die Übergabe von null erhält jeder Vertex dieselbe Gewichtung - 1.0f. Der Parameter min-Value ist abhängig vom gewählten Flag, welches mit dem letzten Argument bestimmt wird. Entweder definiert das minValue-Argument die unterste Grenze für die Anzahl der Vertices oder für die Anzahl der Primitive. Beachten Sie, dass es sich hierbei um eine Art Richtwert handelt und nicht immer die angegebene Anzahl tatsächlich erreicht wird. Ausschließlich zwei Flags der MeshFlags-Enumeration sind für diese Operation gültig.

- MeshFlags.SimplifyVertex
  Bezieht den angestrebten Wert des minValue-Parameters auf die Anzahl der Vertices.
- MeshFlags.SimplifyFace
  Bezieht den angestrebten Wert des minValue-Parameters auf die Anzahl der Primitive.

## Das Beispielprogramm

In den letzten Abschnitten haben sich eine Menge Codefragmente angesammelt. Das Beispielprojekt „Kapitel 04 – Simplify Mesh" kapselt alle Teilabschnitte in den Methoden LoadAndSimplifyMesh() und PrepareMesh(), dessen Quelltext unten abgedruckt ist.

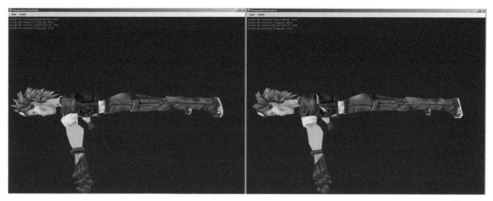

**Abbildung 4.8:** Ein Mesh links vor der Polygonreduzierung und rechts nachdem Primitive entfernt wurden[2]

Abbildung 4.8 zeigt links im Bild das Mesh „Tiny" in dessen originalem Zustand. Rechts hingegen sehen Sie das Resultat der Vereinfachung. Mit Ausnahme kleiner Details wie die Frisur sehen beide Abbildungen nahezu identisch aus.

> **Tipp**
>
> Das Mesh „Tiny" gehört zum Lieferumfang des DirectX Software Development Kit's. Sie finden diesen und andere Körper in den Unterordnern des exemplarischen Pfads C:\PROGRAMME\MICROSOFT DIRECTX SDK (AUGUST 2006)\SAMPLES\MEDIA.

```
private void LoadAndSimplifyMesh(string sPath)
{
  if (string.IsNullOrEmpty(sPath))
    throw new ArgumentNullException(
      "Argument sPath is null or empty");

  if (!File.Exists(sPath))
    throw new FileNotFoundException("File doesn't exist");

  m_oMesh = Mesh.FromFile(sPath, MeshFlags.Managed,
    this.RenderDevice, out m_oAdjacency, out m_oMeshMaterials);

  foreach (ExtendedMaterial oMaterial in m_oMeshMaterials)
    if(!string.IsNullOrEmpty(oMaterial.TextureFilename))
      TextureCache.GetTexture(this.RenderDevice,
        oMaterial.TextureFilename);

  if (m_oMesh != null)
```

---

2  Das verwendete Mesh stammt aus dem DirectX SDK von Microsoft. Alle Rechte dieser Figur liegen bei Microsoft.

```csharp
{
  //Mesh von Fehlern bereinigen
  PrepareMesh();

  //Mesh vereinfachen
  m_oSimplifiedMesh = Mesh.Simplify(m_oMesh, m_oAdjacency, null,
    m_oMesh.NumberFaces / 4, MeshFlags.SimplifyFace);
  }
}

private void PrepareMesh()
{
  //Auf korrektes Vertex-Format prüfen
  if ((m_oMesh.VertexFormat & VertexFormats.Normal) !=
    VertexFormats.Normal)
  {
    //Kopie des Mesh-Objekts erstellen
    Mesh oTempMesh;
    oTempMesh = m_oMesh.Clone(m_oMesh.Options.Value,
      m_oMesh.VertexFormat | VertexFormats.Normal,
      this.RenderDevice);

    //Normalen berechnen
    oTempMesh.ComputeNormals();

    m_oMesh = oTempMesh;
  }

  //Mesh nach seinen Attributen (Material, Textur) optimieren
  m_oMesh.OptimizeInPlace(MeshFlags.OptimizeAttributeSort |
    MeshFlags.OptimizeDoNotSplit, m_oAdjacency);

  string sErrorsWarnings = string.Empty;
  m_oMesh.Validate(m_oAdjacency, out sErrorsWarnings);

  if(!string.IsNullOrEmpty(sErrorsWarnings))
    //Mesh bereinigen
    m_oMesh = Mesh.Clean(CleanType.Simplification, m_oMesh,
      m_oAdjacency, m_oAdjacency);
}
```

Mittlerweile dürfte der obige Quellcode für Sie trivial sein. Einzig und allein die Eigenschaften NumberFaces und NumberVertices der Mesh-Klasse kennen Sie nicht. Letztere gibt die Anzahl der Vertices des gesamten Objekts zurück. Hingegen gibt die NumberFaces-Eigenschaft Auskunft darüber, wie viele Primitive der Körper umfasst.

Zuletzt sei erwähnt, dass Sie die Kamera im Beispielprojekt entlang der Z-Achse bewegen können, indem Sie die Maus mit gedrückter linken Taste vor bzw. zurück bewegen. Bewegungen von links nach rechts oder umgekehrt rotiert das Mesh um seine Y-Achse. Wenn der Sichtbereich durch ein großes Modell eingeschränkt ist, können Sie die Kamera einfach nach hinten schieben.

### 4.5.2 Die SimplificationMesh-Klasse

Eine andere Variante besteht in der Verwendung der SimplificationMesh-Klasse. Diese bietet von Haus aus zwei Methoden: ReduceVertices() und ReduceFaces(). Beide verringern die Details eines Modells. Wie aus den Methodennamen abgeleitet werden kann, unterscheiden sich Beide darin, dass im zweiten Fall ganze Primitive entfernt werden. Folglich ist diese Art der Reduzierung etwas „grobkörniger" im Vergleich zur anderen Variante.

Zwei Argumente werden vom Konstruktor der SimplificationMesh-Klasse gefordert. Zum einen ein gültiges Mesh-Objekt, welches das Modell zur Verfügung stellt und zum anderen die dazugehörigen Adjacency-Informationen.

```
m_oSimplifiedMesh = new SimplificationMesh(m_oMesh, m_oAdjacency);
```

Das Beispielprogramm bietet einen Menüpunkt Bearbeiten/ Details verringern, der daraufhin in etwa zwanzig Vertices vom Modell entfernt. Verantwortlich dafür ist die bereits erwähnte ReduceVertices()-Methode.

```
m_oSimplificationMesh.ReduceVertices(
  m_oSimplificationMesh.NumberVertices -
  m_oSimplificationMesh.NumberVertices/ 5);
```

Die beiden Eigenschaften NumberVertices und NumberFaces beinhalten die Anzahl der Vertices bzw. der Primitive. Somit errechnen Sie die gewünschte Anzahl einer Komponente und übergeben Sie einer der beiden Methoden als Argument. Obige Anweisung setzt immer die aktuelle Anzahl der Vertices mit der zu subtrahierenden Anzahl an Vertices in Relation.

Zwar liegt das neue Model bereits im Speicher vor, doch lässt es sich nicht Rendern. Schuld für diesen Umstand ist die Tatsache, dass die SimplificationMesh-Klasse keine DrawSubset()-Methode ihr Eigen nennt. Bedienen Sie sich der Methode namens Clone() um das Mesh zu kopieren (siehe Abschnitt Fehlende Normalen ergänzen) und ersetzen Sie ggf. das Original oder erstellen Sie ein temporäres Modell.

```
m_oSimplifiedMesh = m_oSimplificationMesh.Clone(
  m_oSimplificationMesh.Options.Value,
  m_oSimplificationMesh.VertexFormat, this.RenderDevice);
```

Anschließend liegt der neue Körper in einem Mesh-Objekt vor und kann wie gewohnt gerendert werden.

### 4.5.3 Progressive Meshes

So schön die eben gewonnen Kenntnisse der letzten zwei Abschnitt auch erscheinen mögen. Beide Varianten haben einen entscheidenden Nachteil: Wurde die Polygonanzahl eines Modells erst einmal verringert, bieten die Klassen keine Möglichkeit den Ursprungszustand wiederherzustellen. Steigt die Nachfrage nach einem detailreicheren Modell zu späterer Zeit, bleibt Ihnen nichts anderes übrig, als eine Sicherheitskopie in Anspruch zu nehmen. Sowohl die Simplify()-Methode als auch die Klasse SimplificationMesh spielen ihre Vorzüge nur dann aus, wenn Sie ausschließen können, dass der Betrachter nicht mehr näher an den Körper herantreten kann. Eine Rakete würde den Kriterien entsprechen. Vorausgesetzt der Spieler ist nicht in der Lage nach jeder Sekunde eine neue Rakete abzuschießen.

Genau an diesem Punkt setzt die ProgressiveMesh-Klasse an. Jene Klasse bietet die Möglichkeit die Detailstufe zu verringern und anschließend wieder zu erhöhen, wobei das originale Modell die größtmögliche Detailstufe vorgibt. Soll heißen die ProgressiveMesh-Klasse kann keine Vertices bzw. Primitive hinzufügen, die nicht schon zuvor vorhanden waren. Analog zu den bisherigen Methodiken wird die Detailstufe anhand der Vertex- bzw. der Primitiven-Anzahl definiert.

**Instanziierung**

Im ersten Schritt muss die Klasse instanziiert werden. Signatur des Konstruktors:

```
Public ProgressiveMesh(Mesh mesh, GraphicsStream adjacency,
  GraphicsStream vertexWeights, int minValue, MeshFlags options);
```

Die Parameter müssen Ihnen mittlerweile geläufig sein. Lediglich beim minValue-Parameter ist Vorsicht geboten. Wählen Sie für dieses Argument nicht den Wert für die Detailstufe, welche Sie gerade anstreben. Es wird danach nicht möglich sein die Anzahl der Vertices bzw. der Primitive zu drosseln. MinValue stellt definiert die niedrigste Detailstufe. Ob der Parameter minValue für die Vertices oder die Primitive gilt, hängt von dem gesetzten Flag ab. Nachdem das Objekt initialisiert wurde, können Sie die Ausgangsbasis, sprich das Mesh-Objekt, mit Hilfe von Dispose() freigeben. Besser noch, Sie bringen dessen Initialisierung in einer Using-Anweisung unter, damit der Dispose()-Aufruf automatisiert wird.

```
using (Mesh oMesh = Mesh.FromFile(sPath, MeshFlags.Managed,
  this.RenderDevice, out m_oAdjacency, out m_oMeshMaterials))
{
  foreach (ExtendedMaterial oMaterial in m_oMeshMaterials)
    if (!string.IsNullOrEmpty(oMaterial.TextureFilename))
      TextureCache.GetTexture(this.RenderDevice,
        oMaterial.TextureFilename);

  if (oMesh != null)
  {
```

```
        m_oProgressiveMesh = new ProgressiveMesh(PrepareMesh(oMesh),
          m_oAdjacency, null, 0, MeshFlags.SimplifyVertex);

        m_oProgressiveMesh.NumberVertices =
          m_oProgressiveMesh.MaxVertices;
    }
}
```

## Detailstufe regulieren

Standardmäßig setzt sich ein `ProgressiveMesh`-Objekt selbstständig auf die geringste Detailstufe, weshalb in der Regel sinnvoll ist, das Modell direkt nach der Initialisierung in den höchsten Detailgrad zu versetzen. Gesteuert wird die Anzahl der Vertices bzw. die Anzahl der Primitive über die Eigenschaften `NumberVertices` und `NumberFaces`. Die maximal verfügbare Anzahl von Vertices oder Primitiven liefern die Eigenschaften `MaxVertices` und `MaxFaces`. Es genügt immer eine Zuweisung.

```
m_oProgressiveMesh.NumberVertices =
  m_oProgressiveMesh.MaxVertices;
```

Leider sind die Eigenschaften `NumberVertices` und `NumberFaces` nur mit einer „Set()-Methode" ausgestattet. Als Konsequenz daraus kann die aktuelle Anzahl nicht ohne Umwege ermittelt werden. Stattdessen sind Sie gezwungen das Objekt zunächst nach `MeshBase` zu casten. Anschließend können die gewünschten Werte abgerufen werden.

```
m_oProgressiveMesh.NumberVertices =
  ((BaseMesh)m_oProgressiveMesh).NumberVertices -
  ((BaseMesh)m_oProgressiveMesh).NumberVertices / 5;
```

## Progressive Meshes rendern

Gerendert werden Progressive Meshes wie gehabt mit Hilfe der `DrawSubset()`-Methode. Sämtliche Materialien die zu Beginn für die `Mesh`-Instanz ermittelt wurden gelten gleichermaßen für das Progressive Mesh.

```
if (m_oProgressiveMesh != null && m_oMeshMaterials != null)
{
  for (int i = 0; i < m_oMeshMaterials.Length; i++)
  {
    this.RenderDevice.Material = m_oMeshMaterials[i].Material3D;
    if(!string.IsNullOrEmpty(m_oMeshMaterials[i].TextureFilename))
      this.RenderDevice.SetTexture(0,
        TextureCache.GetTexture(this.RenderDevice,
        m_oMeshMaterials[i].TextureFilename));

    m_oProgressiveMesh.DrawSubset(i);
```

```
    }

    //Anzahl der Vertices und Primitive ausgeben
    m_oFont.DrawText(null, string.Format("Anzahl der Vertices: " +
      "{0}\nAnzahl der Primitive: {1}",
      ((BaseMesh)m_oProgressiveMesh).NumberVertices.ToString(),
      ((BaseMesh)m_oProgressiveMesh).NumberFaces.ToString()),
        new Point(5, 5), Color.Yellow);
}
```

## 4.6  Patch Meshes (Tessellation)

Die letzten Abschnitte haben sich damit beschäftigt den Detailgrad eines Objekts zu verringern. Warum sollte man die Anzahl der Polygone nicht erhöhen, wenn genügend Rechenkapazität zur Verfügung steht? Damit der (ohnehin viel beschäftigte) 3D-Artist nicht alle vier Wochen beauftragt werden muss, in mühevoller Kleinarbeit dem Modell neue Primitive hinzufügen, rüstet Sie Direct3D mit den dafür nötigen Werkzeugen aus.

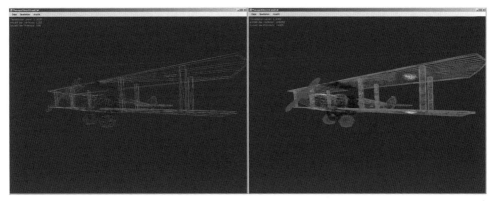

**Abbildung 4.9:** Links im Bilde das originale Modell, rechts im Bild ist der Körper mit fünffacher Tessellation zu sehen[3]

Ein spezieller Algorithmus berechnet aus den bestehenden Vertices neue Vertex-Positionen, fügt die Vertices ein und verbindet alle Vertex-Informationen zu neuen Primitiven (siehe Abbildung 4.9). Selbstverständlich können sämtliche Algorithmen der Welt aus einer flachen Nase letztlich kein „chirurgisches Meisterwerk" schaffen. Aufgrund der Unterteilung, welche in der Fachliteratur als Tessellation anzutreffen ist, werden recht eckige Kurven runder. Zudem verbessert sich die Qualität beim Vertex Lighting. In diesem Buch werden Sie keine mathematischen Hintergründe zu diesem Verfahren finden. Im Folgenden steht die praktische Seite, sprich die Realisierung einer Tessellation unter Verwendung von Direct3D, im Vordergrund. Insgesamt sind es fünf Schritte bis zum tessellierten Modell.

---

3   Das abgebildete Modell ist Teil des DirectX SDK. Alle Rechte liegen bei Microsoft.

## 4 - Mesh-Objekte

1. Instanziierung einer „herkömmlichen" Mesh-Klasse
2. Initialisierung eines PatchMesh-Objekts
3. Berechnung der Vertex- und Primitiven-Anzahl in Abhängigkeit eines Tessellation Level
4. Erzeugen eines neuen Mesh-Objekts, welches genügend Platz für die zusätzlichen Primitive schafft
5. Aufruf der Tessellate()-Methode.

Der erste Schritt kann getrost übersprungen werden. An der Methodik hat sich nichts verändert. Interessant wird es ab Schritt zwei, wenn es darum geht das PatchMatch-Objekt zu erzeugen. Bemühen Sie dafür die statische CreateNPatchMesh()-Methode und übergeben Sie das Mesh mit den Objektdaten als Argument.

```
PatchMesh oPatchMesh = PatchMesh.CreateNPatchMesh(oMesh);
```

Wie viele Vertices bzw. Primitive das tessellierte Objekt umfasst, wird berechnet, indem die Anzahl der Vertices bzw. der Primitive des Originals mit der dritten Potenz des Tessellation Levels multipliziert wird.

```
int iNumVertices = Convert.ToInt32(oMesh.NumberVertices *
  Math.Pow(fTesselationLevel, 3));

int iNumFaces = Convert.ToInt32(oMesh.NumberFaces *
  Math.Pow(fTesselationLevel, 3));
```

Mit den eben errechneten Werten wird nun ein neues Mesh-Objekt initialisiert. Achten Sie besonders auf das MeshFlags.Use32Bit-Flag. Wird das Flag nicht gesetzt, dann kommt intern ein 16 Bit-Index Buffer zum Einsatz, dessen Kapazitäten sehr schnell aufgebraucht sind. Die Folge ist dann ein Laufzeitfehler vom Typ Direct3DXException mit der Fehlerbezeichnung D3DERR_INVALIDCALL.

```
m_oMesh = new Mesh(iNumFaces, iNumVertices, oMesh.Options.Value |
  MeshFlags.Use32Bit, oMesh.VertexFormat, this.RenderDevice);
```

Abschließend genügt ein Aufruf von Tessellate() zur Unterteilung des Modells. Gefordert wird neben dem Tessellation Level, welcher größer, gleich Eins sein muss, das betreffende Mesh-Objekt.

```
oPatchMesh.Tessellate(m_fTesselationLevel, m_oMesh);
```

Alle fünf Schritte werden vom Beispielprogramm „Kapitel 04 – Patch Meshes" in einer Methode namens LoadAndTessellateMesh() gekapselt. Dessen Quelltext sehen Sie im folgenden Listing.

## Patch Meshes (Tessellation)

```csharp
private void LoadAndTessellateMesh(string sPath,
  float fTesselationLevel)
{
  if (fTesselationLevel < 1.0f)
    return;

  if (string.IsNullOrEmpty(sPath))
    throw new ArgumentNullException("Argument sPath is " +
    "null or empty");

  if (!File.Exists(sPath))
    throw new FileNotFoundException("File doesn't exist");

  using (Mesh oMesh = PrepareMesh(Mesh.FromFile(sPath,
    MeshFlags.Managed, this.RenderDevice, out m_oAdjacency,
    out m_oMeshMaterials)))
  {
    foreach (ExtendedMaterial oMaterial in m_oMeshMaterials)
      if (!string.IsNullOrEmpty(oMaterial.TextureFilename))
        TextureCache.GetTexture(this.RenderDevice,
        oMaterial.TextureFilename);

    using (PatchMesh oPatchMesh =
      PatchMesh.CreateNPatchMesh(oMesh))
    {
      //Anzahl der Vertices und der Primitive berechnen
      int iNumVertices = Convert.ToInt32(oMesh.NumberVertices *
        Math.Pow(fTesselationLevel, 3));
      int iNumFaces = Convert.ToInt32(oMesh.NumberFaces *
      Math.Pow(fTesselationLevel, 3));

      //ggf. Existierendes Mesh-Objekt freigeben
      if (m_oMesh != null)
        m_oMesh.Dispose();

      m_oMesh = new Mesh(iNumFaces, iNumVertices,
        oMesh.Options.Value, oMesh.VertexFormat,
        this.RenderDevice);
      oPatchMesh.Tessellate(m_fTesselationLevel, m_oMesh);
    }
  }
}
```

## 4.7 Frame Hierarchien

In heutigen Computerspielen gehören sehr realistisch animierte (dreidimensionale) Spielfiguren zum Standardrepertoire. Anfänglich wurden die Figuren durch Sprite Animationen (siehe Kapitel 3) umgesetzt, die auf zwei Primitive gerendert wurden (als Beispiele seien mitunter die ersten 3D-Ego-Shooter Doom 1 und Doom 2 genannt). Um zu verhindern, dass der Spieler die fehlende dritte Dimension enttarnt, bedienten sich die Entwickler des sog. Billboardings. Ein Billboard ist lediglich ein Rechteck mit einer Textur, dessen Vorderseite kontinuierlich zur Kamera gedreht wird, weshalb der Spieler die Seite des Rechtecks nie zu Gesicht bekommen kann (Billboards werden in Kapitel 5 ausführlich beschrieben).

Mittlerweile ist die Technik an einem Punkt angelangt, an dem die CPU- und Speicher-Kapazitäten die Animation dreidimensionaler Modelle zulassen. Handhabbar wird die Bewegung einzelner Fragmente eines Körpers nur, wenn diese getrennt voneinander gespeichert werden. Weiterhin müssen die Fragmente miteinander in Beziehung gebracht werden, andernfalls wird die Rotation eines menschlichen Rumpfs keine Auswirkungen auf die dazugehörigen Beine, Arme oder den Kopf haben.

Vorbild der ganzen Theorie einer skelettalen Animation ist die Natur, welche in etlichen Millionen von Jahren Knochen und Gelenke hervorgebracht hat, die alle Körperteile miteinander verbinden und zu einer gewissen Bewegungsfreiheit befähigen. Im Fachjargon ist von Bones die Rede, welche die Knochen simulieren. Doch selbst wenn ein Mesh-Objekt keine Bones enthält, so lässt sich aufgrund der hierarchischen Struktur bereits eine Animation umsetzen. Denn dank der Hierarchie stehen alle Frames (Teilobjekte) des Meshes in Beziehung zueinander. Soll heißen, bis auf das Root-Element besitzt jedes Fragment eines Meshes einen Parent. Umgekehrt gesprochen besitzt jedes Element, mit Ausnahme eines Leaf-Elements, ein untergeordnetes Subset (Child). Dank der separaten Speicherung jedes Körperteils können Sie auch jeweils eine Matrix festlegen. Die Transformationsmatrix eines untergeordneten Elements entspricht dem Produkt der Matrix des Parents und der Matrix des aktuell betroffenen Frames.

Soviel vorerst zur Theorie. Jetzt ist es an der Zeit, die hierarchische Struktur eines Mesh-Objekts auszulesen!

### 4.7.1 Analysierung der Anforderungen

Wenn Sie alle Methoden der Mesh-Klasse einmal durchgehen, dann wird Ihnen sofort eine recht vielversprechende Methode namens LoadHierarchyFromFile() ins Auge stechen. Für den Anfang ist das schon einmal nicht schlecht. Im nächsten Schritt muss dann die Signatur dieser Methode genauer unter die Lupe genommen werden.

```
Public static AnimationRootFrame LoadHierarchyFromFile(
    string filename, MeshFlags options, Device device,
    AllocateHierarchy allocHierarchy, LoadUserData userDataLoader);
```

Neben dem Dateipfad, ein oder mehrere Flags der MeshFlags-Enumeration und einem Direct3D-Device müssen Sie ein AllocateHierarchy-Objekt übergeben (der letzte Parameter ist an dieser Stelle nicht relevant und wird in diesem Buch auch nicht behandelt). Gesagt, getan! Doch einen Moment bitte, die AllocateHierarchy-Klasse kann gar nicht verwendet werden, da sie als abstrakt markiert ist. Folglich obliegt Ihnen die Aufgabe eine geeignete Ableitung zu erstellen. Insgesamt müssen zwei Methoden der Basisklasse überschrieben werden.

- CreateFrame()
  Diese Methode muss ein neues Frame-Objekt erzeugen und zurückgeben. Die Klasse Frame ist wiederum als abstrakt markiert.

- CreateMeshContainer()
  Erstellt ein neues MeshContainer-Objekt. Auch diese Klasse ist abstrakt.

Zusammen mit den Methodenimplementierungen ergeben sich bis hierher drei Aufgabenstellungen: Leiten Sie von den Klassen Frame, MeshContainer und AllocateHierarchy ab. Letztere fordert zudem die Implentierung der oben aufgelisteten Methoden.

## 4.7.2 Die CustomAllocateHierarchy-Klasse

Ein Aufruf der LoadHierarchyFromFile()-Methode bewirkt, dass Direct3D die Datei ausliest und für jeden Frame (d.h. für jedes Teil-Mesh) die CreateFrame()-Methode eines AllocateHierarchy-Objekts aufruft. Dessen Aufgabe besteht lediglich darin, Ihre Frame-Ableitung zu instanziieren und zurückzugeben. Dasselbige gilt für CreateMeshContainer(). Auch hier werden nur die Parameter an den Konstruktor der jeweiligen Implementierung weitergereicht. Sehen Sie sich zunächst das folgende Listing an.

```
public class CustomAllocateHierarchy : AllocateHierarchy
{
  protected string m_sFilePath = string.Empty

  public CustomAllocateHierarchy(string sFilePath) : base()
  {
    this.FilePath = sFilePath;
  }

  public override Frame CreateFrame(string sName)
  {
    return new CustomFrame(sName);
  }

  public override MeshContainer CreateMeshContainer(string sName,
    MeshData oMeshData, ExtendedMaterial[] oMeshMaterial,
    EffectInstance[] oEffectInstances, GraphicsStream oAdjacency,
    SkinInformation oSkinInfo)
```

```
  {
    return new CustomMeshContainer(this.FilePath, sName,
      oMeshData, oMeshMaterial, oEffectInstances, oAdjacency,
      oSkinInfo);
  }

  public string FilePath
  {
    get { return m_sFilePath; }
    set { m_sFilePath = value; }
  }
}
```

Die `CustomAllocateHierarchy`-Klasse hat zudem einen speziellen Konstruktor spendiert bekommen, der den Pfad des Meshes zwischenspeichert. Einfach aus dem Grund, weil Direct3D automatisch die `CreateMeshContainer()`-Methode aufruft und die Information ansonsten nirgends bezogen werden könnte. Damit ist der erste Schritt abgearbeitet.

### 4.7.3 Die CustomFrame-Klasse

Jedem Frame ist eine Transformationsmatrix zugeordnet, wodurch der jeweilige Teil eines Meshes relativ zum Gesamtmodell positioniert wird. Animationen werden natürlich erst möglich, wenn zumindest eine zweite Transformation in die Positionsberechnung einfließt. Die `Frame`-Klasse muss folglich zum einen Platz für die zweite Transformation bieten und zum anderen einen Konstruktor veröffentlichen, der einen Parameter vom Typ `string` besitzt (diese Aufgabe geht aus dem vorherigen Abschnitt hervor). Jenem Parameter übergibt Direct3D jeweils den Namen des ausgelesenen Frames.

```
public class CustomFrame : Frame
{
  protected string m_sName = string.Empty;
  protected Matrix m_oTransformationMatrix = Matrix.Identity;

  public CustomFrame() : base()
  { }

  public CustomFrame(string sName) : base()
  {
    this.Name = sName;
  }

  public Matrix Transform
  {
```

```
    get { return m_oTransformationMatrix; }
    set { m_oTransformationMatrix = value; }
  }
}
```

## 4.7.4 Die CustomMeshContainer-Klasse

Ein `MeshContainer`-Objekt fungiert als Behälter für beispielsweise Vertex-, Index- oder Material-Informationen. Praktisch gesehen ist dessen Implementierung genauso „schwierig" wie die vorherigen zwei Klassen. Fast ausschließlich alle Argumente, die Ihnen Direct3D übergibt, leiten Sie einfach an die jeweiligen Methoden und Eigenschaften der Basisklasse weiter.

```
public class CustomMeshContainer : MeshContainer
{
  protected string m_sFilePath = string.Empty;
  protected string[] m_sTextures = null;
  protected string[] m_sAbsoluteTextures = null;

  public CustomMeshContainer(string sFilePath, string sName,
    MeshData oMeshData, ExtendedMaterial[] oMeshMaterials,
    EffectInstance[] oEffectInstances, GraphicsStream oAdjacency,
    SkinInformation oSkinInformation) : base()
  {
    this.FilePath = sFilePath;
    this.Name = sName;
    this.MeshData = oMeshData;
    this.SetMaterials(oMeshMaterials);
    this.SetEffectInstances(oEffectInstances);
    this.SetAdjacency(oAdjacency);
    this.SkinInformation = oSkinInformation;

    this.Init();
  }

  public void Init()
  {
    ExtendedMaterial[] oMeshMaterials = this.GetMaterials();
    string sPath = Path.GetDirectoryName(this.FilePath);

    m_sTextures = new string[oMeshMaterials.Length];
    m_sAbsoluteTextures = new string[oMeshMaterials.Length];
```

```
    for (int i = 0; i < oMeshMaterials.Length; i++)
    {
      m_sTextures[i] = oMeshMaterials[i].TextureFilename;

      if(!string.IsNullOrEmpty(oMeshMaterials[i].TextureFilename))
        m_sAbsoluteTextures[i] = Path.Combine(sPath,
        oMeshMaterials[i].TextureFilename);
    }
  }

  public string FilePath
  {
    get { return m_sFilePath; }
    set { m_sFilePath = value; }
  }

  public string[] Textures
  {
    get { return m_sTextures; }
  }

  public string[] AbsoluteTextures
  {
    get { return m_sAbsoluteTextures; }
  }
}
```

In dieser Klasse passiert nichts Spektakuläres. Mit Ausnahme des Dateipfads werden alle Parameter-Werte vom Konstruktor an die Basisklasse weitergeleitet. Anschließend ruft der Konstruktor die `Init()`-Methode auf, welche die Dateinamen aller Texturen in einem Array zusammenfasst. Ein zweiter Array speichert die Dateinamen mit einem absoluten Pfad. Dafür wird mittels `Path.GetDirectory()` der Ordner, in dem das Mesh liegt, extrahiert und mit dem Dateinamen der Textur kombiniert.

### 4.7.5 Die HierarchicalMesh-Klasse

Zwar sind jetzt alle nötigen Container in einem verwendbaren Zustand, doch es ist nirgends eine Logik zum Rendern des Meshes zu finden. In der Tat stellen die eben vorgestellten Klassen lediglich die nötigen Strukturen zur Verfügung, um die Hierarchie eines Meshes zu reflektieren. Es fehlt eine Klasse, die von jenen Typen Gebrauch macht und die Daten auf den Monitor bringt. Jener Aufgabenbereich ist der Klasse `HierarchicalMesh` zugeteilt. Im Detail müssen die folgenden Funktionalitäten implementiert werden.

## Frame Hierarchien

- Innerhalb der Klasse ist ein Aufruf von `LoadHierarchyFromFile()` von Nöten, damit das daraus resultierende `AnimationRootFrame`-Objekt zwischengespeichert werden kann.
- Die Hierarchie muss durchlaufen und die einzelnen Transformationsmatrizen berechnet werden.
- Materialen und Texturen setzen und anschließend die Geometrie über einen Device ausgeben.
- Transformation einzelner Frames ermöglichen

### Initialisierung

Die `HierarchicalMesh`-Klasse ist eine völlig eigene Implementation zur Anwendung der vorgegebenen Datenstrukturen, weshalb keine Basisklasse für diesen Typ existiert. Zur Initialisierung der Klasse werden lediglich zwei Komponenten benötigt. Zum einen der Direct3D-Device und zum anderen der Pfad des Meshes. Mit diesen Informationen im Gepäck wird anschließend die `LoadHierarchyFromFile()`-Methode bemüht und ein `AnimationRootFrame`-Objekt zwischengespeichert. Jenes Objekt veröffentlicht über seine `FrameHierarchy`-Eigenschaft das oberste Element der Hierarchie (Root-Element).

Folgender Quelltext stellt die Ausgangsbasis für alle weiteren Funktionalitäten dar.

```
public class HierarchicalMesh
{
  protected string m_sFilePath = string.Empty;
  protected Device m_oDevice = null;
  protected AnimationRootFrame m_oRootFrame;

  public HierarchicalMesh(Device oDevice, string sFile)
  {
    if (oDevice == null || string.IsNullOrEmpty(sFile))
      throw new ArgumentNullException();

    this.FilePath = sFile;
    this.RenderDevice = oDevice;

    Init();
  }

  public virtual void Init()
  {
    if (!File.Exists(this.FilePath))
      throw new FileNotFoundException();

    m_oRootFrame = Mesh.LoadHierarchyFromFile(this.FilePath,
      MeshFlags.Managed, this.RenderDevice,
```

```
      new CustomAllocateHierarchy(this.FilePath), null);
}

public Device RenderDevice
{
  get { return m_oDevice; }
  set { m_oDevice = value; }
}

public string FilePath
{
  get { return m_sFilePath; }
  set { m_sFilePath = value; }
}
}
```

**Transformations-Berechnung**

Wie Sie wissen, enthält eine DirectX-Mesh-Datei für jeden Frame eine Transformationsmatrix, welche den jeweiligen Teil des Objekts relativ zu dessen Gesamtheit positioniert, rotiert und skaliert. Für genau jenen Zweck besitzt die Basisklasse Frame bereits eine Eigenschaft namens TransformationMatrix. Direct3D weist die ausgelesene Matrix diesem Klassenmitglied zu. Weiterhin haben Sie gelernt, dass Bewegungen des Parent-Elements dazu führen, dass diese auf alle untergeordneten Fragmente projiziert werden. Für zusätzliche Transformationen eines einzelnen Frames ist die Eigenschaft Transform unserer CustomFrame-Klasse vorgesehen.

In welcher Reihenfolge die drei Matrizen miteinander multipliziert werden, spielt eine entscheidende Rollen, weil das Kommutativgesetzt nicht für Matrizen gilt. Aus diesem Grund wird als Erstes die gespeicherte Transformation des Meshes angewendet, gefolgt von der Frame spezifischen Transformation. Last but not least, die Transformation des Parent-Frames.

```
protected virtual Matrix CombineTransformations(Frame oFrame,
  Matrix oParentTransformation)
{
  return  oFrame.TransformationMatrix *
    ((CustomFrame)oFrame).Transform *
    oParentTransformation;
}
```

## Rekursives Rendern

Die Baumstruktur der Frame Hierarchie schreibt es quasi vor: Die rekursive Programmierung. Schleifen kommen bei derartigen Datenstrukturen nicht in Frage, weil Sie nie wissen können, wie viele Ebenen in einem Mesh existieren. Zwar könnten Sie den 3D-Artisten befragen, doch würde das in einem Haufen Aufwand münden. Auch Enumeratoren würden dem nicht Abhilfe schaffen, da die hierarchische Struktur dann verloren wäre. Lange Rede kurzer Sinn, die rekursive Programmierung ist an dieser Stelle die Methodik schlechthin.

> **Begriff**
>
> Der Begriff Rekursion stammt vom lateinischen Wort recurrere ab und bedeutet so viel wie „zurücklaufen". Bezeichnet wird damit ein kontinuierlicher Aufruf einer Methode durch sich selbst. Mittels dieser Technik lassen sich oftmals sehr „elegante" und kompaktere Lösungen schaffen, als Sie es mit einer iterativen Variante könnten. Allerdings birgt die Rekursion auch Nachteile in sich. Ein Nachteil ist der erhöhte Speicherverbrauch, da pro Aufruf die Parameter der Methode erneute in den Stack gepackt werden. Dasselbe gilt für lokale Variablen, die Sie innerhalb der Methode deklarieren.

Einstiegspunkt des Render-Vorgangs ist die öffentliche Methode Render(). Sie ruft anschließend die RenderFrame()-Methode mit dem Root-Element auf und übergibt als Transformationsmatrix die aktuelle Weltmatrix, die dem Device zugewiesen wurde. Das Ganze klappt nur dann, wenn der Device kein Pure Device ist. Andernfalls führt das Auslesen der Device.Transform.World-Eigenschaft zu einem Laufzeitfehler.

```
public virtual void Render()
{
  this.RenderFrame(m_oRootFrame.FrameHierarchy,
    this.RenderDevice.Transform.World);
}
```

Die Rekursion beginnt beim Aufruf der RenderFrame()-Methode, welche zuerst die Matrizen für den aktuellen Frame berechnet und anschließend die Geometrie des aktuellen Frames rendern. Ausgehend vom Root-Element werden dann jeweils die untergeordneten Elemente gezeichnet. Nachdem ein Ast mit all seinen Zweigen durchlaufen wurde, ruft die Methode sich erneut mit den gleichrangigen Frames auf. Abbildung 4.10 stellt den Ablauf schematisch dar.

Grundlage für die in Abbildung 4.10 dargestellte Vorgehensweise sind zwei Referenzen, die auf ein gleichrangiges Element und auf das erste untergeordnete Element verweisen. Dafür stellt die Frame-Klasse zwei Eigenschaften namens FrameSibling und FrameFirstChild zur Verfügung. Aus diesen Kenntnissen lässt sich der folgende Quelltext ableiten.

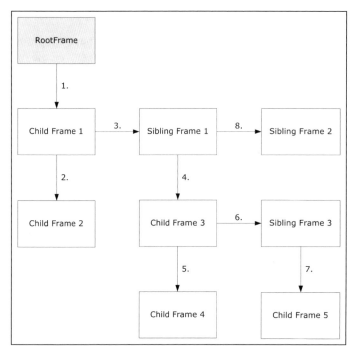

**Abbildung 4.10:** Schematische Darstellung des rekursiven Render-Prozesses

```
protected virtual void RenderFrame(Frame oFrame,
  Matrix oParentTransformation)
{
  Matrix oCombinedMatrix = CombineTransformations(oFrame,
    oParentTransformation);

  if (oFrame.MeshContainer != null)
    RenderGeometryToScreen(oFrame, oCombinedMatrix);

  if (oFrame.FrameFirstChild != null)
    RenderFrame(oFrame.FrameFirstChild, oCombinedMatrix);

  if (oFrame.FrameSibling != null)
    RenderFrame(oFrame.FrameSibling, oParentTransformation);
}
```

Die eigentliche Ausgabe der Geometrie erfolgt innerhalb der RenderGeometryToScreen()-Methode. Bis auf die Datenquellen werden Ihnen die Anweisungen jener Methode vetraut sein. Jedes CustomFrame-Objekt stellt dessen Vertex- und Material-Informationen mittels eines `CustomMeshContainer`-Objekts bereit, welches Sie von der Eigenschaft Mesh-Container beziehen können. Dessen Basisklasse, `MeshContainer`, besitzt eine `MeshData`-Eigenschaft. Die gleichnamige Struktur veröffentlicht drei Ihnen bekannte Mesh-Typen:

- Mesh
- PatchMesh
- ProgressiveMesh

Zur Abfrage der Materialien bemühen Sie die `GetMaterials()`-Methode eines `MeshContainer`-Objekts. Die Dateinamen der Texturen bzw. den absoluten Pfad haben wir bereits über die Eigenschaften `Textures` und `AbsoluteTextures` bereitgestellt. Sie könnten innerhalb der `MeshContainer`-Ableitung die Texturen bereits laden, laufen dann aber Gefahr unter Umständen ein und dieselbe Textur zweimal in den Speicher zu ziehen.

```
protected virtual void RenderGeometryToScreen(Frame oFrame,
  Matrix oWorldMatrix)
{
  this.RenderDevice.Transform.World = oWorldMatrix;

  ExtendedMaterial[] oMeshMaterials =
    oFrame.MeshContainer.GetMaterials();
  string[] sTextures =
    ((CustomMeshContainer)oFrame.MeshContainer).Textures;

  for (int i = 0; i < oMeshMaterials.Length; i++)
  {
    this.RenderDevice.Material = oMeshMaterials[i].Material3D;

    if (!string.IsNullOrEmpty(sTextures[i]))
      this.RenderDevice.SetTexture(0,
        TextureCache.GetTexture(this.RenderDevice, sTextures[i]));

    oFrame.MeshContainer.MeshData.Mesh.DrawSubset(i);
  }
}
```

### Frames über deren Namen abrufen

Der Klasse `Frame` wurde durch Microsoft bereits eine statische Methode namens `Find()` spendiert, welche zum einen den Ausgangsframe einer Suche erwartet und zum anderen den Namen des gesuchten Frames. Zwei Klassenmitglieder bedienen sich dieser Methode: `GetFrame()` und `SetFrameTransformation()`. Mit Hilfe der letzteren Methode kann der Klassenanwender jedem Frame eine spezifische Transformationsmatrix zuweisen.

```
public Frame GetFrame(string sName)
{
  return (CustomFrame)Frame.Find(m_oRootFrame.FrameHierarchy,
    sName);
}

public void SetFrameTransformation(string sName, Matrix oTransformation)
{
  CustomFrame oFrame =
    (CustomFrame)Frame.Find(m_oRootFrame.FrameHierarchy, sName);

  if (oFrame != null)
    oFrame.Transform = oTransformation;
}
```

**Auflisten aller Frames**

Falls Sie ungeachtet von der Hierarchie die Namen aller Frames benötigen, empfiehlt sich dieselbe Vorgehensweise, wie beim Rendern des gesamten Körpers. Die Methode GetFrameNames() zeigt eine exemplarische Implementierung.

```
protected virtual List<string> GetFrameNames(Frame oFrame,
  List<string> oList)
{
  oList.Add(oFrame.Name);

  if (oFrame.FrameFirstChild != null)
    GetFrameNames(oFrame.FrameFirstChild, oList);

  if (oFrame.FrameSibling != null)
    GetFrameNames(oFrame.FrameSibling, oList);

  return oList;
}
```

### 4.7.6 Anwendungsbeispiel: Ein drehender Propeller

Nachdem wir unsere Hilfsklasse, HierarchicalMesh, so mühevoll entwickelt haben, ist es an der Zeit diese für ein konkretes Anwendungsbeispiel zu nutzen. In der Regel werden Sie die HierachicalMesh-Klasse nicht ohne weiteres nutzen. Stattdessen ist es meist sinnvoller jenen Typ als Basisklasse zu verwenden und die Bewegungen des Mesh-Objekts in einer spezialisierten Klasse zu realisieren.

# Frame Hierarchien

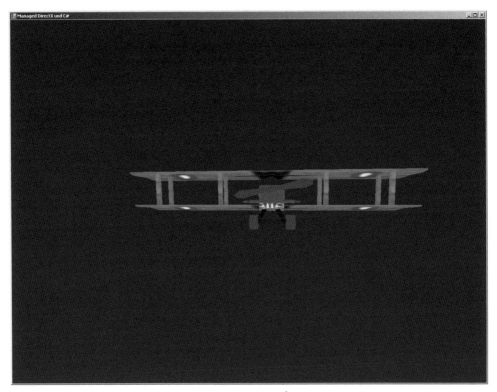

**Abbildung 4.11:** Ein drehender Propeller, dank Frame Hierarchien[4]

Zusammen mit dem DirectX SDK kommt ein Propellerflugzeugmodell, für das nun eine zugeschnittene Klasse erstellt werden soll. Die Klasse wird zwei Methoden besitzen. Eine startet den Motor (wodurch der Propeller sich zu drehen beginnt) und die andere schaltet den Motor wieder aus. Ein Hinweis vorweg: Leider wurde der Mittelpunkt des Propellers nicht auf dem Koordinatenursprung positioniert, wie es der Normalfall ist. Stattdessen liegen die Vertex-Koordinaten in Weltkoordinaten vor, weshalb die Frame-Transformationsmatrix der Einheitsmatrix (Identity Matix) entspricht. Warum das ein Problem darstellt? Ganz einfach, wenn Sie den Propeller um eine Achse drehen, dann bewegt sich das Objekt auf einer Kreisbahn, anstatt um den eigenen Mittelpunkt zu rotieren.

### Hinweis

Eine Einheitsmatrix zeichnet sich dadurch aus, dass sie eine Diagonale von Einsen besitzt. Alle anderen Komponenten sind Null (nicht im Sinne von einer Nullreferenz). Die Besonderheit einer Einheitsmatrix ist, dass sie im Fall einer Multiplikation mit einer zweiten Matrix, die zweite Matrix nicht verändert.

---

4  Das abgebildete Modell ist Teil des DirectX SDK. Alle Rechte liegen bei Microsoft.

Das genannte Problem ist mit ein wenig Mathematik ganz leicht in den Griff zu kriegen. Als erstes werden die sechs Koordinaten der äußersten Punkte ermittelt. Anschließend berechnen wir die Differenz aus den Komponenten. Zu den kleinsten Werten wird dann die Differenz hinzuaddiert, nachdem diese mit Zwei dividiert wurde. Sie sind nun im Besitzt der Koordinate, welche den Mittelpunkt der Bounding Box darstellt. Subtrahiert man den Mittelpunkt vom Nullvektor, so resultiert daraus ein Vektor mit dem die Translationsmatrix gebildet werden kann. Am Ende liegt der Mittelpunkt des Propellers im Ursprung des Koordinatensystems und die Rotation kann ohne Nebeneffekte durchgeführt werden. Jetzt befindet sich der Propeller nur nicht mehr an der richtigen Position, weshalb die aus der Mesh-Datei ausgelesene Einheitsmatrix durch das Inverse der eben berechneten Translationsmatrix ersetzt wird. Denn multipliziert man eine Matrix mit dessen inverser Matrix, so resultiert daraus das neutrale Element: Die Einheitsmatrix. Von der Einheitsmatrix wissen wir, dass keine Effekte zu erwarten sind, wenn diese mit einer anderen Matrix multipliziert wird. Folglich befindet sich der Propeller wieder an seiner Ursprungsposition.

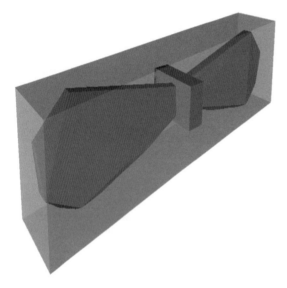

**Abbildung 4.12:** Eine Bounding Box visualisiert

### Initialisierung der AirplaneMesh-Klasse

Im Konstruktor der spezialisierten Klasse, welche in diesem Beispiel als `AirplaneMesh` betitelt wird, berechnen wir die Translationsmatrix zur Korrektur der Propeller-Vertex-Koordinaten. Zur Ermittlung der minimalen und maximalen Koordinaten ziehen wir eine sog. Bounding Box zu Rate. Eine Bounding Box ist ein Quader, welcher das komplette Mesh (welches in diesem Fall nur den Propeller darstellt) umschließt. In der Klassenbibliothek ist schon eine derartige Funktionalität enthalten. Sie verbirgt sich hinter der statischen `ComputeBoundingBox()`-Methode der `Geometry`-Klasse. Sie fordert zum einen die Vertex-Daten als `GraphicsStream`, die Anzahl der Vertices, die Anzahl der Bytes pro Vertex sowie zwei Vektoren, in denen die Daten gespeichert werden.

Eine Instanz des Typs `GraphicsStream` ist der Rückgabewert von `LockVertexBuffer()` eines Meshes. Übergeben wird an dieser Stelle das Flag `LockFlags.ReadOnly`, weil die Daten lediglich ausgelesen werden müssen. `UnlockVertexBuffer()` gibt die Ressource wieder frei.

```
public class AirplaneMesh : HierarchicalMesh
{
  private Matrix m_oPropellerOriginTranslation;

  public AirplaneMesh(Device oDevice, string sFile)
    : base(oDevice, sFile)
  {
  Vector3 oBoundingBoxMin;
  Vector3 oBoundingBoxMax;

  Frame oPropellerFrame = this.GetFrame("propeller");
  Mesh oMesh = oPropellerFrame.MeshContainer.MeshData.Mesh;

  GraphicsStream oVertexData =
    oMesh.LockVertexBuffer(LockFlags.ReadOnly);
  Geometry.ComputeBoundingBox(oVertexData, oMesh.NumberVertices,
    oMesh.NumberBytesPerVertex, out oBoundingBoxMin,
    out oBoundingBoxMax);
  oMesh.UnlockVertexBuffer();

  Vector3 oTranslation = new Vector3(0, 0, 0) -
    (oBoundingBoxMin + Vector3Helper.Abs(
    Vector3Helper.DivideComponents(
      oBoundingBoxMin - oBoundingBoxMax, 2)));

  m_oPropellerOriginTranslation =
    Matrix.Translation(oTranslation);

  oPropellerFrame.TransformationMatrix =
    Matrix.Invert(m_oPropellerOriginTranslation);
  }
}
```

Speziell für die Berechnung der Translation wurde das Projekt um die Klasse Vector3Helper erweitert, welche zwei statische Hilfsmethoden beinhalten. Die Methode `Abs()` erzeugt die absoluten Beträge der Komponenten. `DivideComponents()` wiederum dividiert alle Komponenten mit der angegebenen Zahl.

## Rendern des Flugzeugs

Innerhalb der Render()-Methode wird die Transformationsmatrix für den Propeller in jedem Frame aktualisiert. Anschließend wird die Methode der Basisklasse aufgerufen, damit das Modell auf den Monitor ausgegeben wird.

```
public override void Render()
{
  float fTimeDelta = TimeStat.ElapsedTimeInSeconds;
  if (!m_bEngineStopped)
  {
    if (m_fAngle >= 359)
      m_fAngle = 0;
    else
      m_fAngle += (float)(1000 * fTimeDelta);

    this.SetFrameTransformation("propeller",
      m_oPropellerOriginTranslation *
      Matrix.RotationZ(Geometry.DegreeToRadian(m_fAngle)));
  }

  base.Render();
}
```

Sofern Sie dieses Projekt „on the fly" mitentwickelt haben, werden Sie nun feststellen, dass der Propeller sich nicht um seine eigene Achse dreht. Schuld daran ist die Matrizenberechnung der CombineTransformations()-Methode. Jene Methode wendet an erster Stelle die im Mesh gespeicherte Matrix an, in welcher nun das Inverse gespeichert ist. Dadurch wird das Ergebnis zusätzlich verfälscht und die Rechnung geht nicht auf (die Reihenfolge macht durchaus Sinn, wenn Sie beispielsweise den Arm einer menschlichen Figur heben möchten). Abhilfe schafft eine angepasste Reihenfolge, bei der zuerst die benutzerdefinierte Matrix zur Geltung kommt und danach die gespeicherte Matrix und die Transformation des übergeordneten Frames.

```
protected override Matrix CombineTransformations(Frame oFrame,
  Matrix oParentTransformation)
{
  return ((CustomFrame)oFrame).Transform *
    oFrame.TransformationMatrix *
    oParentTransformation;
}
```

## 4.8 Zusammenfassung

Jedes moderne Spiel kommt quasi nicht mehr ohne Meshes aus. Es ist schlechtweg unmöglich mit Hilfe von mathematischen Algorithmen oder viel Fleißarbeit komplexe Modelle zu erschaffen. Stattdessen bieten professionelle 3D-Werkzeuge genügend Komfort, um hochwertige Modelle zu kreieren, die Sie anschließend in Ihrer DirectX-Anwendung verwenden können.

Meshes können nicht nur geladen und gerendert werden. Die Reduzierung der Polygonanzahl ist ein wichtiges Thema, selbst nach den Unmengen an technischen Fortschritten in den letzten Jahren. Mittels eines SimplificationMesh-Objekts oder der Simplify()-Methode lässt sich die Anzahl der Primitive herunterrechnen, um weit entfernte Objekte weniger detailliert darzustellen. Erkennbar wären die Details ohnehin nicht mehr. Ein Nachteil bergen die beiden genannten Möglichkeiten in sich: Sie können das Modell nicht mehr in dessen Ausgangszustand versetzen, nachdem die Anzahl reduziert wurde.

Behoben wird der Missstand durch die ProgressiveMesh-Klasse. Sie verfügt über zwei Eigenschaften namens NumVertices und NumFaces. Weisen Sie einer der beiden Eigenschaften einen Wert zu, um die Anzahl der Polygone zu verringern. Die größtmögliche Detailstufe wird durch den 3D-Artisten vorgegeben. Soll heißen, Sie sind zwar in der Lage die Anzahl der Polygone zu verringern und anschließend wieder anzuheben, jedoch nur zu dem Punkt bis alle Vertices gerendert werden, die ein 3D-Modellierer vorgegeben hat.

Sofern Ihnen genügend Bandbreite zur Verfügung steht, kann mit Hilfe eines PatchMesh-Objekts die Anzahl der Polygone über die vordefinierte Anzahl hinausgehen. Kurven werden runder und die Ergebnisse beim Vertex Lighting ansehnlicher. Natürlich wird der dafür zuständige Algorithmus keine neuen Details hinzufügen. Eine platte Nase bleibt letztlich eine platte Nase.

Frame Hierarchien haben Sie als letztes Thema hinter sich gebracht. Eine hierarchische Struktur setzt diverse Teile eines Mesh in Beziehung miteinander. Aufgrund der bekannten Struktur können Matrizen auf ein Fragment angewandt werden, wodurch gleichzeitig die untergeordneten Elemente von dieser Transformation betroffen sind.

Alles in Allem bietet die Mesh-Klasse eine Menge wunderbarer Funktionalitäten, die nicht alle in diesem Kapitel behandelt werden konnten.

# 5 Der Stencil Buffer

Das ein oder andere Mal haben Sie vielleicht schon das Flag ClearFlags.Stencil gesehen. Bisher wurde Ihnen die Erklärung dieses Flags vorenthalten. In diesem Abschnitt lernen Sie den sog. Stencil Buffer kennen und mit ihm die Bedeutung des eben genannten Flags. Hinter einem Stencil Buffer verbirgt sich ein Offscreen Surface, sprich ein sequentiell aufgebauter Speicherbereich. Jeder Pixel ij im Back Buffer korrespondiert mit dem Pixel ij im Stencil Buffer. Anders ausgedrückt, beide Surfaces weisen dieselbe Auflösung auf.

Wofür ist der Stencil Buffer nun gut? Stencil bedeutet übersetzt „Schablone" und genau diesen Zweck erfüllt der Stencil Buffer auch. Er lässt das nur an vordefinierten Positionen zu, dass ein Pixel in den Back Buffer geschrieben wird. Praktisch ist das beispielsweise bei der Umsetzung eines Spiegels. Technisch gesehen realisiert man einen Spiegel, indem man die Szene anhand einer Weltmatrize entsprechend dem Reflektionswinkel dreht oder die Kameraposition und –Ausrichtung anpasst. Anschließend wird die Szene erneut auf ein Rechteck gerendert, der den Spiegel simuliert.

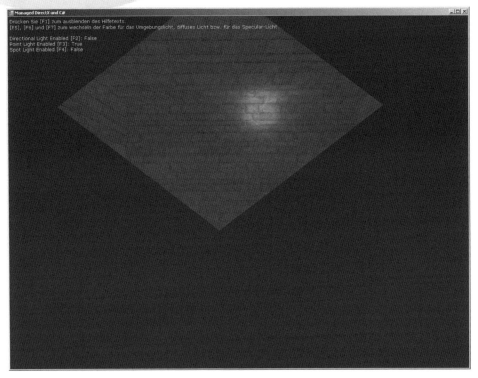

**Abbildung 5.1:** Mittels des Stencil Buffers legen Sie fest, wo es Direct3D erlaubt ist zu rendern

> **Tipp**
>
> „Viele Wege führen nach Rom", das ist auch das Motto eines Programmierers. Auch in Verbindung mit DirectX wird dem kein Abbruch getan. So könnten Sie alternativ einen Spiegel realisieren, indem die Szene zuvor aus einem anderen Blickwinkel in ein Surface gerendert und als Textur über das Rechteck gelegt wird.

In Abbildung 5.1 können Sie sehr gut erkennen, welche Auswirkung die Verwendung eines Stencil Buffers hat. Zunächst wird aus einem vierseitigen Polygon quasi ein Stempel erstellt. Anschließend wird die Szene gerendert. Der Stencil Buffer bewirkt, dass Direct3D die normale Szene ausschließlich in dem zuvor definierten Bereich in den Back Buffer zeichnet.

## 5.1 Initialisierung des Stencil Buffers

Ein Stencil Buffer wird im gleichen Atemzug wie ein Z-Buffer erstellt. Wenn Sie sich zurück an Kapitel 2 erinnern, dann wissen Sie, dass Sie der Device-Beschreibung lediglich ein Format für den Back Buffer zuweisen mussten. Dasselbe gilt für den Stencil Buffer, wobei auch die zuständige Eigenschaft dieselbige ist – die Rede ist von `AutoDepthStencilFormat`.

Im Hintergrund nutzt Direct3D ein und denselben Speicherbereich für beide Buffer. Anhand des zugewiesenen Formats weiß Direct3D jedoch wie viele Bits pro Pixel für welchen Buffer reserviert wurden. Die folgenden drei Formate sind üblich.

- DepthFormat.D24S8
  Das Kürzel sagt aus, dass bei diesem Format 24 Bit für den Tiefenspeicher und 8 Bit für den Stencil Buffer verwendet werden. Dieses Format kommt in allen Beispielprogrammen in diesem Buch zur Geltung.

- DepthFormat.D24x4S4
  Insgesamt umfasst das Format 32 Bit, wobei 24 Bit dem Z-Buffer zugeteilt sind, 4 Bit dem Stencil Buffer und die letzten 4 Bit ungenutzt sind. Umso weniger Bits für den Stencil Buffer reserviert werden, umso weniger Abstufungen sind im Stencil Test möglich. Das optimale Format hängt also stark vom jeweiligen Verwendungszweck ab.

- DepthFormat.D15S1
  15 Bit gehören dem Z-Buffer an und 1 Bit dem Stencil Buffer. Sofern die Hardware das Format nicht auf insgesamt 16 Bit beschränkt, so ist in der Regel von diesem Format abzuraten. Lediglich 15 Bit sind dem Tiefenspeicher zugeordnet, weshalb die Genauigkeit abnimmt. Soll heißen, dass zwischen manchen Entfernungen nicht mehr korrekt unterschieden werden kann, weil der Wertebereich zu gering ist. Artefakte sind die Konsequenz daraus.

Neben den aufgezählten Formaten definiert die `DepthFormat`-Enumeration weitere Variationen, die unter Umständen keinen Stencil Buffer vorsehen. Ein Beispiel ist das bisher verwendete Format D24, bei dem lediglich 24 Bit dem Z-Buffer zugeteilt waren. Der Stencil Buffer blieb deaktiviert. Erkennbar ist die Bit-Zuweisung an den Kürzeln D, für

Depth Buffer, und S, für Stencil Buffer. Die nachfolgende Zahl deutet immer die Anzahl der Bits an.

In der Beispielanwendung „Kapitel 05 – Stencil Buffer" wurde die `BaseForm`-Klasse wie folgt angepasst.

```
protected virtual void InitDirect3D(int iAdapter,
  DeviceType oDeviceType, DisplayMode oMode, Format oFormat,
  bool bWindowed, bool bDisablePureDevice)
{
  //CreateFlags setzen

  m_oPresentParams = new PresentParameters();
  m_oPresentParams.SwapEffect = SwapEffect.Discard;

  m_oPresentParams.AutoDepthStencilFormat = DepthFormat.D24S8;

  m_oPresentParams.EnableAutoDepthStencil = true;
  m_oPresentParams.Windowed = bWindowed;

  //Device initialisieren ...
}
```

## 5.2 Der Stencil Test

Wie bereits erwähnt, können wir mittels des Stencil Buffers verhindern, dass ein spezieller Pixel in den Back Buffer geschrieben wird. Die Entscheidung, ob ein Pixel geblockt wird oder nicht, ist vom Stencil Test abhängig. Verallgemeinert entspricht der Test dem folgenden Ausdruck.

`(Reference Stencil & Stencil Mask) Vergleichsoperator (Value & Stencil Mask)`

- Reference Stencil und Stencil Mask
  Sowohl „Reference Stencil" als auch „Stencil Mask" sind zwei benutzerspezifische Werte, die mittels einem bitweisen Und verknüpft werden. Die zuständigen Eigenschaften hören auf die Namen `ReferenceStencil` und `StencilMask`. Beide sind vom Typ `System.Int32`.

- Value und Stencil Mask
  Value entspricht dem Wert, welcher für den aktuellen Pixel bereits im Stencil Buffer abgelegt ist. Wiederum durch einen bitweise arbeitenden Und-Operator wird der Wert mit einer Maske (`StencilMask`-Eigenschaft) verknüpft.

Anschließend wertet Direct3D beide Werte mit einem Vergleichsoperator aus, welcher einen booleschen Wert zurückgibt. Wurde der Ausdruck mit true ausgewertet, schreibt Direct3D den Pixel in den Back Buffer und somit auch in den Tiefenspeicher. Schlägt der Test fehl, verwirft Direct3D den aktuellen Pixel.

Den Vergleichsoperator legen Sie über die Eigenschaft namens `StencilFunction` fest (siehe Abschnitt Vergleichsoperationen).

### 5.2.1 Reference Stencil

Standardmäßig entspricht der Referenzwert (`Device.RenderState.ReferenceStencil`) dem Wert 0. Jener Wert wird zum einen verwendet, wenn ein Eintrag im Stencil Buffer getätigt wird und zum anderen wird dieser Wert zum Vergleich herangezogen, wenn Direct3D die Werte mit denen des Stencil Buffers vergleicht.

### 5.2.2 Stencil Mask und Stencil Write Mask

Die Werte der Eigenschaften `StencilMask` und `StencilWriteMask` (ebenfalls in den Render States eines Device zu finden) geben Ihnen die Möglichkeit, die Werte auf Bit-Ebene zu bearbeiten. Beispielsweise wird der Wert 15 hinein gegeben oder anders ausgedrückt: Die ersten vier Bits sind gesetzt. Sie wollen jedoch maximal zwei Bits zulassen, dann könnten Sie der `StencilWriteMask` den Wert 3 zuweisen, welcher bekanntlich die ersten beiden Bits setzt. Oder aber Sie möchten die Auswertung beeinflussen, dann können Sie die Bits mittels der `StencilMask`-Eigenschaft bearbeiten.

### 5.2.3 Vergleichsoperationen

Innerhalb der Enumeration `Compare` (Namensraum: `Microsoft.DirectX.Direct3D`) sind alle möglichen Vergleichsoperationen aufgeführt. Tabelle 5.1 listet und beschreibt jede Konstante. Wird in den Erklärungen vom linken Operand gesprochen, ist die Kombination des Reference Stencils und der Maske gemeint. Hingegen entspricht der rechte Operand der bitweisen Verknüpfung des Stencil Values und der Maske.

| Konstante | Beschreibung |
| --- | --- |
| Always | Die Auswertung des Ausdrucks ergibt immer true. |
| Equal | Der Test ist erfolgreich, wenn der linke Operand und der rechte Operand einen identischen Wert darstellen. |
| Greater | Ergibt true, wenn der linke Operand größer ist als der rechte. Praktisch gesehen muss innerhalb des Stencil Buffers ein kleinerer Wert vorhanden sein, als der in ReferenceStencil abgelegte Wert (unter Berücksichtigung der Masken). |
| GreaterEqual | Der linke Operand muss größer oder gleich dem rechten Operand sein. |
| Less | Der linke Operand muss kleiner sein als der rechte Operand. |
| LessEqual | Der linke Operand muss kleiner oder gleich dem rechten Operanden entsprechen. |

**Tabelle 5.1:** Vergleichsoperationen für einen Stencil Test

| Konstante | Beschreibung |
|---|---|
| Never | Der Stencil Test schlägt immer Fehl. |
| NotEqual | Der Test ist erfolgreich, wenn die beiden Operanden unterschiedliche Werte darstellen. |

**Tabelle 5.1:** Vergleichsoperationen für einen Stencil Test (Forts.)

## 5.2.4 Aktualisieren des Stencil Buffer-Inhalts

Direct3D überlässt Ihnen die Wahl, welche Aktion auf den Stencil Buffer angewendet wird, wenn der Test erfolgreich oder weniger erfolgreich verlaufen ist. Zwei Eigenschaften, jeweils vom Typ StencilOperation teilen Direct3D die Aktion mit.

Tabelle 5.2 zeigt Ihnen alle verfügbaren Aktionen und beschreibt dessen Auswirkungen.

| Konstante | Beschreibung |
|---|---|
| Decrement | Dekrementiert den Stencil Buffer-Eintrag (zu Deutsch: Der Wert wird um Eins verringert). Sofern der Wert in den negativen Wertebereich übergeht, dann „wrapt" Direct3D den Wert zum maximalen Wert. Sprich die Differenz von 0 und dem dekrementierten Wert wird vom maximal zulässigen Wert abgezogen. |
| DecrementSaturation | Dekrementiert den Wert im Stencil Buffer (siehe Eintrag zu „Descrement"). Negative Werte werden abgeschnitten und automatisch auf 0 gesetzt. |
| Increment | Inkrementiert den Eintrag im Stencil Buffer (erhöht den Wert um Eins). Wird der maximal zulässige Wert erreicht, dann fängt Direct3D wieder bei 0 an. |
| IncrementSaturation | Inkrementiert den Wert im Stencil Buffer (siehe Eintrag zu „Increment") und schneidet alle Werte ab, die den maximal zulässigen Wert übersteigen. |
| Invert | Invertiert die Bits für den aktuellen Eintrag. |
| Keep | Verändert den Stencil Buffer-Inhalt nicht. |
| Replace | Ersetzt den aktuellen Eintrag durch den Reference Stencil-Wert. |
| Zero | Setzt den Eintrag auf 0. |

**Tabelle 5.2:** Konstanten der StencilOperation-Enumeration zur Manipulierung des Stencil Buffer-Inhalts

## 5.2.5 Der Stencil Buffer in Aktion

Im ersten Beispiel steht die Verwendung des Stencil Buffers im Vordergrund. Konkret bedeutet dies: Wie wird der Stencil Buffer mit Daten gefüllt? Wie führen wir einen Stencil Test durch, um abhängig davon bestimmte Pixel zu blockieren?

Das Resultat des Beispiels können Sie in Abbildung 5.1 bewundern. Das zweite Beispiel wird das neu errungene Wissen in einer etwas komplexeren Art und Weise anwenden. Es gilt dann einen Spiegel zu simulieren.

## Stencil Buffer bereinigen

Als Erstes muss sichergestellt werden, dass pro Frame der Stencil Buffer wie neu aussieht. Dazu müssen Sie im ersten Argument der Clear()-Methode eines Direct3D-Devices ein weiteres Flag setzen.

```
this.RenderDevice.Clear(ClearFlags.Target | ClearFlags.ZBuffer |
  ClearFlags.Stencil, Color.Blue, 1.0f, 0);
```

Direct3D wird daraufhin vor jeder neuen Szene alle Einträge mit 0 füllen.

## Stencil Buffer mit Daten bestücken

Indem Sie bei aktiviertem Stencil Buffer eine Primitive rendern, dann wird gleichzeitig ein „Abdruck" des Objekts im Stencil Buffer abgelegt. Als Stempel dient ein Viereck, dessen Seiten alle 100 Einheiten lang sind.

```
//Deklaration der Klassenvariablen
private Mesh m_oRenderPolygon = null;

//Innerhalb der Initialisierung
m_oRenderPolygon = Mesh.Polygon(this.RenderDevice, 100, 4);
```

Werfen Sie zunächst einen Blick auf das folgende Listing des Beispielprojekts. Im Anschluss wird das Zusammenspiel der Anweisungen aufgelöst.

```
this.RenderDevice.RenderState.StencilEnable = true;
this.RenderDevice.RenderState.ZBufferWriteEnable = false;
this.RenderDevice.RenderState.StencilFunction = Compare.Always;
this.RenderDevice.RenderState.ReferenceStencil = 1;
this.RenderDevice.RenderState.StencilMask = 255;
this.RenderDevice.RenderState.StencilWriteMask = 255;
this.RenderDevice.RenderState.StencilPass =
  StencilOperation.Replace;

this.RenderDevice.RenderState.AlphaBlendEnable = true;
this.RenderDevice.RenderState.SourceBlend = Blend.Zero;
this.RenderDevice.RenderState.DestinationBlend = Blend.One;

this.RenderDevice.Transform.World = Matrix.Translation(
  -50 * (float)Math.Cos(Geometry.DegreeToRadian(m_fAngle)), 50 *
  (float)Math.Sin(Geometry.DegreeToRadian(m_fAngle)), 0);

m_oRenderPolygon.DrawSubset(0);
```

## Der Stencil Test

```
this.RenderDevice.RenderState.ZBufferWriteEnable = true;
this.RenderDevice.RenderState.AlphaBlendEnable = false;
```

In den ersten zwei Zeilen wird der Stencil Test aktiviert und der Z-Buffer schreibgeschützt. Letzteres ist nötig, weil das Polygon sonst mit seinen Einträgen im Tiefenspeicher die eigentliche Szene verdecken könnte.

Anschließend werden die Operanden und Operationen definiert. Da das gesamte Polygon im Stencil Buffer abgebildet werden soll, wird als Vergleichsoperation Compare.Always festgelegt. Dies führt dazu, dass der Stencil Test immer erfolgreich verläuft und somit die in StencilPass definierte Aktion in Erscheinung tritt. Speziell in diesem Fall wird für jeden Pixel des Polygons der aktuelle Wert im Stencil Buffer mit 1 überschrieben. Für beide Masken wurden explizit alle 8 Bits auf 1 gesetzt, folglich bleibt der Referenzwert unverändert (siehe Abbildung 5.2).

|     | 128 | 64 | 32 | 16 | 8 | 4 | 2 | 1 |                 |
| --- | --- | -- | -- | -- | - | - | - | - | --------------- |
| UND | 0   | 0  | 0  | 0  | 0 | 0 | 0 | 1 | Reference Value |
|     | 1   | 1  | 1  | 1  | 1 | 1 | 1 | 1 | Mask            |
|     | 0   | 0  | 0  | 0  | 0 | 0 | 0 | 1 |                 |

**Abbildung 5.2:** Schematisierte Darstellung einer bitweisen UND-Verknüpfung

Ein letztes Problem gilt es noch zu lösen: Wie verhindert man nun, dass die Primitive nicht in den Back Buffer geschrieben wird? Die Lösung kennen Sie bereits, sie nennt sich Alpha Blending. Indem SourceBlend Blend.Zero zugewiesen wird und der DestionationBlend-Eigenschaft Blend.One, gewichten Sie den aktuellen Inhalt des Back Buffers mit 100%. Anders ausgedrückt: Das Polygon ist vollständig transparent. Nachdem das Polygon ausgegeben wurde, kann der Schreibschutz des Tiefenspeichers entfernt und Alpha Blending deaktiviert werden.

### Die Szene unter Berücksichtigung des Stencil Tests rendern

Nachdem nun das Muster im Stencil Buffer vorliegt, geht es daran, die eigentliche Szene auf den Monitor zu bringen. Der erste von insgesamt zwei Schritten besteht darin, das Verhalten des Stencil Tests zu ändern, damit der Inhalt erhalten bleibt. Zum anderen muss die Vergleichsoperation gewechselt werden. Andernfalls wird der Test niemals fehlschlagen und alle Pixel kommen dem Betrachter zu Gesicht.

```
this.RenderDevice.RenderState.StencilFail = StencilOperation.Keep;
this.RenderDevice.RenderState.StencilZBufferFail =
  StencilOperation.Keep;
this.RenderDevice.RenderState.StencilPass = StencilOperation.Keep;
this.RenderDevice.RenderState.StencilFunction = Compare.Equal;
```

Zeichnen Sie Ihre Objekte nun wie gewohnt und deaktivieren Sie anschließend den Stencil Test wieder, indem Sie der StencilEnable-Eigenschaft false zuweisen.

## 5.3 Simulation eines Spiegels

Wie versprochen, zeigt ein zweites Beispiel die Verwendung des Stencil Buffers an einem praktischen Beispiel. Dazu wird eine viereckige Fläche als Spiegel herhalten und sich um seine Y-Achse drehen. Aufgrund der Drehung sieht der Anwender die sonst (in der Kameraposition) unsichtbaren Winkel des Raums. Als kleinen Vorgeschmack können Sie das Endprodukt in Abbildung 5.3 begutachten.

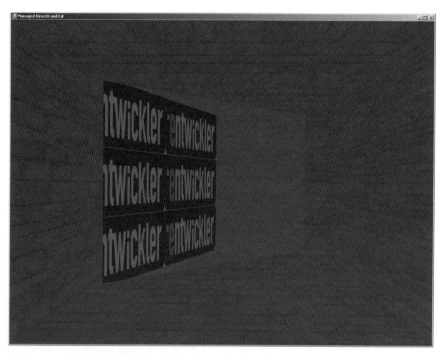

**Abbildung 5.3:** Ein Spiegel zeigt die Szene aus einer anderen Perspektive

Exakte mathematische Hintergründe bleiben an dieser Stelle außen vor. Für Mathematikinteressierte empfiehlt sich ein Buch über die lineare Algebra, sprich über Vektor- und Matrizen-Rechnung.

### 5.3.1 Überblick

Prinzipiell gilt es viele Faktoren zu beachten, wenn ein Spiegel gerendert wird. In dem hier vorgestellten Verfahren liegt der Fokus beim Stencil Buffer. Normalerweise dürften überhaupt nur jene Objekte gerendert werden, die vor dem Spiegel liegen. Alle Objekte dahinter können gar nicht vom Spiegel reflektiert werden, weshalb Sie sich theoretisch auch den Render-Prozess für jene Modelle sparen können. Der Einfachheit halber bleibt dieser Punkt außen vor. Ungeachtet der verschwendeten Rechenzyklen, wird die gesamte Szene nach einer geeigneten Transformation komplett neu gerendert. Damit die Reflektion nicht über den Spiegelrand hinausreicht, blockt der Stencil Test hin und wieder ein paar Pixel.

## Simulation eines Spiegels

Alle Vertices werden an einer Ebene gespiegelt und erhalten dadurch ihre neue Position in der virtuellen Welt. Gleichzeitig beschränkt diese Reflektionsberechnung die Einsatzmöglichkeiten etwa auf einen Wandspiegel oder eine stille Wasseroberfläche. Reflektionen im Lack eines Autos beispielsweise sind mit der hier angewandten Methodik nicht realisierbar, weil ein Auto runde, variierende Formen aufweist. Ein Auto weist keine Ebene auf, anhand derer die Reflektion durchgeführt werden könnte. Doch genug der langen Rede und ran ans Werk!

Insgesamt müssen diesmal vier Schritte abgearbeitet werden, ehe Sie das Ergebnis live und in Farbe bestaunen können.

1. Zu Beginn muss die Szene komplett in den Back Buffer gezeichnet werden.
2. Im zweiten Schritt bilden Sie den (rotierenden) Spiegel im Stencil Buffer ab.
3. Die Ebene sowie die Reflektionsmatrix werden im dritten Schritt berechnet.
4. Mit Ausnahme des Spiegels wird im letzten Schritt die komplette Szene nochmals in den Back Buffer gezeichnet, wobei die Reflektionsmatrix die Welttransformation beschreibt.

### 5.3.2 Back Buffer und Stencil Buffer beschreiben

Wie in Abbildung 5.3 ersichtlich, bedient sich das Beispiel der Room3D-Klasse sowie zweier Primitive zusammengefasst zu einem Rechteck. Letzterer Körper repräsentiert den Spiegel. Im ersten Schritt wird die komplette Szene einmal gerendert – sowohl der Raum, als auch der Spiegel. Theoretisch ist es nicht zwingend notwendig, das Rechteck bereits zu rendern. Tun Sie es doch, steht es Ihnen offen, das Erscheinungsbild der Primitiven im letzten Schritt mit der Szene zu kombinieren. In der Minimalversion wird der erste Schritt wie folgt in C# ausgedrückt.

```
this.RenderDevice.RenderState.StencilEnable = false;
this.RenderDevice.RenderState.AlphaBlendEnable = false;

this.RenderDevice.Material = m_oMaterial;
this.RenderDevice.Transform.World = Matrix.Identity;
m_oRoom.Render();

DrawMirror(); //Zeichnet zwei Primitive mit einer Textur
```

Als Zweites bestücken wir den Stencil Buffer mit Daten, wobei der Stencil Test für jeden Pixel erfolgreich ausgeht. Dank aktiviertem Alpha Blending verhindern wir die Verfälschung des aktuellen Back Buffer-Inhalts.

```
this.RenderDevice.RenderState.StencilEnable = true;
this.RenderDevice.RenderState.ZBufferWriteEnable = false;

this.RenderDevice.RenderState.StencilFunction = Compare.Always;
this.RenderDevice.RenderState.ReferenceStencil = 1;
```

```
this.RenderDevice.RenderState.StencilMask = 255;
this.RenderDevice.RenderState.StencilWriteMask = 255;
this.RenderDevice.RenderState.StencilPass =
  StencilOperation.Replace;

this.RenderDevice.RenderState.AlphaBlendEnable = true;
this.RenderDevice.RenderState.SourceBlend = Blend.Zero;
this.RenderDevice.RenderState.DestinationBlend = Blend.One;

DrawMirrorPrimitives();

this.RenderDevice.RenderState.ZBufferWriteEnable = true;
this.RenderDevice.RenderState.AlphaBlendEnable = false;
```

## 5.3.3 Berechnung der Reflektionstransformation

Es wurde bereits erwähnt, dass die genauen mathematischen Hintergründe einer Reflektion nicht näher beleuchtet werden. Müssen Sie auch nicht, zumindest nicht solche Details wie genau die Matrix zustande kommt, welche eine Reflektionstransformation beschreibt. Die DirectX-Klassenbibliothek stellt dafür die Instanzmethode Reflect() bereit. Sie ist Bestandteil der Matrix-Klasse. Übergeben Sie eine Plane-Struktur, welche die Ebene bildet.

```
Matrix oReflectionMatrix = Matrix.Identity;
oReflectionMatrix.Reflect(Plane.Transform(m_oMirrorPlane,
  m_oMirrorTransformation));
```

DirectX ist Ihnen auch behilflich dabei, die Ebene aufzuspannen. Zwischen zwei Varianten können Sie wählen.

```
//Variante 1
m_oMirrorPlane = Plane.FromPointNormal(oVerts[0].Position,
  oVerts[0].Normal);

//Variante 2
m_oMirrorPlane = Plane.FromPoints(oVerts[0].Position,
  oVerts[1].Position, oVerts[2].Position);
```

Entweder Sie übergeben einen Vektor und dessen Normale oder Sie übergeben drei Vektoren, die innerhalb der Reflektionsebene liegen. Im obigen Beispiel wird die Ebene während der Initialisierung gebildet. Jeder Vektor entspricht der Position eines Vertex. In der Form ist die Ebene leider noch nicht nutzbar. Da sich der Spiegel dreht, dreht sich folglich auch die aufgespannte Ebene, weshalb dem Reflect()-Aufruf eine Transformation mit der Rotationsmatrix des Spiegels vorangehen muss (siehe Plane.Transform()).

## Tipp

Alternativ können Sie die View Matrix spiegeln, um die Position und Ausrichtung der Kamera entsprechend zu manipulieren, damit die Szene aus der korrekten Perspektive gezeigt wird. Der Vorteil liegt auf der Hand: Die Vertices der Modelle müssen nicht durch die Matrix transformiert werden, wodurch Rechenzyklen gespart werden.

### 5.3.4 Reflektion rendern

Abschließend rendern wir die zuvor berechnete Matrix als Welttransformation und zeichnen den Raum erneut bei aktiviertem Stencil Test. Die Textur des Rechtecks in Verbindung mit aktiviertem Alpha Blending sorgt dafür, dass das gespiegelte Bild etwas heller erscheint als die originale Umgebung.

```
this.RenderDevice.RenderState.StencilFail = StencilOperation.Keep;
this.RenderDevice.RenderState.StencilZBufferFail =
  StencilOperation.Keep;
this.RenderDevice.RenderState.StencilPass = StencilOperation.Keep;
this.RenderDevice.RenderState.StencilFunction = Compare.Equal;

this.RenderDevice.Clear(ClearFlags.ZBuffer, Color.Blue, 1.0f, 1);

this.RenderDevice.RenderState.AlphaBlendEnable = true;
this.RenderDevice.RenderState.BlendFactor = Color.FromArgb(200,
  200, 200, 200);
this.RenderDevice.RenderState.SourceBlend = Blend.BlendFactor;
this.RenderDevice.RenderState.DestinationBlend =
  Blend.InvBlendFactor;

Matrix oReflectionMatrix = Matrix.Identity;
oReflectionMatrix.Reflect(Plane.Transform(m_oMirrorPlane,
  m_oMirrorTransformation));

this.RenderDevice.Transform.World = oReflectionMatrix;

m_oRoom.Render();

this.RenderDevice.RenderState.AlphaBlendEnable = false;
this.RenderDevice.RenderState.StencilEnable = false;
```

Achten Sie insbesondere auf den erneuten Aufruf der Clear()-Methode. Hintergrund ist der, dass die Szene bereits gerendert wurde und der Z-Buffer folglich mit Tiefeninformationen bestückt ist. Als Konsequenz daraus müssten Sie mit unschönen Artefakten rechnen, die aufgrund eines fehlgeschlagenen Tiefentests zustande kommen. Abhilfe schafft die `Clear()`-Methode. Als Flag wird ausschließlich `ClearFlags.ZBuffer` gesetzt, damit alle anderen Speichertypen unberührt bleiben.

Außerdem sei darauf hingewiesen, dass eine Reflektion gleichzeitig den Wechsel der Vor- und Rückseite einer Primitiven mit sich bringt. Unter Verwendung vom Backface Culling werden die gespiegelten primitive nicht mehr sichtbar sein, denn Direct3D passt den Cull Mode nicht automatisch an. Beispielsweise beauftragt die `Room3D`-Klasse Direct3D damit, alle Primitive vom Render-Prozess auszunehmen, welche gegen den Uhrzeigersinn angeordnet sind (sofern ein Raum und kein Quader dargestellt wird, ansonsten wird der Cull Mode auf `Cull.Counterwise` festgelegt). Ergänzung:

```
private void ChangeCullMode()
{
  if (this.RenderDevice.RenderState.CullMode ==
    Cull.CounterClockwise)
    this.RenderDevice.RenderState.CullMode = Cull.Clockwise;
  else if(this.RenderDevice.RenderState.CullMode ==
    Cull.Clockwise)
    this.RenderDevice.RenderState.CullMode =
      Cull.CounterClockwise;
}

public override void Render()
{
  //Schritte 1 bis 2

  //In Schritt 3 - Reflektion rendern:
  ChangeCullMode();
  m_oRoom.Render();
}
```

## 5.4 Zusammenfassung

Der Stencil Buffer fungiert als eine Art Stempel, mit dessen Hilfe sich der Render-Prozess auf ein zuvor festgelegtes Muster beschränken lässt. Genauer gesagt, führt Direct3D pro Pixel einen Test durch, ob die gestellten Anforderungen auf den aktuellen Pixel zutreffen oder nicht. Tritt der letztere Fall ein, verwirft Direct3D den Pixel anstatt ihn in den Back Buffer zu schreiben. Dieses Prinzip ist vergleichbar mit dem Tiefentest des Z-Buffers.

Ein Test besteht immer aus Vergleichsoperatoren und insgesamt vier Werten, wobei jeweils zwei Werte mit einem bitweisen UND verknüpft werden. Die jeweiligen Resultate werden miteinander verglichen, so dass ein boolescher Wert den Ausgang des Tests beschreibt.

## Zusammenfassung

Neben dem eben beschriebenen Spiegeleffekt eröffnet der Stencil Buffer eine Menge Möglichkeiten. Um nur ein Beispiel zu nennen, sei der Begriff Planar Shadows in den Raum geworfen. Hinter dem Begriff verbirgt sich eine Methodik zur Projektion eines Schattens auf glatten Oberflächen. Sofern Sie Interesse für das Thema hegen, dann lohnt sich ein Blick auf die Internetseite *www.shadowstechniques.com,* die eine tiefgründige Erklärung zur Entwicklung von Planar Shadows gibt.

# 6 Szenen-Elemente

Alle Techniken, die Sie bis hierher erlernt haben, sind schön und gut, doch irgendwie fehlt doch das gewisse Etwas, welches den Spieler in die richtige Stimmung bringt. Es fehlen Elemente, welche die Szene „aufpeppen". Ausschließlich gerade, mit Texturen überdeckte Wände, einer kleinen Lichtquelle in der Ecke und einem Spiegel an der Wand machen noch kein Spiel aus. Für einen Ego-Shooter á la Quake (wohlgemerkt im ersten oder zweiten Teil) reichen die bekannten Methoden aus. Vertex- und Index-Informationen definieren die Wände, Mesh-Objekte repräsentieren die Spieler. Doch wie genau realisieren wir eine Landschaft? Wie lässt sich beispielsweise die Sichtweite mit Nebeleffekten einschränken? Zudem ist eine Landschaft nichts ohne einen vernünftigen Himmel.

Sie sehen schon, es gibt noch eine ganze Menge Erklärungsbedarf. Ziel dieses Kapitels ist es, Ihnen zumindest die Grundgedanken und kleinere Techiken zu demonstrieren, mit denen Sie Landschaften und Nebel-Effekte erzeugen können. Ein Großteil der Methodiken beruht nicht vollständig auf dem Funktionsumfang von DirectX, sondern bedient sich diesem „nur". Selbstverständlich werden Sie dennoch neue Techniken kennen lernen, welche Direct3D von Haus aus bietet. Einen Vorgeschmack auf die Themen dieses Kapitels sehen Sie in Abbildung 6.1.

**Abbildung 6.1:** Eine weitläufige Landschaft mit eingeschränkter Sicht durch Nebelbänke

## 6.1 Terrain Rendering

Sog. Outdoor-Spiele gehören mit unter zu den größten Herausforderungen, denen Sie in der Spieleentwicklung begegnen können. Landschaften sollen möglichst endlos erscheinen und doch viele Details wie Täler, Bergspitzen und Abgründe beinhalten. Zudem gehört die Landschaft als solche nicht zu den einzigen Objekten des Spiels. Etwa Soldaten und Panzer laufen bzw. fahren über das Land hinweg, Siedlungen bieten Zuflucht und Bäume sind ideale Deckungsmöglichkeiten. Sicher haben Sie bereits eine Vorstellung wie viele Polygone da auf Sie oder besser noch auf die Hardware zukommen. Neben diversen Detailstufen versuchen unterschiedliche Scene Management-Verfahren die Unmengen von Daten in den Griff zu kriegen, damit nur das nötigste durch die Rendering Pipeline geschickt wird. Nur dann können Sie detailreiche Landschaften, Siedlungen sowie Fahrzeuge und Soldaten darstellen.

Wahrscheinlich würde das Thema Terrain Rendering selbst ganze Bücher füllen. In diesem Abschnitt können Sie folglich nicht viel mehr als einen kleinen Einblick erwarten. Hauptaugenmerk ist die Methodik, auf einfache Art und Weise dreidimensionale Landschaften mit Unterstützung von Direct3D auf den Bildschirm zu bringen.

### 6.1.1 Heightmaps

3D-Artisten würden sich wohl selbst mit den professionellsten Werkzeugen etwas schwer tun, eine nahezu endlose Landschaft manuell zu kreieren. Stattdessen greift man auf sog. Heightmaps zurück. Prinzipiell kann jeder zweidimensionale Array als Heightmap bezeichnet werden, welcher für jedes Element einen Zahlenwert zur Verfügung stellt, aus der eine Höheninformation bezogen werden kann.

```
int[] iHeightmap = { 0, 2, 3, 1,
                     1, 5, 4, 4,
                     1, 2, 2, 3,
                     2, 2, 2, 3 }
```

Der oben zu sehende Array könnte beispielsweise die Höheninformationen für insgesamt 16 Vertices bereitstellen, wobei nicht vorgeschrieben ist, in welcher Einheit die Höheninformationen getätigt werden. Zudem sind Sie in der Lage mit einem Faktor die Höhenwerte zu manipulieren, woraus höhere oder niedrigere Höhenunterschiede resultieren.

Praktikabel ist die manuelle Definition von Höhenwerten keineswegs. Stattdessen geht man einen anderen Weg, der sich demselben Prinzip bedient: Bitmaps werden als Datenquelle herangezogen. Genauer gesagt sind Graustufen-Bitmaps üblich, bei denen 8 Bit pro Pixel verwendet werden. Jeder Pixel definiert den Höhenwert eines Vertex im Bereich von 0 bis 255. Zudem verwendet man ein RAW-Format. RAW-Formate besitzen keinerlei Datei-Header, so dass die Farbwerte vom ersten Byte an vorliegen. Abbildung 6.2 zeigt, wie solch eine Bitmap aussehen kann.

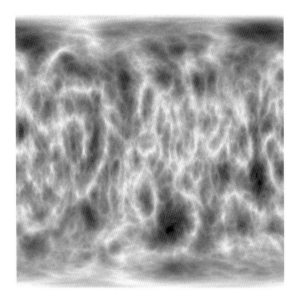

**Abbildung 6.2:** Solch eine Graustufengrafik fungiert als Datenquelle für die Höheninformationen

Als besonders vorteilhaft stellt sich heraus, dass Sie mit jedem üblichen Bildbearbeitungsprogramm eine Heightmap erzeugen können. Ein Algorithmus erzeugt darauf die Geometrie anhand der ausgelesenen Höhenwerte. Sofern jener Algorithmus erst einmal steht, sind Sie in der Lage binnen weniger Minuten neue Landschaften zu kreieren.

Schon eine relativ kleine Bitmap mit 256x256 Pixeln speist Sie mit genügend Informationen, um 65536 Vertices zu erstellen. In der Summe macht das 130050 Dreiecke, die der Computer mindestens 25 Mal in der Sekunde verarbeiten muss. Doch schon mit Kleinem lässt sich Großes erreichen. Werfen Sie einen Blick auf die folgenden Höhenwerte.

```
int[] iHeightmap = { 1, 3, 3, 1,
                     2, 3, 3, 2,
                     2, 3, 3, 2,
                     1, 3, 3, 1 }
```

Mittig trifft man ein und denselben Höhenwert insgesamt achtmal an. Anstatt dass Sie aus den Vertices insgesamt acht Dreiecke bilden, verbinden Sie ausschließlich die obersten Vertices mit dem Untersten, um genau zwei Dreiecke zu generieren. Ohne Informationsverluste wurden sechs Dreiecke eingespart, die nicht von der CPU oder GPU verarbeitet werden müssen.

## 6.1.2 Einlesen von Heightmaps

Prinzipiell verfügen Sie schon über die nötigen Kenntnisse, um eine Heightmap eigenständig einzulesen und daraus die Vertices generieren zu lassen. In der Praxis wird ein Drahtgittermodell aufgespannt, welches ohne Höheninformationen eine einfache Ebene darstellt (siehe Abbildung 6.3). Der Farbwert eines Pixels der Heightmap wird anschließend als Y-Koordinate für einen Vertex verwendet. Optional manipuliert ein Faktor den Wert, um Höhenkontraste zu verstärken oder zu mindern.

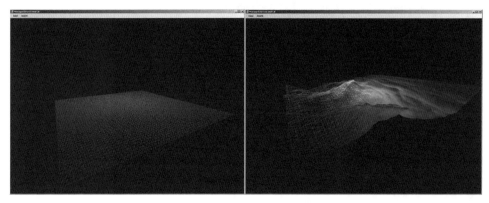

**Abbildung 6.3:** Ein Drahtgitter ohne Höheninformationen (links) und ein Drahtgitter mit Höheninformationen (rechts)

Das Beispielprojekt „Kapitel 06 – Basic Terrain" kapselt die Funktionalitäten der Heightmapgenerierung in einer Klasse namens BasicTerrain. Hierbei gilt es zu beachten, dass das Terrain Brute Force gerendert wird, soll heißen ungeachtet jeglicher Ressourcen wird die CPU bzw. GPU immer mit allen Vertex- und Index-Informationen belastet. In einem späteren Abschnitt wird Ihnen eine Theorie vorgestellt, wie Sie die Anzahl der Polygone reduzieren können. Doch zunächst einmal zum Quellcode.

Als Erstes müssen die Informationen der RAW-Dateien extrahiert und in einem Array vom Typ int hinterlegt werden. Jene Aufgabe bewältigt die folgende Methode.

```
protected virtual int[] ReadStreamData(string sFile)
{
  if (!File.Exists(sFile))
    throw new ArgumentException("Datei existiert nicht", "sFile");

  FileStream oFileStream = null;
  int[] oHeightInformation = null;

  //FileStream erstellen
  oFileStream = new FileStream(sFile, FileMode.Open);

  if (oFileStream != null)
  {
    oHeightInformation = new int[oFileStream.Length];

    //Höheninformationen auslesen
    for (int i = 0; i < oFileStream.Length; i++)
```

```
    oHeightInformation[i] = (int)oFileStream.ReadByte();

  oFileStream.Close();
  oFileStream.Dispose();

  }


  return oHeightInformation;
}
```

Dem Quelltext bedarf es keiner ausgiebigen Erklärung. Zunächst wird ein Stream erstellt und anschließend Byte für Byte ausgelesen und zugleich in den Typ int konvertiert. Beachten Sie, dass es sich um eine 8-Bit RAW-Datei handeln muss, andernfalls stimmen die ausgelesenen Werte nicht mit den Höheninformationen der Heightmap überein.

### 6.1.3 Vertex- und Index-Daten berechnen

Sowohl die Breite als auch die Höhe der Heightmap müssen bekannt sein, damit die Vertex-Koordinaten korrekt berechnet werden können. Da die RAW-Datei keinen Datei-Header besitzt, existieren auch keinerlei Informationen über dessen Ausmaße. Vom Konstruktor der BasicTerrain-Klasse existieren deshalb diverse Überladungen, wobei Sie einigen von denen die Information mitgeben können. Sofern die Breite und Höhe der Heightmap nicht vorliegt, wird die Quadratwurzel aus der gesamten Anzahl der Bytes ermittelt. Dieses Verfahren endet jedoch nur in richtigen Ergebnissen, wenn die Heightmap quadratisch ist.

> **Hinweis**
>
> Es liegt nahe, dass man anhand der RAW-Datei ein Texture-Objekt erzeugt und daraufhin die Surface-Informationen abruft. Doch wie bereits erwähnt verfügt die Datei erstens über keinen Header und zweitens ist die FromFile()-Methode der Texture-Loader-Klasse nicht in der Lage das Format auszulesen. Alternativ können Sie eine Graustufentextur in einem herkömmlichen Format speichern, daraufhin die Texture-Klasse instanziieren und über dessen Surface die Farbinformationen auslesen.

```
this.Width =
  Convert.ToInt32(Math.Sqrt(m_oHeightInformation.Length));
this.Height =
  Convert.ToInt32(Math.Sqrt(m_oHeightInformation.Length));
```

Das Drahtgitter wird wieder zeilenweise aufgebaut. Die Eigenschaften Width und Height geben an, wie viele Vertices in einer Reihe existieren und wie viele Reihen es insgesamt gibt. Die Gesamtzahl der Vertices gleicht der Länge der RAW-Datei in Bytes. Folgender Quellcode generiert die Ortsvektoren und die Texturkoordinaten.

```
int iCounter = 0;

for (int iZ = 0; iZ <= this.Width - 1; iZ++)
  for (int iX = 0; iX <= this.Width - 1; iX++ )
  {
    //Vertex-Koordinaten berechnen
    oVerts[iCounter].X = (iX - this.Width/ 2) * m_iCellSize;
    oVerts[iCounter].Z = (iZ - this.Height/ 2) * m_iCellSize;
    oVerts[iCounter].Y = oHeightInformation[iCounter] *
      m_fHeightFactor;

    //Texturkoordinaten berechnen
    oVerts[iCounter].Tu = (fMaxTexU / this.Width) *
      (iX + this.Width / 2);
    oVerts[iCounter++].Tv = (fMaxTexV / this.Height) *
      (iZ + this.Height / 2);
  }
```

Anschließend folgt die Berechnung der Indizes, die nur für eine Reihe von Polygonen definiert werden. Die Verschiebung des Indexes erfolgt über den `BaseVertex`-Parameter der `DrawIndexedPrimitives()`-Methode des Direct3D-Device.

```
for (int i = 0; i <= iWidth - 2; i++)
{
  iIndices[i * 6]     = iNumSegments + i + 1;
  iIndices[i * 6 + 1] = i;
  iIndices[i * 6 + 2] = i + 1;

  iIndices[i * 6 + 3] = iNumSegments + i + 1;
  iIndices[i * 6 + 4] = i + 1;
  iIndices[i * 6 + 5] = iNumSegments + i + 2;
}
```

Die obigen Berechnungen sind in den Methoden `CreateVertexData()` und `CreateIndexData()` untergebracht.

### 6.1.4 Berechnung der Normalen

Vielleicht ist Ihnen aufgefallen, dass bisher keine Normalen definiert wurden. Normalen sind, zumindest für die Beleuchtung der Geometrie, bekanntlich unabdingbar, weshalb ein geeigneter Algorithmus implementiert werden muss, welcher die Normalvektoren ermittelt.

Als Grundlage zur Berechnung der Normalen werden zwei Richtungsvektoren benötigt, von denen dann das Kreuzprodukt gebildet wird. Das Kreuzprodukt zweier Vektoren ist bekanntlich zu beiden Vektoren orthogonal (der resultierende Vektor ist senkrecht zu beiden Vektoren). Als Richtungsvektoren fungieren nicht etwa die Ortsvektoren an sich, sondern die Differenzwerte jeweils zweier Vektoren. Sie durchlaufen jeden Vertex Zeile für Zeile. Der Ortsvektor des aktuellen Vertex fungiert stets als Subtrahend, wohingegen der benachbarte Ortsvektor derselben Zeile die Rolle des Minuenden einnimmt. Gleichermaßen wird mit dem benachbarten Ortsvektor der nächsten Reihe verfahren. Abbildung 6.4 stellt den Sachverhalt schematisch dar.

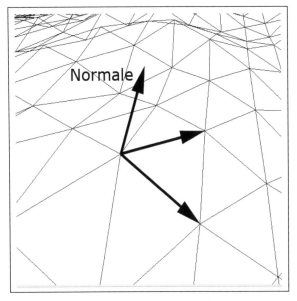

**Abbildung 6.4:** Berechnung der Normalen für ein Terrain

Bei der Umsetzung in Code gilt es eine Besonderheit zu beachten. Sobald der letzte Vertex einer Reihe bzw. die letzte Reihe erreicht ist, müssen die Ortsvektoren der vorherigen Vertices hinzugezogen werden. Zudem ist nicht sichergestellt, dass alle Normalen in Richtung der positiven Y-Achse zeigen. Letzteres erreichen Sie, indem Sie aus dem resultierenden Normalvektor einen neuen Vektor erzeugen, wobei für die Y-Komponente stets der absolute Betrag errechnet wird.

Wie folgt könnte der Quelltext aussehen, welcher die eben beschriebene Theorie realisiert.

```
protected void CalculateNormals(
  CustomVertex.PositionNormalTextured[] oVerts)
{
  if (oVerts == null || oVerts.Length == 0)
    throw new ArgumentNullException("Geometry required");

  Vector3 oFirstCrossVector;
```

```
Vector3 oSecondCrossVector;

for (int i = 0; i <= oVerts.Length - 1; i++)
{
  if (i == oVerts.Length - 1)
    oFirstCrossVector = oVerts[i - 1].Position -
      oVerts[i].Position;
  else
    oFirstCrossVector = oVerts[i + 1].Position -
      oVerts[i].Position;

  if (i > oVerts.Length - this.Width - 1)
    oSecondCrossVector = oVerts[i - this.Width].Position -
      oVerts[i].Position;
  else
    oSecondCrossVector = oVerts[i + this.Width].Position -
      oVerts[i].Position;

  oVerts[i].Normal =
    Vector3.Normalize(Vector3.Cross(oFirstCrossVector,
    oSecondCrossVector));
  oVerts[i].Normal = new Vector3(oVerts[i].Normal.X,
    Math.Abs(oVerts[i].Normal.Y), oVerts[i].Normal.Z);
}
}
```

### 6.1.5 Die Theorie der Quadtrees

Selbst bei einer relativ kleinen Heightmap von 256x256 Pixel kommen immerhin 65536 Vertices zusammen. Anders ausgedrückt können damit insgesamt 130.050 Dreiecke umgesetzt werden. Dennoch handelt es sich um ein relativ kleines Terrain. Manche 3D-Spiele stellen eine viel weitläufigere Landschaft dar, auf der man quasi unendlich lang „rumspazieren" kann. Da ist es mehr als selbstverständlich, dass der Brute Force-Ansatz im praktischen Einsatz Fehl am Platz ist. Es gilt eine Lösung zu finden, wie von vornherein große Teile des Gebietes vom Renderprozess ausgeschlossen werden können. Weiterhin spielt auch die Kollisionskontrolle eine wichtige Rolle. Stellen Sie sich vor, Sie würden für jeden Teil der Landschaft eine Kollisionskontrolle durchführen. Die in Anspruch genommene Rechenzeit würde ins bodenlose sinken.

Genau diesem Problem nehmen sich die Quadtrees an, welche Sie nun zumindest in der Theorie kennen lernen werden. Es sei vorweg gesagt, dass sich die Quadtrees ausschließlich für zweidimensionale Probleme anwenden lassen. Dennoch ist es insbesondere fürs Terrain-Rendering sehr effektiv, da die Höhe der Landschaft unbedeutend ist.

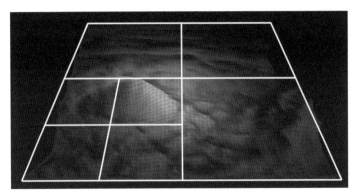

**Abbildung 6.5:** Unterteilung des Levels in gleich große Viertel in einem Quadtree

Grundidee des Quadtree ist eine Baumstruktur, in der die Level-Daten hinterlegt bzw. vermerkt werden. Die Wurzel der Struktur umfasst den gesamten Level, sprich das gesamte Terrain mit allen darauf befindlichen Objekten. Anschließend wird das Level solang geviertelt, bis nur noch ein Objekt oder der Teil eines Objekts in einem Knoten vorliegt. Die aktuelle Position des Spielers wird in den jeweils aktuellen Knoten verschoben. Doch wie genau lässt sich damit der Renderprozess beschleunigen? Normalerweise würde für jedes Objekt geprüft werden, ob dieses im Viewing Frustrum liegt. Ist das nicht der Fall, so brauch das Objekt nicht gezeichnet werden. Möchte man evaluieren, ob ein Modell im Viewing Frustrum liegt, dann wird die Hierarchie von oben nach unten durchlaufen und die Positionsdaten der Knoten gegen das Viewing Frustrum getestet. Sofern ein Knoten nicht im Viewing Frustrum liegt, können Sie gleichzeitig alle untergeordneten Knoten und die darin verzeichneten Objekte außer Acht lassen.

In der Literatur tauchen häufig drei Begriffe in Zusammenhang mit einem Quadtree auf:

- Root-Node
  Entspricht der Wurzel, die das gesamte Level umfasst und keinen Parent besitzt.

- Node
  Ein Knoten hat immer vier, gleichgroße untergeordneten Elemente. Solch ein Element entspricht entweder einem Node oder einem Leaf.

- Leaf
  Als Leaf wird ein Knoten ohne „Kinder" bezeichnet, d.h. ohne untergeordnete Elemente. In einem Leaf kommt optimalerweise immer nur die Geometrie eines Objekts vor bzw. ein Teil des Objekts.

Viel effizienter erweisen sich die Quadtrees bei der Kollisionskontrolle. Denn wenn Sie die Baumstruktur durchlaufen bis Sie das Leaf erreicht haben in dem sich der Spieler momentan befindet, dann muss lediglich eine detaillierte Kollisionskontrolle durchgeführt werden.

## 6.1.6 Zwischenbilanz

Das Terrain-Rendering gehört mit zu den anspruchsvollsten Aufgaben in der 3D-Programmierung. Insbesondere dann, wenn Terrains mit In-Door-Szenen verknüpft werden müssen, wird es schwierig eine effiziente Engine zu schreiben. Es existieren einige interessante Ansätze, wie optisch anspruchsvolle Terrains relativ zügig gerendert werden können. Falls Sie tiefer in die Materie eindringen möchten, dann lohnt ein Blick auf die Internetseite *http://www.vterrain.org/LOD/Papers/*. Dort sind viele Algorithmen beschrieben mit denen sich das Terrain-Rendering optimieren lässt. Gute Kenntnisse der Mathematik und der Sprache Englisch sind Voraussetzung, um die dort beschriebenen Erkenntnisse zu verstehen.

## 6.2 Nebel-Effekte

Nebel-Effekte verleihen einem Spiel ein ganz besonderes Flair. Je nachdem welches Genre Sie bedienen möchten ist Nebel teilweise unabdinglich. DirectX, genauer gesagt Direct3D, ermöglicht auf ganz einfache Weise solche Effekte einzufügen. Das ist die gute Nachricht. Die schlechte Nachricht ist, dass Direct3D nicht alle möglichen Arten von Nebel von Haus aus bietet. Etwa der sehr eindrucksvolle Bodennebel ist nicht ohne weiteres möglich. Unterstützung finden Nebelwände, die mit unterschiedlicher Intensität glänzen. Als sehr nützlich erweisen sich Nebelwände insbesondere zur Begrenzung der Sichtweite. Im vorherigen Abschnitt haben Sie gelernt, wie einfache Landschaften mittels einer Heightmap realisiert werden können. Normalerweise ist das Terrain sehr weitläufig, und liegt nicht komplett im Viewing Frustrum. Denn umso größer das Viewing Frustrum, desto mehr Polygone müssen texturiert und beleuchtet werden. Setzt sich der Spieler in Bewegung, so können Objekte plötzlich auftauchen, da sie nun dicht genug am Betrachter sind. Selbstverständlich ist das kein erwünschter Effekt. Abhilfe schafft das sog. Fog Blending. Durch den Nebel wird das Objekt langsamer sichtbar, da der Nebel nicht von einem Meter auf den anderen verschwindet. Dadurch wirkt die Szene viel realistischer.

### 6.2.1 Linearer Nebel

Generell sind die Erscheinungsbilder aller Nebelarten in Direct3D dieselben. Unterschieden werden die Arten anhand derer Formeln, die zur Berechnung der Nebelstärke herangezogen werden. Folglich sind Objekte in derselben Entfernung bei einem linearen Nebel besser zu erkennen, als bei einem Nebel der sich exponential ausbreitet. Der Formel aus Abbildung 6.6 bedient sich Direct3D zur Berechnung der Nebelstärke.

Sowohl End als auch Start sind Konstanten, welche die Entfernung angeben, in der die Intensität des Nebels am größten bzw. am kleinsten ist. Indem von der maximalen Entfernung die Distanz des Objekts subtrahiert wird, ergibt sich der Blendfaktor für den jeweiligen Pixel. Abbildung 6.7 zeigt den linearen Nebel innerhalb einer einfachen Szene.

$$f = \frac{End - D}{End - Start}$$

**Abbildung 6.6:** Formel zur Berechnung des linearen Nebels

**Abbildung 6.7:** Linearer Nebel

## 6.2.2 Exponentieller Nebel

Neben dem linearen Nebel verfügt Direct3D über die Fähigkeit sowohl einen exponentiell ansteigenden Nebel als auch einen quadratisch exponentiell wachsenden Nebel darzustellen. Beide Varianten besitzen keinen Start- und Endwert, sondern werden durch eine Konstante beeinflusst, der die Dichte beschreibt. Die jeweils zuständigen Formeln sind in Abbildung 6.8 und Abbildung 6.9 ersichtlich.

$$f = \frac{1}{e^d * \text{Density}}$$

**Abbildung 6.8:** Formel zur Berechnung des exponentiell wachsenden Nebels

Es sei zu erwähnen, dass Platzhalter Start, End und Density keine richtigen Konstanten sind, sondern von Ihnen bestimmt werden können. Sie sind jedoch zu Zeiten des Renderprozesses konstant.

$$f = \frac{1}{(e^d * \text{Density})^2}$$

**Abbildung 6.9:** Formel zur Berechnung des quadratisch exponentiell wachsenden Nebels

## 6.2.3 Fog Blending aktivieren

Aktivieren lässt sich das Fog Blending über die Render States eines Direct3D-Devices, indem Sie der Eigenschaft `FogEnable` den Wert `true` zuweisen. Standardmäßig wird die Szene einheitlich in schwarz zu sehen sein. Grund ist der, dass Sie Direct3D noch nicht mitgeteilt haben, wie die Intensität des Nebels berechnet werden soll. Die `FogVertexMode`-Eigenschaft verrät Direct3D die aktuelle Einstellung. Entgegengenommen werden alle Konstanten der `FogMode`-Enumeration.

- FogMode.Linear
- FogMode.Exp
- FogMode.Exp2

Für alle anderen Werte stehen die Eigenschaften `Start`, `End`, `Density` und `FogColor` zur Verfügung. Während die ersten drei Eigenschaften allesamt vom Typ `float` sind, erwartet die letztere Eigenschaft eine `Color`-Struktur. Alternativ können Sie den Farbwert als Integer der `FogColorValue`-Eigenschaft zuweisen.

```
this.RenderDevice.RenderState.FogEnable = true;
this.RenderDevice.RenderState.FogDensity = 0.005f;
this.RenderDevice.RenderState.FogStart = 100.0f;
this.RenderDevice.RenderState.FogEnd = 500.0f;
this.RenderDevice.RenderState.FogVertexMode = FogMode.Exp;
this.RenderDevice.RenderState.FogColor =
  Color.FromArgb(50, 50, 50);
```

## 6.2.4 Vertex Fog vs. Pixel Fog

Sobald der Eigenschaft ein anderer Wert als FogMode.None zugewiesen wird, aktiviert Direct3D das Fog Blending, wobei der berechnete Wert auf die Vertices angewendet wird. Infolge dessen müssen die Farbwerte aller Pixel innerhalb des Polygons interpoliert werden. Interpolationen sind immer mit einer Ungenauigkeit verbunden, wodurch teils unsaubere Kanten entstehen oder aber ein ganzes Polygon vom Nebel betroffen ist, obwohl nur eine kleine Ecke innerhalb des Nebels residiert.

Mit etwas mehr Rechenzyklen lassen sich bessere Ergebnisse mit dem Pixel Fog erzielen, bei dem eine der obigen Formeln für jeden Pixel neu zu Rate gezogen wird. Häufig bezeichnet man den Pixel Fog auch als Table Fog. Hintergrund ist der, dass moderne Grafikkarten über eine „Nebeltabelle" verfügen, in denen für diverse Entfernungen die entsprechenden Nebelwerte abgespeichert sind.

Aufgrund der Hardwareimplementierung sind unter Umständen Differenzen in den optischen Ergebnissen zu sehen. Ältere Grafikkarten können sogar gar keine Unterstützung für Pixel Fog bieten, weshalb es dies vorher zu prüfen gilt (siehe Abschnitt Hardwarefähigkeiten prüfen).

## 6.2.5 Range Fog

Stets gilt es in der 3D-Programmierung einen Kompromiss zwischen Optik und Geschwindigkeit zu finden. Zu Gunsten der Geschwindigkeit nimmt Direct3D deshalb einen Fehler in der Berechnung der Nebelintensität in Kauf. Genauer gesagt in der Berechnung der Distanz zwischen einem Objekt und der Kamera. Man könnte meinen, dass die Z-Komponente als eindeutiger Indikator für die Entfernung eines Objekts darstellen könnte. Soll heißen, alle Objekte mit derselben Z-Koordinate müssen vom Nebel gleicher Intensität bedeckt sein. Falsch!

Angenommen der Spieler steht senkrecht vor einem langen Güterzug. Alle Wagons besitzen dieselbe Z-Koordinate. Würden Sie nun sowohl die Zugmaschine als auch den letzten Wagon gleichermaßen sehen? Nein, denn die Distanz ist trotz derselben Y-Koordinate eine andere (siehe Abbildung 6.10). Diese Feineinheit beachtet Direct3D nicht, zumindest nicht, wenn Sie es nicht explizit wünschen (wobei die Unterstützung durch die Hardware als Voraussetzung gilt).

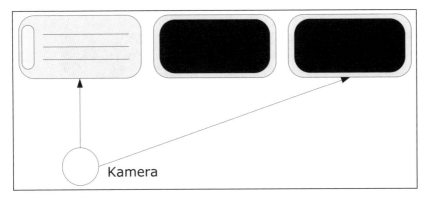

**Abbildung 6.10:** Trotz gleicher Z-Koordinate sind die Distanzen unterschiedlich

Dank der Eigenschaft booleschen `RangeFogEnable` (die ebenfalls in den Render States platziert ist) lässt sich dieser Fehler beheben.

```
this.RenderDevice.RenderState.RangeFogEnable = true;
```

## 6.2.6 Hardwarefähigkeiten prüfen

Die Ihnen bekannte `Caps`-Struktur bietet eine `RasterCaps`-Struktur über dessen gleichnamige Eigenschaft. Diese wiederum bietet die folgenden drei Eigenschaften, mit denen Sie prüfen können, ob die Grafikkarte Vertex Fog und/ oder Pixel Fog beherrscht und ob die korrekte Distanz zur Kamera berechnet werden kann (Stichwort Range Fog).

- Caps.RasterCaps.SupportsFogVertex
- Caps.RasterCaps.SupportsFogTable
- Caps.RasterCaps.SupportsFogRange

## 6.3 Billboards

In den letzten Jahren ist es den Herstellern gelungen Quantensprünge in der Rechenleistung zu vollbringen. Leider ist die Hardware dennoch nicht in der Lage, jedes erdenkliche Objekt in einer virtuellen Welt als 3D-Modell zu rendern. Angenommen Sie möchten einen Wald darstellen, dann würden wohl etliche Millionen Polygone zusammen kommen, wenn jedes Blatt eines Baumes als 3D-Modell vorliegen würde. Dazu kommt das riesige Terrain und schon sind die Kapazitäten mehr als erschöpft.

Andererseits ist es beispielsweise unnötig aufwändig, eine Flamme als 3D-Modell zu realisieren, um dem Spieler eine realistische Bewegung vorzutäuschen. Diese Gründe brachten die Entwickler dazu, nach Alternativen zu suchen. Heraus kamen die sog. Billboards. Ein Billboard besteht in der Regel aus zwei Polygonen, die zusammen ein Rechteck bilden. Auf jenes Rechteck wird anschließend eine Textur gemappt. Jetzt besteht natürlich ein Problem: Bewegt sich der Spieler um das Objekt herum, so fliegt der Schwindel auf. Damit es gar nicht erst soweit kommt, dreht man das Billboard permanent in Richtung Kamera.

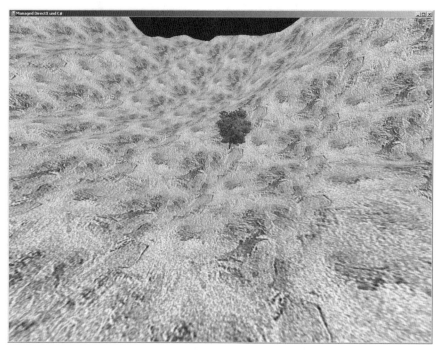

**Abbildung 6.11:** Der Baum in der Landschaft dreht sich stets zur Kamera

In den ersten dreidimensionalen Ego-Shootern (zum Beispiel Doom) wurden auf diese Weise alle Gegner dargestellt, da die Hardware noch nicht in der Lage war, selbst die Charaktere in Polygonform zu verarbeiten. Etwas später fanden dann auch die Entwickler diverser Autorallye-Spiele gefallen an der Technik, da sie ideal zur Darstellung der Bäume am Straßenrand war. Meist bleibt heutzutage genügend Performance über, damit zumindest der Stamm und die großen Äste der Bäume als 3D-Modell eingefügt werden können. Doch den Feinschliff übernehmen wiederum die Billboards, die sich um die Darstellung der Blätter kümmern. Wie Sie sehen, kommt dem Billboarding selbst bei der recht modernen Technik noch eine große Bedeutung zu.

Gegenüber einem Sprite besitzen die Billboards besonders den Vorteil, dass sie wie gewohnt innerhalb der virtuellen Welt platziert werden können. Folglich skaliert Direct3D das Objekt entsprechend der Projektion. Zudem beeinflussen Lichtquellen das Erscheinungsbild des Billboards.

> **Tipp**
>
> Sofern Sie Texturen für Bäume benötigen, dann werden Sie im DirectX SDK fündig. Genauer gesagt im Unterordner \Samples\Media\trees des Installationsverzeichnisses.

## 6.3.1 Voraussetzungen

Leider kann die DirectX-Klassenbibliothek nicht mit einer entsprechenden Klasse dienen. Es obliegt nun Ihnen eine geeignete Klasse dafür zu schreiben. Analysieren wir kurz, welche Aufgaben die Klasse erfüllen soll.

- Zwei Dreiecke müssen ein Rechteck bilden.
- Das Rechteck muss mit einer Textur überdeckt werden können.
- Bestimmte Farbwerte einer Textur sollen vollständig transparent sein (Stichwort: ColorKey).
- Die restlichen Farbwerte sollen, wenn nötig, eine leichte Transparenz aufweisen können.
- Last but not least die Rotation zur Kamera, wodurch sich ein Billboard auszeichnet.

Um die Vertex-Daten kümmert sich die CreateVertexData()-Methode, welche vom Konstruktor aufgerufen wird. Einer Erklärung bedarf es nicht mehr. Eine kleine Änderung hat sich beim Laden der Textur ergeben, denn die Verwendung eines Farbschlüssels (Color Key) ist nur mit einer anderen Überladung der TextureLoader.FromFile()-Methode möglich. Aus gegebenem Anlass wurde die TextureCache-Klasse deswegen um eine Überladung der GetTexture()-Methode erweitert.

```
public static Texture GetTexture(Device oDevice, string sPath,
  Color oColorKey)
{
  Texture oTexture;

  if (!m_oTextures.TryGetValue(sPath, out oTexture))
    if (File.Exists(sPath))
    {
      oTexture = TextureLoader.FromFile(oDevice, sPath, 0, 0, 0,
        Usage.None, 0, Pool.Managed, Filter.None,
        Filter.None, oColorKey.ToArgb());
```

```
        m_oTextures.Add(sPath, oTexture);
    }
    else
        throw new FileNotFoundException(string.Format("Path: {0}",
            sPath));

    return oTexture;
}
```

Prinzipiell hat sich mit Ausnahme des Methodenaufrufs FromFile() nichts geändert. Erwartet werden von der alternativen FromFile()-Überladung zum einen das Device-Objekt sowie der Pfad der Textur. Die Parameter drei bis fünf legen die Breite, die Höhe und die Anzahl der Mip Map-Levels fest. Sofern Sie den Wert 0 als Argument übergeben, greift Direct3D automatisch auf die originalen Ausmaße zurück und erzeugt alle Mip Map-Levels. Dasselbige gilt für den siebenten Parameter, der das Pixelformat bestimmt. Interessant ist der letzte Parameter vom Typ int. Alle Pixel, dessen Farbwerte dem hier übergebenen Farbwert gleichen, erscheinen zur Laufzeit vollständig transparent.

### 6.3.2 Rendern des Billboards

Im ersten Schritt wird Alpha Testing für den Renderprozess aktiviert, sofern die Eigenschaft UseColorKey den Wert true liefert. Gefordert wird, dass der Alphawert größer oder gleich dem Referenzwert sein muss. Der Referenzwert kann vom Klassenanwender über die Eigenschaft AlphaReference beeinflusst werden. Daraus resultiert der folgende Quelltext.

```
if (this.UseColorKey)
{
    this.RenderDevice.RenderState.AlphaTestEnable = true;
    this.RenderDevice.RenderState.ReferenceAlpha =
        this.AlphaReference;
    this.RenderDevice.RenderState.AlphaFunction =
        Compare.GreaterEqual;
}
```

Im zweiten Schritt aktivieren wir Alpha Blending, wodurch eine allgemeine, weiche Transparenz möglich wird. Die Konfiguration lautet folgendermaßen (eine detaillierte Erklärung des Alpha Blending-Verfahrens finden Sie in Kapitel 3).

```
this.RenderDevice.RenderState.AlphaBlendEnable = true;
this.RenderDevice.RenderState.SourceBlend = Blend.BlendFactor;
this.RenderDevice.RenderState.DestinationBlend =
    Blend.InvBlendFactor;
this.RenderDevice.RenderState.BlendFactor = m_oBlendFactor;
```

Der dritte und letzte Schritt bringt die Polygone auf den Bildschirm und deaktiviert sowohl Alpha Blending als auch Alpha Testing.

```
this.RenderDevice.SetStreamSource(0, m_oVertexBuffer, 0);
this.RenderDevice.VertexFormat =
  CustomVertex.PositionNormalTextured.Format;
this.RenderDevice.Material = this.Material;
this.RenderDevice.SetTexture(0, m_oTexture);

this.RenderDevice.DrawPrimitives(PrimitiveType.TriangleList,
  0, 2);

this.RenderDevice.RenderState.AlphaBlendEnable = false;
this.RenderDevice.RenderState.AlphaTestEnable = false;
```

### 6.3.3 Billboard ausrichten

Bis hierher war alles relativ einfach und bekannt. Nun wird der Fokus auf den Schwerpunkt dieser Klasse gerichtet: Die Rotation des Rechtecks, so dass dieses immer in Richtung Kamera zeigt.

Vorab sei gesagt, dass die folgende Implementierung lediglich das sog. Cylindrical Billboarding bedient. Soll heißen, eine Rotation um die X-Achse findet keine Berücksichtigung. Sobald die Kamera genau von oben auf das Billboard schaut, fliegt der Zauber auf. Für dieses Beispielprogramm ist das keinesfalls ein Manko. Würde etwa der vollständige Stamm eines Baumes aus der Luft erkennbar sein, würden Sie sicherlich auch stutzig werden, dass irgendetwas nicht stimmt.

Benötigt werden ein Winkel und eine Achse. Letzteres definiert, auf welche Art und Weise die Rotation auf das Objekt wirkt. Sowohl der Winkel als auch der Vektor zur Definition einer Achse müssen zur Laufzeit berechnet werden. Bekannt sind ausschließlich ein Richtungsvektor, d.h. ein Vektor der Auskunft darüber gibt, wohin das Billboard standardmäßig zeigt, und die Ortsvektoren der Kamera und des Billboards. Letztere liegen bereits in Weltkoordinaten vor!

Als Erstes wird ein Vektor berechnet, der vom Billboard in Richtung Kamera zeigt. Dazu subtrahiert man vom Positionsvektor der Kamera den Positionsvektor des Billboards. Abbildung 6.12 zeigt die geometrische Interpretation des daraus resultierenden Vektors. Damit der Winkel für die vertikale Rotation korrekt berechnet werden kann, muss die Y-Koordinate außen vor gelassen werden, weshalb jener Komponente der Wert 0 zugewiesen wird. Anschließend normalisiert man den Vektor (zur Erinnerung: Normalisierte Vektoren sind dadurch charakterisiert, dass dessen Länge 1 entspricht). Der Richtungsvektor ist bereits ein Einheitsvektor und ist während der gesamten Laufzeit konstant: [0, 0, -1].

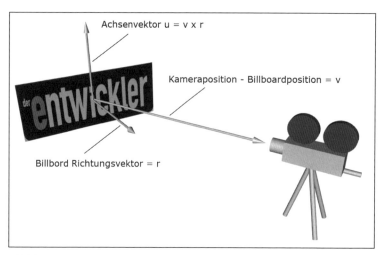

**Abbildung 6.12:** Berechnung des Rotationswinkels anhand zweier Richtungsvektoren

Nachdem die Vektoren feststehen, wird mittels der Gleichung aus Abbildung 6.13 der Winkel berechnet.

$$\sphericalangle(a, b) = \mathrm{acos}\left( \frac{x_1 * x_2 + y_1 * y_2 + z_1 * z_2}{|a| * |b|} \right)$$

**Abbildung 6.13:** Berechnung des, durch zwei Vektoren aufgespannten, Winkels

Laut Abbildung 6.13 wird zunächst das Skalarprodukt durch das Produkt der Vektorlängen dividiert. Fällt Ihnen etwas auf? Richtig, diese Division ist unnötig, da sowohl der Richtungsvektor des Billboards als auch der Verschiebungsvektor zwischen Billboard und Kamera zum jetzigen Zeitpunkt als Einheitsvektoren vorliegen. Sprich, dessen Länge entspricht immer 1. Folglich genügt die Ermittlung des Skalarprodukts, dessen Ergebnis der Umkehrfunktion des Kosinus übergeben wird.

Jetzt sind wir fast soweit, dass das Objekt rotiert werden kann. Lediglich ein Vektor fehlt. Die Rede ist vom Achsenvektor. Man könnte annehmen dass der Vektor immer nach oben zeigen muss und der Y-Achse entspricht. Leider ist das nur die halbe Wahrheit, denn die obige Winkelberechnung gibt keine negativen Winkelangaben zurück, weshalb das Billboard immer in ein und dieselbe Richtung gedreht wird. Damit die Rotation dennoch korrekt ist, bildet man das Kreuzprodukt aus den zwei Richtungsvektoren. Das Kreuzprodukt ist orthogonal zu beiden Vektoren und zeigt entweder nach oben oder nach unten, wodurch die Rotationsrichtung korrigiert wird. Fertig ist das Billboard! Nach dieser langen Theorie soll Ihnen selbstverständlich der dazugehörige Quelltext nicht vorenthalten werden. Deshalb, unten zu sehen, die Thematik in Entwicklersprache:

```
protected virtual Matrix RotateBillboard(Vector3 oPosition,
  Vector3 oCameraPosition)
{
  Matrix oTranslationMatrix = Matrix.Translation(oPosition);

  Vector3 oCameraToBillboard;
  oCameraToBillboard = oCameraPosition - oPosition;
  oCameraToBillboard.Y = 0;
  oCameraToBillboard.Normalize();

  //Winkel berechnen
  float fAngle =
    (float)Math.Acos((double)Vector3.Dot(m_oDirection,
    oCameraToBillboard));

  //Achsenvektor ermitteln
  Vector3 oUpVector = Vector3.Cross(m_oDirection,
    oCameraToBillboard);

  return Matrix.Multiply(Matrix.RotationAxis(oUpVector, fAngle),
    oTranslationMatrix);
}
```

## 6.4 Sky Box und Sky Sphäre

Woran denken Sie zuerst, wenn von einem Außenszenario die Rede ist? Richtig, von weitläufigen Landschaften, Bäumen und vor allem von einem Himmel. Letzteres Element wird in der Regel entweder mit einer Sky Box oder eine Sky Sphäre realisiert. Wie der Name vermuten lässt, steckt hinter einer Sky Box ein Quader, welcher den gesamten Level umspannt (oder zumindest den sichtbaren Teil). Mittels mehreren, zueinander passenden Texturen wird dann der Eindruck erzeugt, als gäbe es einen Himmel.

Es ist ratsam den Level so zu konstruieren, dass der Spieler nicht in der Lage ist direkt an den Rand der Sky Box zu gehen. Viele Levels grenzen den „Rand der Erde" durch unüberwindbare Felsen ab.

Weniger geeignet ist eine Sky Box für Weltraumsimulationen. An dieser Stelle kommt dann die Sky Sphäre ins Spiel. Vom Prinzip ist eine Sky Sphäre dasselbe wie eine Sky Box, nur eben mit dem Unterschied, dass statt auf den Quader, auf eine Kugel zurückgegriffen wird.

**Abbildung 6.14:** Darstellung des Himmels und des Horizonts mit einer Sky Box

In einiger Literatur spricht man auch von einem Sky Dome, welcher eine Halbkugel zur Darstellung des Himmels nutzt. Aufgrund des fehlenden Unterteils ist ein Sky Dome nicht für Weltraumszenarien geeignet.

## 6.5 Linsenreflektionen (Lens Flares)

Trifft direktes Licht auf eine Linse, so entstehen sichtbare Reflektionen, die im Fachjargon als Lens Flares bezeichnet werden. Lens Flares sind ein gutes Beispiel für den Einsatz von Billboards und kommen am besten zur Geltung, wenn sie mit einer Sky Box bzw. einer Sky Sphäre kombiniert werden. So schön der Effekt im ersten Moment erscheinen mag, gehen Sie sparsam damit um. Zu viele Linsenreflektionen führen dazu, dass die Szene überladen wirkt. Ziehen Sie Lens Flares nur für große Lichtquellen, wie etwa die Sonne in einem Outdoor-Szenarium in Betracht.

### 6.5.1 Elemente

Ein Lens Flare-Effekt setzt sich aus unterschiedlichen Elementen zusammen, wobei die Formen frei wählbar sind. Es gibt kein allgemeines Erfolgsrezept. Hier ist Kreativität und ein Auge für das Gesamterscheinungsbild gefragt. Für das Beispielprojekt fiel die Wahl auf die Elemente aus Abbildung 6.15.

# Linsenreflektionen (Lens Flares)

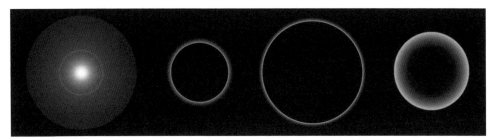

**Abbildung 6.15:** Elemente eines Lens Flare-Effekts

## 6.5.2 Theorie

Bevor es zur Praxis übergeht, ist wieder einmal etwas Theorie angesagt, damit Sie verstehen, auf welche Art und Weise ein Lens Flare berechnet wird.

Ausgehend von der Lichtquelle wird ein Richtungsvektor ermittelt, der zum Ursprung (Origo) des Koordinatensystems führt, indem vom Ortsvektor einer Lichtquelle die Koordinaten des Ursprungs subtrahiert werden. Alle Billboards werden auf diesem „Strahl" platziert. Abbildung 6.16 veranschaulicht die Thematik. Selbstverständlich ist die Wirkung der Lens Flares immer von der jeweiligen Szene abhängig. Zwar geht der Strahl in der Regel durch den Ursprung, wenn es aber der Szene dient, können Sie eine beliebige Position wählen.

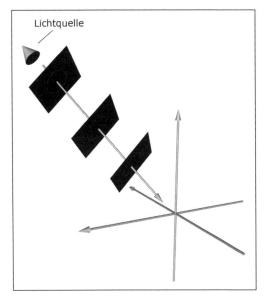

**Abbildung 6.16:** Ein Richtungsvektor von der Lichtquelle zum Ursprung sorgt für die korrekte Positionierung der Lens Flare-Elemente

Nachdem der Richtungsvektor ermittelt wurde, speichern wir die Länge des Vektors ab und normalisieren im Anschluss daran den Vektor. Die Länge ist insbesondere für die Positionierung der einzelnen Elemente von Bedeutung. Tabelle 6.1 zeigt eine mögliche Aufstellung der Lens Flare-Objekte.

| Element | Position | Skalierung |
| --- | --- | --- |
| Linsenreflektion | Length | 4.0f |
| Glow | Length / 2 | 0.5f |
| Circle | Length / 3 | 0.25f |
| Glow | Length / 8 | 1.0f |
| Halo | Length / -2 | 0.5f |
| Glow | Length / -4 | 0.25f |
| Halo | Length / -5.5 | 0.25f |

**Tabelle 6.1:** Vorschlagswerte für die Positionierung der Lens Flare-Objekte

Damit ist die Theorie auch schon fast abgeschlossen. Zwei Kleinigkeiten fehlen noch. Zum einen darf der Lens Flare-Effekt nur dann angezeigt werden, wenn die Lichtquelle im Blickfeld der Kamera liegt und zum anderen nimmt die Intensität der Lens Flares zu bis schließlich die Kamera senkrecht zur Lichtquelle steht. Doch dazu später mehr, wenn es an die konkrete Implementierung dieser Feinheiten geht.

### 6.5.3 Die LensFlare-Klasse

Das Beispielprojekt „Kapitel 06 – Lens Flares" speichert die charakteristischen Merkmale eines einzelnen Objekts in einer LensFlare-Klasse. Zu den Klassenmitgliedern zählen fünf Eigenschaften und zwei Methoden (siehe Tabelle 6.2).

| Eigenschaft | Beschreibung |
| --- | --- |
| BlendFactor | Wie bereits erwähnt, muss die Intensität der Lens Flares bei abnehmenden Winkel gegen 0 gehen. Der Blend Factor gibt somit die Transparenz für ein Element an. Weiterhin ist es mittels des Blend Factors möglich, die Farbe der Lens Flares zur Laufzeit zu bestimmen, da die Texturen lediglich in Schwarz-Weiß vorliegen. |
| Position | Jene Eigenschaft bestimmt die Position des Lens Flare-Objekts anhand eines Fließkommawerts, der sich jeweils aus einer Division ergibt (siehe Tabelle 6.1 für beispielhafte Werte). |
| PositionVector | Der Ortsvektor eines Lens Flare-Elements wird schließlich innerhalb dieser Eigenschaft zur Verfügung gestellt. |
| Scale | Damit der Effekt realistisch wirkt, müssen die Elemente unterschiedlicher Größe sein. Werte innerhalb der Scale-Eigenschaft beeinflussen die Ausmaße eines Lens Flare-Objekts, wobei 1.0f das neutrale Element ist und folglich keine Auswirkung hat. |
| Texture | Speichert den Pfad der Textur, die das entsprechende Lens Flare-Objekt abbildet. |

**Tabelle 6.2:** Eigenschaften der LensFlare-Klasse

### Linsenreflektionen (Lens Flares)

Zu guter Letzt seien die zwei Methoden SetPosition() und GetBlendFactor() erwähnt. Letztere Methode dient dazu, den angegebenen Blend Factor und folglich dessen Farbkomponenten einheitlich zu reduzieren. Dies geschieht mittels eines Faktors zwischen 0.0f und 1.0f (quasi 0% und 100% Sichtbarkeit).

```
public Color GetBlendFactor(float fPercent)
{
  return Color.FromArgb(0, Convert.ToInt32(fPercent *
    m_oBlendFactor.R),
    Convert.ToInt32(fPercent * m_oBlendFactor.G),
    Convert.ToInt32(fPercent * m_oBlendFactor.B));
}
```

SetPosition() hingegen erwartet ebenso nur ein Argument, welches dem Lens Flares-Richtungsvektor entspricht. Aus dem Produkt zwischen Vektor und reeller Zahl (siehe Tabelle 6.1) wird die Position des Elements ermittelt. Beachten Sie die Prüfung auf einen Einheitsvektor (Länge = 1). Wenn der Richtungsvektor nicht normalisiert ist, dann geht die Rechnung nicht mehr auf, weshalb dies ggf. nachgeholt wird.

```
public void SetPosition(Vector3 oLensFlareVector)
{
  if (oLensFlareVector.Length() > 1)
    oLensFlareVector.Normalize();

  this.PositionVector = Vector3.Multiply(oLensFlareVector,
    this.Position);
}
```

### 6.5.4 Die LensFlares-Klasse

Man beachte den kleinen aber feinen Unterschied des Klassennamens. Wahrscheinlich vermuten Sie schon, dass die LensFlares-Klasse als ausführende Instanz die Vorherrschaft gegenüber allen Lens Flare-Objekten genießt. Stellt sich als Erstes die Frage, welche Aufgaben der Klasse obliegen.

- Berechnung des Richtungsvektors
- Verwaltung der Lens Flare-Elemente
- Darstellung der Elemente als Billboard
- Sichtbarkeitsprüfung
- Elemente sanft ein- und ausblenden, wenn die Kamera weggedreht wird

Der erste Punkt ist schnell abgearbeitet. Folgende Eigenschaft aktualisiert den Richtungsvektor, sobald die Position der Lichtquelle variiert wird.

```csharp
public virtual Vector3 LightSource
{
  get { return m_oLightSource; }
  set
  {
    m_oLightSource = value;
    this.LensFlareVector = m_oLightSource - this.LensFlareOrigin;
  }
}
```

Wird der Richtungsvektor gesetzt hat das zur Folge, dass die Länge automatisch berechnet und gespeichert wird, bevor die Konvertierung in einen Einheitsvektor stattfindet.

```csharp
protected virtual Vector3 LensFlareVector
{
  get { return m_oLensFlareVector; }
  set
  {
    m_oLensFlareVector = value;
    this.Length = -m_oLensFlareVector.Length();
    m_oLensFlareVector.Normalize();
  }
}
```

### Verwaltung der Lens Flare-Objekte

Gerade in Verbindung mit dem .NET Framework 2.0 sind die Generics dazu prädestiniert, die Verwaltung der Lens Flare-Objekte zu übernehmen. Herhalten muss dafür die List<>-Klasse (Namensraum: System.Collections.Generic).

```csharp
private List<LensFlare> m_oLensFlares = new List<LensFlare>();
```

Eine Methode namens AddLensFlare() mit zwei Überladungen fungiert als Schnittstelle nach außen. Doch bevor Sie die Liste um weitere Elemente ergänzen, muss die SetPosition()-Methode bemüht werden, wodurch die Position des Lens Flare-Objekts berechnet wird (siehe Abschnitt 6.5.3).

```csharp
public virtual void AddLensFlare(LensFlare oLensFlare)
{
  oLensFlare.SetPosition(this.LensFlareVector);
  m_oLensFlares.Add(oLensFlare);
}

public virtual void AddLensFlare(params LensFlare[] oLensFlares)
{
```

```
  foreach (LensFlare oLensFlare in oLensFlares)
    oLensFlare.SetPosition(this.LensFlareVector);

  m_oLensFlares.AddRange(oLensFlares);
}
```

## Lens Flares rendern

Alle drei verbleibenden Punkte arbeitet die `Render()`-Methode der `LensFlares`-Klasse ab. Essentiell ist die Darstellung der Elemente als Billboard, so dass sie immer gegen die Richtung der Kamera zeigen. Für solche Zwecke wurde in Abschnitt Billboards eine eigene Klasse entworfen. Es liegt also nahe, sich jener Klasse zu bedienen.

Anstatt für jedes Element eine Instanz der `Billboard`-Klasse zu erzeugen, fungiert ein Objekt als Render-Schnittstelle. Als Konsequenz daraus, werden alle `LensFlare`-Objekte durchlaufen und dessen Eigenschaftswerte an das Billboard weitergereicht. Dies hat gleich zwei Vorteile. Zum einen spart man dadurch Speicher, da lediglich ein Vertex Buffer vorliegt und zum anderen muss die Vertex-Quelle nicht permanent gewechselt werden.

```
public virtual void Render(Vector3 oCameraPosition,
  Vector3 oCameraOrientation)
{
  if (!Camera.Intersect(this.LightSource, 100))
    return;

  //Berechnung des Blend Faktors
  //Render States setzen

  foreach (LensFlare oLensFlare in m_oLensFlares)
  {

    m_oBillboard.BlendFactor =
      oLensFlare.GetBlendFactor(fBlendFactor);

    m_oBillboard.Position = oLensFlare.PositionVector;
    m_oBillboard.Texture = oLensFlare.Texture;
    m_oBillboard.Scale = oLensFlare.Scale;
    m_oBillboard.Render(oCameraPosition);
  }

  //Render States zurücksetzen
}
```

Für die Sichtbarkeitsprüfung wird sich dem sog. Viewing Frustum Culling bedient. Soll heißen, es findet eine Kontrolle statt, ob der entsprechende Punkt im Sichtbereich der Kamera liegt oder nicht. Die Details jener Thematik werden im Abschnitt 6.7 behandelt.

Prinzipiell funktioniert der obige Quelltext so wie er ist, wobei die Lens Flares unter Umständen durch andere Objekte verdeckt sein könnten. Abhilfe schafft die Deaktivierung des Tiefentests durch folgende Zuweisungen. Vergessen Sie nicht, den Z-Buffer wieder zu aktivieren, nachdem die Lens Flares gezeichnet wurden.

```
this.RenderDevice.RenderState.ZBufferEnable = false;
this.RenderDevice.RenderState.ZBufferWriteEnable = false;
```

Als Letztes nehmen wir uns dem weichen Ein- und Ausblenden an. Einen Teil verrichtet, die Ihnen bereits bekannte, die GetBlendFactor()-Methode. Sie erwartet ein Argument vom Typ float zwischen 0.0f und 1.0f, wodurch die Transparenz erhöht bzw. verringert wird. Die Schwierigkeit liegt jetzt darin, das Verhältnis von Lichtquelle und Blickrichtung der Kamera auf den Wertebereich [0, 1] zu projizieren. Ganz instinktiv könnte man den Winkel zwischen Blickrichtung und dem Richtungsvektor von der Kameraposition zur Lichtquelle heranziehen. Doch es geht viel leichter.

Wenn Sie sich an Kapitel 1 zurückerinnern, speziell an den Abschnitt über die Sichtkoordinaten, dann dürfte Ihnen in den Sinn kommen, dass die View-Matrix eine Translation und Rotation bewirkt, so dass die Kamera anschließend immer in Richtung der positiven Z-Achse ausgerichtet ist. Weiterhin besitzen alle X-Komponenten der sichtbaren Objekte einen Wert zwischen -1 und 1, wenn zusätzlich die Projections-Matrix angewandt wurde. Folglich besitzen mittig positionierte Körper die X-Koordinate 0. Schließt man alle Werte kleiner -1 und größer 1 aus, so entspricht der Faktor dem Wert der Differenz, wobei 1 als Minuend fungiert und der absolute Betrag der X-Komponente als Subtrahend. In C# formuliert bedeutet das:

```
Vector3 oTransformedLightSource = Vector3.Empty;
float fBlendFactor = 0.0f;

//Koordinaten der Lichtquelle mit der vereinigten View
//und Projection Matrix transformieren.
oTransformedLightSource =
  Vector3.TransformCoordinate(this.LightSource,
    Camera.CombinedMatrix);

if (oTransformedLightSource.X > 1 ||
  oTransformedLightSource.X < -1)
  return;
else
  fBlendFactor = 1 - Math.Abs(oTransformedLightSource.X);
```

Die obige Rechnung wird einmalig vor dem eigentlichen Render-Prozess ausgeführt und auf alle Lens Flare-Elemente angewandt.

## Partikelsysteme

**Abbildung 6.17:** Lens Flares in Verbindung mit einer Sky Box „peppen" die Landschaft auf

### Alpha Blending

Zum Abschluss ein Hinweis zum Alpha Blending. Mittels der richtigen Alpha Blending-Konfiguration wirken die Texturen erst so, als würden es richtige Linsenreflektionen sein. Sicher gibt es immer mehrere Wege zum Ziel. Für dieses Beispiel fiel die Wahl auf die folgende Einstellung, die der Billboard-Klasse bei dessen Initialisierung mitgeteilt wird.

```
m_oBillboard.SourceBlend = Blend.BlendFactor;
m_oBillboard.DestinationBlend = Blend.One;
```

Es sei nochmals erwähnt, dass die Texturen ausschließlich in Schwarz-Weiß, sprich in Graustufen, gehalten sind. Durch die eben genannte Alpha Blending-Einstellung werden schwarze Pixel vollständig transparent, während Weiß vollständig sichtbar ist. Mittels des Blend Factors wird die allgemeine Transparenz und die Farbe des Lens Flares bestimmt.

## 6.6 Partikelsysteme

Partikel sind so vielfältig einsetzbar, dass sie aus modernen Computerspielen kaum noch wegzudenken sind. Denkt man beispielsweise an Autorennsimulationen, vor allen an dessen Rallye-Versionen, dann käme es sehr unglaubhaft vor, wenn die Autos auf der Schotterpiste keinen Sand und keine Steine aufwirbeln würden. Patronen von Gewehren, Rauchwolken durch brennende Autos, Schnee, der vom Himmel fällt. All das können Sie mit Hilfe des passenden Partikelsystems sehr ansehnlich umsetzen.

In diesem Abschnitt wird Ihnen gelehrt, wie die sog. Point Sprites in Direct3D verwendet werden können, um eigene Partikel-Systeme zu entwickeln. Als demonstratives Beispiel wird ein Partikelsystem zur Rauchentwicklung eines Schornsteins konstruiert, wie in Abbildung 6.18 zu sehen ist[1].

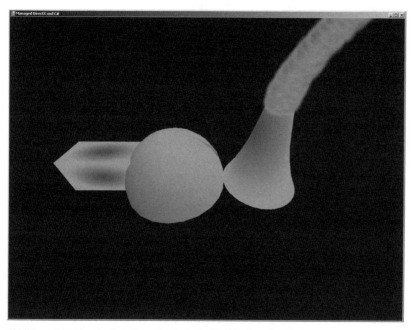

**Abbildung 6.18:** Rauchentwicklung durch ein Partikel-System simuliert

Eine schlechte Nachricht vorweg. Zum großen Teil bleibt die Arbeit an Ihnen hängen, ein geeignetes Partikelsystem umzusetzen. Direct3D unterstützt Sie ausschließlich mit den sog. Point Sprites bei der Darstellung eines Partikels. Einzelne Partikel auf den Monitor zu bringen, stellt keine Hürde dar. Viel schwieriger ist die Koordination von mehreren hundert oder tausend Partikeln.

## 6.6.1 Point Sprites

Wie oft steht man bei der 3D-Programmierung vor dem Dilemma, ob echte 3D-Objekte oder optische Täuschungen durch einfache Texturen zum Einsatz kommen sollen. Leider sehr oft. Doch an dieser Stelle liegt die Antwort klar auf der Hand: Täuschung. Gleich mehrere Gründe sprechen für den Einsatz einfacher Grafiken. Zum einen wird ein Partikel-System in der Regel gleich mehrere hundert von Partikeln darstellen müssen, wodurch ein 3D-Objekt die Anzahl der nötigen Vertices mehr als nur potenzieren würde, und zum anderen ist ein Partikel meist sehr klein. Folglich sind die Details eines 3D-Objekts nicht mehr erkennbar. Einen dritten Pluspunkt für den Einsatz einer Grafik liefert Direct3D quasi frei Haus, gemeint sind die sog. Point Sprites. Ein Point Sprite besitzt lediglich eine Koordinate, also ein Vertex. Gibt man Direct3D eine Textur zur

---

1  Es ist sehr schwer erkennbar, aber es handelt sich bei dem Objekt doch tatsächlich um ein Kraftwerk.

Hand und aktiviert die Point Sprites, so wird an entsprechender Stelle die Textur als Sprite dargestellt.

Jetzt mag die Frage aufkommen, was denn passiert, wenn das Partikel System in großer Entfernung platziert ist, denn die Texturen müssen schließlich in Abhängigkeit der Entfernung skaliert werden. Auch diesem Problem nimmt sich Direct3D, auf Wunsch, automatisch an. Wie Sie sehen, es gleicht in den meisten Fällen fast einer „Dummheit" nicht auf dieses Angebot einzugehen.

### Point Sprites aktivieren

Um die Funktionalität der Point Sprites in Anspruch nehmen zu können, genügt eine Zuweisung des Werts true an die Eigenschaft PointSpriteEnable in den Render States des Direct3D-Device. Direct3D fühlt sich dadurch veranlasst, die gesetzte Textur auf die jeweilige Koordinate zu projizieren.

Als Voraussetzung zur korrekten Darstellung von Entfernung und Ausmaß der Textur müssen Sie der PointScaleEnable-Eigenschaft denselben Wert zuweisen.

```
this.RenderDevice.RenderState.PointSpriteEnable = true;
this.RenderDevice.RenderState.PointScaleEnable = true;
```

### Beeinflussen der Point Sprite-Größe

Gleich von mehreren Faktoren hängt die letztendliche Größe eines Partikels ab. Für die grundlegenden Einstellungen verfügt der Device in den Render States über folgende Eigenschaften.

- PointSize
  Bestimmt je nach aktivierter oder deaktivierter Skalierung die absolute oder relative Größe des Point Sprites. Sofern PointScaleEnable auf true gesetzt wurde, dann fließt der Wert dieser Eigenschaft in eine Berechnung ein. Andernfalls ist er ausschlaggebend für die letztendliche Größe.

- PointSizeMin
  Definiert die minimale Größe des Point Sprites. Weisen Sie dieser Eigenschaft einen Wert ungleich von Null zu, wenn auch in großer Distanz der Rauch beispielsweise sichtbar sein soll.

- PointSizeMax
  Entspricht dem Pendant zu PointSizeMin. Durch diese Eigenschaft wird verhindert, dass ein Point Sprite zu groß dargestellt wird, wenn die Kamera sehr nahe gelegen ist.

Ist die Skalierung der Point Sprites aktiviert, bedient sich Direct3D der Formel aus Abbildung 6.19. Die Konstanten A, B und C entsprechen den Eigenschaften PointScaleA, PointScaleB und PointScaleC. D symbolisiert die Distanz des Point Sprites zur Kamera.

$$\text{Size} = \text{Viewport.Height} * \text{PointSize} * \sqrt{\frac{1}{A + BD + CD^2}}$$

**Abbildung 6.19:** Berechnung der Point Sprite-Größe im Verhältnis zum Abstand zur Kamera

**Hardwarefähigkeiten prüfen**

Einzig und allein die maximale Point Sprite-Größe wird von der Ausgabehardware begrenzt. Abrufen können Sie die maximale Größe über eine Eigenschaft namens `PointSizeMax` einer `Caps`-Struktur.

## 6.6.2 Vorbereitung

Zu den vorbereitenden Maßnahmen gehört zum einen die Wahl der richtigen Vertex-Struktur und zum anderen der Entwurf einer eigenen Partikel-Struktur, in der alle Informationen zu einem Partikel untergebracht sind. Oftmals reicht die `CustomVertex.PositionColored`-Struktur vollkommen aus. Wer neben der Position und dem Farbwert sonstige Informationen benötigt, dem steht es frei eine eigene Vertex-Struktur zu kreieren.

Etwas mehr Daten verbucht ein Partikel für sich, damit eine Koordination möglich wird. Selbstverständlich ist diese Struktur stark vom angestrebten Einsatzzweck abhängig. Die im Folgenden vorgestellten Eigenschaften dürften jedoch recht allgemein sein, so dass Sie ggf. von der Klasse ableiten können.

- Position
  Speichert den Ortsvektor in Weltkoordinaten. Dessen Wert variiert pro Frame. Die Position wird pro Frame und je Partikel in den Vertex kopiert.

- OriginPosition
  Nach der Initialisierung ändert sich dieser Eigenschaftswert nicht mehr. Die Ursprungsposition wird nur bei der Berechnung des Wind-Einflusses ins Spiel gebracht.

- Velocity
  Definiert Flugrichtung und Geschwindigkeit, wobei in diesem Beispiel der Vektor immer als Einheitsvektor vorliegt. Die Geschwindigkeit wird letztendlich durch eine reelle Zahl bestimmt.

- LifeTime
  Speichert die maximale Lebensdauer in Sekunden.

- Age
  Repräsentiert das aktuelle Alter des Partikels. Sobald das Alter der maximalen Lebensdauer gleicht oder diese übersteigt wird der Partikel aus dem System entfernt.

- IsAlive
  Gibt mittels eines booleschen Werts den Zustand des Partikels an.

- Color
  Eine zusätzliche Farbkomponente ermöglicht die Einfärbung des Rauchs. Jener Wert wird zur Laufzeit permanent in den Vertex kopiert.

## 6.6.3 Koordinierung der Partikel (ParticleSystem)

Ein oder zwei Partikel zu koordinieren und darzustellen stellt keine Hürde da. Bei einer riesigen Menge von Partikeln ist der Sachverhalt schon ein anderer. Genau diesem Problem nimmt sich das Partikelsystem an. Verallgemeinert ausgedrückt entspricht ein Partikelsystem einer Liste mit x Elementen, die pro Frame je einmal auf dem Monitor ausgegeben werden. Eine exemplarische Implementierung bietet die `ParticleSystem`-Klasse des Beispielprojekts.

### Eigenschaften

Vor dem Code kommt wie des Öfteren ein wenig Brainstorming. Es gilt zu klären, welche Eigenschaften die `ParticleSystem`-Klasse mitbringen sollte, um allen Anforderungen gerecht zu werden. Als Anforderung ist die Koordination der Partikel anzusehen. Recht schnell dürfte eine Begrenzung der Partikelanzahl in den Sinn kommen. Eine `int`-Variable ist für die oberste Grenze zweckgemäß. Weiterhin muss geregelt werden, wie viele neue Partikel pro Sekunde erzeugt werden. Würden Sie alle Partikel auf einmal rendern, dann käme kein durchgehender Rauchzylinder zustande. Rauchzylinder ist ein gutes Stichwort. Um diese geometrische Form in den Partikelpositionen zu reflektieren, wird ein Radius nötig. Natürlich muss der Radius einen Bezugspunkt haben, der durch einen Ortsvektor zur Positionierung des Partikelsystems gegeben wird. Zu guter Letzt bedarf es noch einer Textur für alle Partikel.

Aus dieser knappen Anforderungsanalyse folgen die folgenden Eigenschaften.

- EmitRate
  Bestimmt die Anzahl der Partikel, die pro Sekunde neu „ausgestoßen" werden.

- MaxParticles
  Gibt eine maximale Anzahl gleichzeitig dargestellter Partikel an.

- Position
  Definiert die Position des Partikelsystems in Weltkoordinaten.

- Radius
  Legt implizit einen Kreis fest, in dem sich alle Partikel zur Startzeit befinden müssen.

- Size
  Gibt die Point Sprite-Größe an.

- Texture
  Bestimmt die für alle zu verwendenden Texturen.

Nicht öffentlich verfügbar, dennoch vorhanden ist eine generische Liste zur Aufnahme der Partikel-Objekte.

### Partikel initialisieren

Immer wenn die Liste um ein neues Partikel ergänzt wird, muss vorher dessen Startposition berechnet werden. Wichtig ist die Verwendung von Zufallszahlen, andernfalls sind die Partikel gleichmäßig verteilt und wirken unrealistisch. Werfen Sie zunächst einen Blick auf den Quelltext. Im Anschluss daran finden Sie die Erklärung dazu.

```csharp
public Vector3 GetPositionVector(Vector3 oPosition, float fRadius)
{
  Vector3 oResultVector = new Vector3();

  float fX = ((float)m_oRandom.NextDouble() - 0.5f) * 2;
  float fZ = ((float)m_oRandom.NextDouble() - 0.5f) * 2;
  float fMaxFactorZ = 1 - (float)Math.Asin(Math.Abs(fX)) /
    (float)(Math.PI / 2);

  if (Math.Abs(fZ) > fMaxFactorZ)
    fZ -= fZ / Math.Abs(fZ) * (Math.Abs(fZ) - fMaxFactorZ);

  oResultVector.X = fX * fRadius + oPosition.X;
  oResultVector.Y = oPosition.Y;
  oResultVector.Z = fZ * fRadius + oPosition.Z;

  return oResultVector;
}
```

Die NextDouble()-Methode der Random-Klasse gibt eine Zufallszahl zwischen 0.0f und 1.0f zurück. Im ersten Schritt wird der Wert in einen Wertebereich von -1 bis 1 abgebildet. Subtrahieren Sie dafür 0.5f von dem Wert und multiplizieren Sie anschließend die Differenz mit zwei. Das Produkt entspricht dann der X-Koordinate unter Vernachlässigung des Radius. Gleichermaßen wird für die Z-Koordinate verfahren.

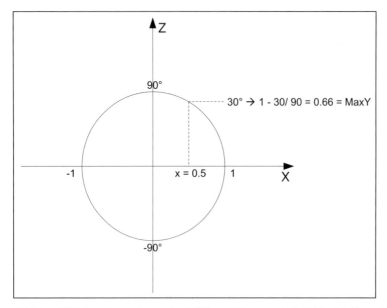

**Abbildung 6.20:** Berechnung der maximal gültigen Y-Komponente in Abhängigkeit der X-Koordinate

Aus der X-Komponente impliziert der maximal gültige Wert der Z-Komponente. Bemüht man die Umkehrfunktion des Sinus, mit der X-Komponente als Argument, so resultieren daraus Winkelangaben zwischen -90° und 90°. Das Vorzeichen kann an dieser Stelle vernachlässigt werden, weshalb immer der absolute Betrag der X-Komponente übergeben wird. Nun liegt die Grenze im Bogen- bzw. Gradmaß vor, die den Wertebereich [0, 1] verlassen (nochmals zur Erinnerung, das Vorzeichen kann vernachlässigt werden). Um die Winkelangabe mit den Werten zwischen 0 und 1 auszudrücken, wird einfache Prozentrechnung angewandt. Fest steht, dass $\max |x| = 1$ ist, weshalb der größte Winkel 90° entspricht. Folglich kann man den ermittelten Winkel mit einem Winkel von 90 dividieren und zieht dann den Quotienten von Eins ab. Anschließend liegt die Information im gewünschten Wertebereich vor. Abbildung 6.20 stellt diese Thematik einmal schematisch dar.

Fehlt lediglich die Absicherung, dass die Z-Komponente, dessen Wert zufallsberechnet ist, die Grenze nicht überschreitet. Ziehen Sie dafür ebenso den Betrag von Z heran. Ist der Betrag von Z größer als der Grenzwert, dann wird die Differenz ermittelt. An dieser Stelle spielt das Vorzeichen wiederum eine große Rolle. Folglich führt entweder eine Addition oder eine Subtraktion zur gewünschten Koordinate. fZ/|fZ| ermittelt das Vorzeichen der Z-Komponente und überführt die Subtraktion zur Addition. Ein Rechenbeispiel:

```
Z = -1
MaxZ = 0.6 //Ist immer positiv

Z = -1 - (-1)/ 1 * (|-1| - 0.6)
Z = -1 + 0.4
```

Zum Abschluss werden die errechneten Faktoren der X- und Z-Komponente mit dem Radius multipliziert. Damit der Kreis um die Position des Partikelsystems aufgespannt wird, müssen dessen Komponenten mit den ermittelten Koordinaten addiert werden.

Mit der Startposition ist es noch nicht ganz getan. Es fehlt u.a. der Geschwindigkeitsvektor, welcher zugleich die Flugrichtung eines Partikels bestimmt. Die ResetParticle() übernimmt diese Aufgabe.

```
protected virtual void ResetParticle(Particle oParticle)
{
  oParticle.IsAlive = true;
  oParticle.Position = this.GetPositionVector(this.Position,
    this.Radius);
  oParticle.OriginPosition = oParticle.Position;

  oParticle.Velocity = this.GetVelocityVector();
  oParticle.Velocity.Normalize();
  oParticle.Velocity *= 10.0f;

  oParticle.Age = 0.0f;
  oParticle.LifeTime = 2.5f;
}
```

GetVelocityVector() gibt stets den Vektor [0, 1, 0] zurück. Partikelsysteme dessen Aufgabegebiet flexible Geschwindigkeitsvektoren benötigen, können die Methode entsprechend gestalten. Der Rauch wird standardmäßig immer nach oben gehen, weshalb ein konstanter Vektor optimal ist. Alle anderen Zuweisungen sind trivial.

## Die Update()-Methode

Erst wenn die Partikel in Bewegung sind, stellen sich richtig ansehnliche Effekte ein. Herzstück des Partikelsystems ist folglich die Update()-Methode, der die Aufgabe obliegt, pro Frame die Partikel zu bewegen. Sobald richtig komplexe Bewegungsabläufe ins Spiel kommen, stellt diese Methode wahrscheinlich die größte Herausforderung dar und zieht am meisten Programmieraufwand nach sich. Wenn Sie ein eigenes Partikelsystem entwickeln möchten, können Sie von der ParticleSystem-Klasse des Beispielprojekts ableiten und im optimalen Fall lediglich die Update()-Methode überschreiben (evtl. zusätzlich die ResetParticle()-Methode).

Die „Physik" der Rauchpartikel ist relativ simple. Pro Frame wird zu der aktuellen Position der Geschwindigkeitsvektor hinzuaddiert. Nebenbei wird das Alter des Partikels erhöht bzw. der Partikel ggf. aus der Liste entfernt, sofern die Lebensdauer überschritten wurde.

```
public virtual void Update(Particle oParticle)
{
  oParticle.Position += oParticle.Velocity
  oParticle.Age += TimeStat.ElapsedTimeInSeconds;

  if (oParticle.Age >= oParticle.LifeTime)
    m_oParticles.Remove(oParticle);
}
```

## Windeinflüsse

Wirklich realistisch wirkt gerade aufsteigender Qualm nicht. Im Regelfall existiert doch das ein oder andere Lüftchen, wodurch die Rauchpartikel auf ihrer Bahn gegen Himmel abgebracht werden.

Wind lässt sich mit zwei einfachen Komponenten simulieren. Zum einen wird ein Richtungsvektor benötigt und zum anderen eine Windstärke. Dafür vorgesehen sind in der ParticleSystem-Klasse die Eigenschaften WindDirection und WindForce. Innerhalb der Update()-Methode addiert man den Geschwindigkeitsvektor mit dem Richtungsvektor des Windes. Die Windstärke entspricht einer reellen Zahl, welche den Richtungsvektor skaliert. Im folgenden Quelltext sehen Sie eine mögliche Umsetzung.

```
public virtual void Update(Particle oParticle)
{
  oParticle.Position += (oParticle.Velocity +
    Vector3.Multiply(this.WindDirection,
    oParticle.Position.Y - oParticle.OriginPosition.Y / 10 *
```

```
      this.MaxWindForce))
    * TimeStat.ElapsedTimeInSeconds;
  oParticle.Age += TimeStat.ElapsedTimeInSeconds;

  if (oParticle.Age >= oParticle.LifeTime)
    m_oParticles.Remove(oParticle);
}
```

Wenn Sie den obigen Quelltext aufmerksam angesehen haben, wird Ihnen aufgefallen sein, dass die Windstärke zusätzlich von der relativen Höhe des Partikels in Abhängigkeit gebracht wird. Hintergrund ist der, dass eine fixe Windstärke und ein fixer Richtungsvektor zu einer linearen Translation führen würden. Angenommen der Richtungsvektor entspricht [1, 0, 0] dann verläuft der Rauch in einer schrägen Geraden, was alles andere als realitätsnah ist. Aufgrund der Abhängigkeit zur Höhe des Partikels steigt auch die Windstärke an, wodurch eine Kurve entsteht (siehe Abbildung 6.18).

## Emit Rate

Anhand der EmitRate-Eigenschaft kann der Entwickler festlegen, wie viele neue Partikel pro Sekunde vom Partikelsystem ausgestoßen werden. Es gilt zu beachten, dass pro Frame sowohl die Rate als auch die gesamtzulässige Anzahl der Partikel nicht überstiegen wird. Das mag sich etwas kompliziert anhören, ist aber sehr einfach, wie der folgende Quellcode demonstriert.

```
if (m_oParticles.Count < this.MaxParticles &&
  m_oParticles.Count + Convert.ToInt32(this.EmitRate *
  TimeStat.ElapsedTimeInSeconds) < this.MaxParticles)

  this.AddParticles(Convert.ToInt32(this.EmitRate *
    TimeStat.ElapsedTimeInSeconds));
```

Normalerweise wird das Partikelsystem mehrere Male pro Sekunde aktualisiert. Die Ausstoßrate hingegen ist pro Sekunden definiert, weshalb die Rate mit der seit dem letzten Frame vergangenen Zeit in Sekunden multipliziert wird. Geringe Abweichungen wegen der Konvertierung in einen Integer werden in Kauf genommen. Die Emit Rate ist folglich immer nur ein grober Richtwert. Platziert ist obige Logik in der Methode Render() und wird pro Frame einmalig ausgeführt.

Auf AddParticles() wird nicht weiter eingegangen. Es sei nur soviel gesagt, dass die Particle-Klasse instanziiert und anschließend mittels der ResetParticle()-Methode initialisiert wird, bevor sie ihren Weg in die Partikelliste findet.

## Die Render States und Texturoperationen

Noch ein paar Worte vorweg, dann werden die Partikel endlich auf den Bildschirm gebracht. An der richtigen Wirkung eines Partikels sind die Render States maßgebend dran beteiligt, insbesondere in Betracht aufs Alpha Blending und die Texturoperationen.

Alpha Blending ist beim Rendern der Partikel immer aktiv, andernfalls würde der Betrachter die Täuschung mittels der Texturen an der rechteckigen Form festmachen können. Mittig weisen die Partikel gar keine Transparenz auf, während die Transparenz zu den Rändern der Textur immer mehr zunimmt. Abbildung 6.21 zeigt sowohl die Textur als auch dessen Alphakanal. Die Konfiguration des Alpha Blendings liegt auf der Hand: SourceBlend wird auf Blend.SourceAlpha festgelegt und DestionationBlend auf Blend.InvSourceAlpha.

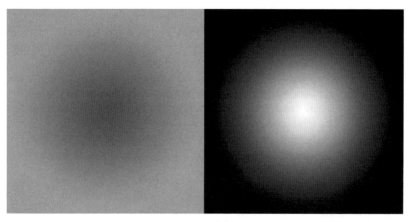

**Abbildung 6.21:** Partikel-Textur links im Bild und die Alpha-Werte des Partikels rechts im Bild

In Kapitel 3 wurde gesagt, dass die Farbargumente und die Farboperation einer Texturstufe standardmäßig der folgenden Variante gleichen.

```
Device.TextureState[0].ColorArgument1 =
  TextureArgument.TextureColor
Device.TextureState[0].ColorArgument2 = TextureArgument.Current
Device.TextureState[0].ColorOperation = TextureOperation.Modulate
```

Obige Einstellung sorgt dafür, dass die Color-Komponente eines Vertices in die Farbwertberechnung eines Pixels einfließt. Soll heißen, wenn einem Partikel zusätzlich ein Farbwert zugewiesen wird, dann kombiniert Direct3D die Farbwerte miteinander.

Wünschen Sie diesen Effekt nicht, genügt die Zuweisung des Operators TextureOperation.SelectArg1.

Im nachfolgenden Listing können Sie alle Einstellungen des Beispielprojekts begutachten.

```
protected virtual void SetRenderStates()
{
  this.RenderDevice.RenderState.Lighting = false;
  this.RenderDevice.RenderState.PointSpriteEnable = true;
  this.RenderDevice.RenderState.PointScaleEnable = true;
  this.RenderDevice.RenderState.PointSize = this.Size;
  this.RenderDevice.RenderState.PointSizeMin = 0.0f;
```

```
this.RenderDevice.RenderState.PointScaleA = 0.0f;
this.RenderDevice.RenderState.PointScaleB = 0.0f;
this.RenderDevice.RenderState.PointScaleC = 1.0f;

this.RenderDevice.RenderState.AlphaBlendEnable = true;
this.RenderDevice.RenderState.SourceBlend = this.SourceBlend;
this.RenderDevice.RenderState.DestinationBlend =
  this.DestinationBlend;

this.RenderDevice.RenderState.ZBufferEnable = false;
}
```

Werden die Partikel bei aktiviertem Tiefentest gerendert, stellen sich meist unschöne Artefakte ein, weshalb der Z-Buffer während dieser Zeit deaktiviert wird.

### 6.6.4 Dynamische Vertex Buffer

Bisher haben Sie ausschließlich mit statischen Vertex Buffern gearbeitet. Soll heißen, der Vertex Buffer wurde instanziiert, die Vertices definiert und zu guter Letzt in den Buffer geschrieben. Einzig und allein die Weltmatrix hat von nun an die Daten angefasst. Statische Vertex Buffer sind für die Umsetzung eines Partikelsystems nur hinderlich. In Partikelsystem werden die Vertices pro Frame permanent manipuliert, weshalb pro Frame der Vertex Buffer „gelockt" werden muss, wofür statische Vertex Buffer nicht ausgelegt sind. Die Konsequenz: Enorme Performanceverluste.

Abhilfe schafft ein dynamischer Vertex Buffer, der dafür ausgelegt ist in häufigen, kurzen Intervallen die Ressourcen zur Bearbeitung freizugeben. Bis auf ein paar Flags unterscheidet sich die Instanziierung nicht von der herkömmlichen Vorgehensweise.

```
m_oVertexBuffer = new VertexBuffer(typeof(
  CustomVertex.PositionColored), this.VertexBufferSize, m_oDevice,
  Usage.Points | Usage.WriteOnly | Usage.Dynamic,
  CustomVertex.PositionColored.Format, Pool.Default);
```

Neu sind ausschließlich die verwendeten Flags Usage.Points, Usage.WriteOnly und Usage.Dynamic. Durch die letzten zwei Flags bewirken Sie, dass der Grafiktreiber, den optimalen Speicherort für einen Vertex Buffer wählt, dessen Inhalt sehr häufig variiert. Usage.Points hingegen signalisiert Direct3D, dass Sie bezwecken die Vertices als Point Sprites zu rendern.

### 6.6.5 Partikelsysteme rendern

Schnell ist man dazu geneigt mehrere tausend Partikel zu rendern. Wider erwarten ist die Größe des Vertex Buffers nicht so gewählt, dass die maximale Anzahl von Partikeln in dem Speicher Platz findet. Stattdessen wird der Vertex Buffer in logische Abschnitte unterteilt (Abbildung 6.22) und die Vertices portionsweise in den Buffer geschrieben.

Alle Vertices mit einem Abwasch in den Buffer zu schreiben ist der schwerwiegendste Fehler beim Rendern von Partikelsystemen. Während Sie Direct3D anweisen die Daten in den Vertex Buffer zu schreiben, verweilt die Grafikkarte ohne Aufgabe. Effizienter nutzen Sie die Ressourcen, wenn Sie einen Teil der Vertices in den Vertex Buffer schreiben und anschließend die neuen Daten sofort rendern. In der Zwischenzeit können weitere Partikel aktualisiert und in einen anderen Abschnitt des Vertex Buffers geschrieben werden.

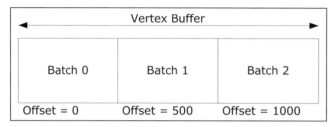

**Abbildung 6.22:** Einteilung des Vertex Buffers in Batches

Drei Eigenschaften der `ParticleSystem`-Klasse sind an der Steuerung des Renderprozesses beteiligt.

- VertexBufferSize
  Gibt die Anzahl der Vertices zurück, die der Vertex Buffer aufnehmen kann.

- VertexBufferOffset
  Ruft die aktuelle Position ab. Der Offset zeigt auf den logisch ersten Vertex.

- BatchSize
  Definiert die Größe eines Segments (z.B. 500 Vertices).

Das folgende Listing zeigt die gesamte `Render()`-Methode, welche die Partikel auf den Bildschirm bringt.

```
public virtual void Render()
{
  int iCounter = 0;
  m_iEmitCounter = 0;

  SetRenderStates();

  this.RenderDevice.SetTexture(0, m_oTexture);
  this.RenderDevice.VertexFormat = ParticleVertex.Format;
  this.RenderDevice.SetStreamSource(0, m_oVertexBuffer, 0,
    CustomVertex.PositionColored.StrideSize);

  if (this.VertexBufferOffset >= this.VertexBufferSize)
    this.VertexBufferOffset = 0;

  //Vertex Buffer locken
```

```csharp
CustomVertex.PositionColored[] oParticleVertices;
oParticleVertices = (CustomVertex.PositionColored[])
  m_oVertexBuffer.Lock(this.VertexBufferOffset *
  CustomVertex.PositionColored.StrideSize,
  typeof(CustomVertex.PositionColored),
  this.VertexBufferOffset > 0 ? LockFlags.NoOverwrite :
  LockFlags.Discard, this.BatchSize);

if (m_oParticles.Count < this.MaxParticles &&
  m_oParticles.Count + Convert.ToInt32(this.EmitRate *
  TimeStat.ElapsedTimeInSeconds) < this.MaxParticles)
  this.AddParticles(Convert.ToInt32(this.EmitRate *
    TimeStat.ElapsedTimeInSeconds));

for (int i = m_oParticles.Count - 1; i >= 0; i--)
  if (m_oParticles[i].IsAlive)
  {
    Update(m_oParticles[i]);

    oParticleVertices[iCounter].Position =
      m_oParticles[i].Position;
    oParticleVertices[iCounter++].Color =
      m_oParticles[i].Color.ToArgb();

    if (iCounter == this.BatchSize)
    {
      m_oVertexBuffer.Unlock();

      this.RenderDevice.DrawPrimitives(PrimitiveType.PointList,
        this.VertexBufferOffset, this.BatchSize);

      iCounter = 0;
      this.VertexBufferOffset += this.BatchSize;

      if (this.VertexBufferOffset >= this.VertexBufferSize)
        this.VertexBufferOffset = 0;

      oParticleVertices = (CustomVertex.PositionColored[])
        m_oVertexBuffer.Lock(this.VertexBufferOffset *
        CustomVertex.PositionColored.StrideSize,
        typeof(CustomVertex.PositionColored),
        this.VertexBufferOffset > 0 ? LockFlags.NoOverwrite :
```

```
            LockFlags.Discard, this.BatchSize);
        }
    }

    m_oVertexBuffer.Unlock();

    if (iCounter > 0)
    {
        this.RenderDevice.DrawPrimitives(PrimitiveType.PointList,
            this.VertexBufferOffset, iCounter);
        this.VertexBufferOffset += this.BatchSize;
        iCounter = 0;
    }

    ResetRenderStates();
}
```

Im Großen und Ganzen ist der Code relativ simple und selbsterklärend. Die Liste mit allen Partikeln wird durchlaufen und die Positionen aktualisiert sowie in einen Vertex kopiert. Sobald die Anzahl der Vertices pro Batch erreicht wurde, gibt der Code die Ressource wieder frei und rendert die Primitive. Alle Hilfsvariablen werden entweder auf 0 gesetzt oder erhöht. Den Offset beispielsweise erhöhen Sie jeweils um die Größe eines Batches.

Bis hierher noch nicht im Einsatz war die Überladung der Lock()-Methode des Vertex Buffers. Dessen Syntax lautet wie folgt.

```
Public Array Lock(int offsetToLock, Type vertexType,
    LockFlags flags, params int[] ranks);
```

Als Offset erwartet der Vertex Buffer nicht etwa die Nummer des Vertices, sondern die genaue Position in Bytes. Wie viele Bytes von einer Vertex-Struktur eingenommen werden, verrät die statische StrideSize-Eigenschaft. Multipliziert man jenen Wert mit der Vertex-Nummer, dann ist der Offset bekannt. Als Drittes sind ein bzw. mehrere Flags der LockFlags-Enumeration nötig.

- LockFlags.Discard
  Bewirkt, dass der vorherige Buffer-Inhalt komplett verworfen wird. Direct3D gibt eine neue Referenz zurück. Dadurch wird sichergestellt, dass ein evtl. noch nicht beendeter, vorheriger Renderdurchgang nicht beeinflusst wird.

- LockFlags.NoOverwrite
  Durch jenes Flag garantiert die Anwendung, keine Vertex- oder Index-Daten zu überschreiben. Die DrawPrimitives()-Methode kehrt deshalb unmittelbar zurück.

Für jedes Partikel wird geprüft, ob die Lebensdauer abgelaufen ist. Die Information darüber gibt die IsAlive-Eigenschaft eines Particle-Objekts. Als Alternative zum stetigen Entfernen und Hinzufügen solcher Objekte können Sie einen Partikel über die IsAlive-Eigenschaft vom Render-Prozess ausnehmen. Partikel, die „tot" sind, werden dann zurückgesetzt und können wieder verwendet werden. Quasi ein Partikelrecycling.

## 6.7 Kamera ab!

Zu den elementaren Funktionalitäten einer Multimediaanwendung, speziell einer 3D-Anwendung gehört die Möglichkeit, jegliche Bewegung mit der Kamera auszuführen. Bisher blieb dieser Aspekt weitestgehend unbeachtet. Dies soll sich nun ändern und auf eine eigens entwickelte Klasse hinauslaufen.

### 6.7.1 Anforderungsanalyse

Zunächst einmal muss festgehalten werden, welche Funktionalitäten die Camera-Klasse beinhalten soll. Als selbstverständlich gelten Rotationen um die diversen Achsen. Weiterhin muss die Kamera in Blickrichtung und senkrecht zur Blickrichtung verschoben werden können.

Insbesondere für die Reduzierung der Polygonzahl ist das sog. Viewing Frustrum Culling von Interesse. Jene Technik kam bereits im Abschnitt Linsenreflektionen (Lens Flares) zur Geltung, mit dessen Hilfe festgestellt wurde, ob sich die Position einer Lichtquelle im direkten Blickfeld der Kamera befindet. War dies der Fall, wurden die Lens Flares gerendert. Andernfalls blieb der CPU bzw. GPU die Arbeit erspart.

Standardmäßig wird die View Matrix aus einem Positionsvektor, einem Richtungsvektor und einem Vektor, der nach oben zeigt, gebildet. Diese Vektorsammlung wird um einen weiteren Vektor erweitert, der nach rechts zeigt und orthogonal zum Richtungsvektor und dem sog. Up-Vektor ist, um die Kamera nach oben bzw. unten schwenken zu können und um Translationen nach links und rechts durchzuführen (siehe Abbildung 6.23).

Fassen wir kurz zusammen:

- Kamera auf und ab schwenken (Pitch)
- Kamera nach links und rechts drehen (Yaw)
- Kamera um den Blickrichtungsvektor drehen (Roll)
- Kamera vorwärts und rückwärts bewegen (Walk)
- Kamera senkrecht zur Blickrichtung nach links und rechts verschieben (Strafe)
- Kamera nach oben und unten verschieben (Up & Down)

### 6.7.2 Kameraverschiebungen

Zu den simplen Operationen gehören die Positionsverschiebungen der Kamera, sei es nach vorn, nach hinten, nach links oder rechts. Alle Bewegungsarten setzen einen Richtungsvektor voraus, entlang dem die Bewegung stattfindet.

Vorwärts- als auch Rückwärtsbewegungen sind von der Ausrichtung der Kamera abhängig. Hierbei gibt es zu differenzieren, welches Verhalten Sie simulieren möchten. Ein Flugzeug ändert seine Höhe, wenn die Blickrichtung nicht horizontal verläuft. Möchten Sie stattdessen die Bewegung eines Soldaten simulieren, dann hat die Blickrichtung keinen Einfluss auf dessen Y-Koordinate.

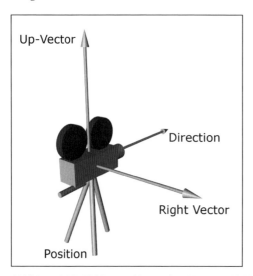

**Abbildung 6.23:** Richtungsvektoren eines Kamera-Objekts

Folgende Methode führt, unter Vernachlässigung der Y-Koordinate, eine Vorwärts- bzw. Rückwärtsbewegung aus. Die Richtung gibt der entsprechende Vektor vor, welcher zusätzlich durch eine reelle Zahl skaliert wird. Wird der Methode ein Argument übergeben, gilt es den Zeitfaktor zu beachten. Soll heißen, die Anzahl der Einheiten pro Bewegung muss in Abhängigkeit zur vergangenen Zeit des letzten Rendervorgangs gebracht werden.

```
public void Walk(float fUnits)
{
  this.Position += new Vector3(this.Direction.X, 0,
    this.Direction.Z) * fUnits;
}
```

Aufgerufen wird die Methode beispielsweise wie folgt:

```
Camera oCamera = new Camera();
oCamera.Walk(100 * TimeStat.ElapsedTimeInSeconds);
```

## Strafing

Als Strafing bezeichnet man eine Seitwärtsbewegung, wobei die Translation entlang eines Vektors durchgeführt wird, der orthogonal zur Blickrichtung und zum Up-Vektor ist. Davon kann der unten zu sehende Quelltext abgeleitet werden.

```
public void Strafe(float fUnits)
{
  this.Position += new Vector3(this.RightVector.X, 0,
    this.RightVector.Z) * fUnits;
}
```

**Up & Down**

Last but not least, die Bewegung entlang der Y-Achse. Tatsächlich hängt es wiederum davon ab, welches Objekt Sie simulieren möchten. Bei einem Soldaten ist es nicht zweckgemäß, die Verschiebung entlang des Up-Vektors durchzuführen, da der Kopf fast unabhängig vom Rest des Körpers koordiniert, sprich gedreht werden kann.

```
public void UpDown(float fUnits)
{
  this.Position += new Vector3(0, 1, 0) * fUnits;
}
```

### 6.7.3 Kameradrehungen

In der Camera-Klasse sollen drei Methoden implementiert werden, die jeweils eine Drehung durchführen. Jede Drehung bezieht sich entweder auf eine fixe Achse (etwa die Y-Achse) oder nutzt eine der drei Richtungsvektoren (siehe Abbildung 6.23).

**Yaw**

Das Schwenken der Kamera nach links bzw. rechts, sprich das horizontale Schwenken, wird im Fachjargon als Yaw bezeichnet. Für Soldaten oder ähnliche Objekte wird immer die Y-Achse zur Drehung herangezogen. Bei Flugzeugen hingegen wird bevorzugt auf den Up-Vektor zurückgegriffen.

```
//Version für Soldaten oder ähnliche Objekte
public void Yaw(float fAngle)
{
  Matrix oTransformation;
  oTransformation = Matrix.RotationY(fAngle);

  this.Direction = Vector3.TransformCoordinate(this.Direction,
    oTransformation);
  this.RightVector = Vector3.TransformCoordinate(this.RightVector,
    oTransformation);
}
```

Die komplette Methode macht zwei Schritte. Im ersten Schritt wird eine Rotationsmatrix berechnet, welche die gewünschte Bewegung abbildet. Die Transformation des Blickrichtungsvektors und des nach rechts zeigenden Vektors bildet den zweiten Schritt.

Eine Variante für Flugzeuge könnte folgendermaßen aussehen.

```
//Version für Soldaten oder ähnliche Objekte
public void Yaw(float fAngle)
{
  Matrix oTransformation;
  oTransformation = Matrix.RotationAxis(this.UpVector, fAngle);

  this.Direction = Vector3.TransformCoordinate(this.Direction,
    oTransformation);
  this.RightVector = Vector3.TransformCoordinate(this.RightVector,
    oTransformation);
}
```

## Pitch

Als Pitch wird eine Kameradrehung verstanden, um die Blickrichtung nach oben bzw. unten zu steuern. Als Drehachse dient dabei der Right-Vektor.

```
public void Pitch(float fAngle)
{
  Matrix oTransformation;
  oTransformation = Matrix.RotationAxis(this.RightVector, fAngle);

  this.UpVector = Vector3.TransformCoordinate(this.UpVector,
    oTransformation);
  this.Direction = Vector3.TransformCoordinate(this.Direction,
    oTransformation);
}
```

## Roll

Die letzte Bewegungsart im Bunde hört auf den Namen Roll und wird repräsentativ für Rotationen um den Blickrichtungsvektor verwendet.

```
public void Roll(float fAngle)
{
  Matrix oTransformation;
  oTransformation = Matrix.RotationAxis(this.Direction, fAngle);

  this.UpVector = Vector3.TransformCoordinate(this.UpVector,
    oTransformation);
  this.RightVector = Vector3.TransformCoordinate(this.RightVector,
    oTransformation);
}
```

## 6.7.4 Berechnung der View Matrix

Mit den vorangegangenen Bewegungsarten und deren Berechnungen ist es quasi unumgänglich sich jetzt darum zu kümmern, wie die View Matrix gebildet wird. Wie bereits erwähnt, wird auf die genauen mathematischen Hintergründe nicht weiter eingegangen. Für jene Materie empfiehlt sich eines der vielen Bücher über die lineare Algebra.

Wie Sie wissen, hat die View Matrix den Effekt, dass die Kamera nach Anwendung der View-Matrix im Ursprung des Koordinatensystems liegt. Dies erreichen Sie mit einer Translationsmatrix, wobei das Inverse des Positionsvektors die Verschiebung reflektiert. Abbildung 6.24 zeigt die entsprechende Matrix.

$$T = \begin{bmatrix} 1 & 0 & 0 & 0 \\ 0 & 1 & 0 & 0 \\ 0 & 0 & 1 & 0 \\ -p_x & -p_y & -p_z & 1 \end{bmatrix}$$

**Abbildung 6.24:** Positionierung der Kamera im Ursprung durch eine Translationsmatrix, die aus dem Inversen der Kameraposition gebildet wurde

Weiterhin bewirkt eine View-Matrix die Ausrichtung der Kamera in Richtung der positiven Z-Achse. Anschließend zeigen auch die Richtungsvektoren für Oben und Rechts entlang der positiven Y-Achse bzw. positiven X-Achse. Dafür werden der Up-Vektor, der Right-Vektor und der Blickrichtungsvektor der Kamera in einer 4x4 Matrix dargestellt.

$$R = \begin{bmatrix} r_x & u_x & d_x & 0 \\ r_y & u_y & d_y & 0 \\ r_z & u_z & d_z & 0 \\ 0 & 0 & 0 & 1 \end{bmatrix}$$

**Abbildung 6.25:** Rotationsmatrix zur Ausrichtung der Kamera an den Achsen

Beide Matrizen können zu einer zusammengefasst werden, indem Sie eine Matrizenmultiplikation durchführen. Abbildung 6.26 zeigt die resultierende Matrix.

$$TR = \begin{bmatrix} 1 & 0 & 0 & 0 \\ 0 & 1 & 0 & 0 \\ 0 & 0 & 1 & 0 \\ -d_x & -d_y & -d_z & 1 \end{bmatrix} \begin{bmatrix} r_x & u_x & d_x & 0 \\ r_y & u_y & d_y & 0 \\ r_z & u_z & d_z & 0 \\ 0 & 0 & 0 & 1 \end{bmatrix} = \begin{bmatrix} r_x & u_x & d_x & 0 \\ r_y & u_y & d_y & 0 \\ r_z & u_z & d_z & 0 \\ -p_x * u & -p_y * u & -p * u & 1 \end{bmatrix}$$

**Abbildung 6.26:** Zusammenfassung der Translation und Rotation zur View-Matrix

Diese Erkenntnisse fördern den folgenden Quellcode zu Tage.

```
public Matrix GetViewMatrix()
{
  Matrix oViewMatrix;

  this.Direction = Vector3.Normalize(this.Direction);
  this.UpVector = Vector3.Cross(this.Direction, this.RightVector);
  this.UpVector = Vector3.Normalize(this.UpVector);
  this.RightVector = Vector3.Cross(this.UpVector, this.Direction);

  float fX = -Vector3.Dot(this.RightVector, this.Position);
  float fY = -Vector3.Dot(this.UpVector, this.Position);
  float fZ = -Vector3.Dot(this.Direction, this.Position);

  oViewMatrix.M11 = this.RightVector.X;
  oViewMatrix.M12 = this.UpVector.X;
  oViewMatrix.M13 = this.Direction.X;
  oViewMatrix.M14 = 0.0f;

  oViewMatrix.M21 = this.RightVector.Y;
  oViewMatrix.M22 = this.UpVector.Y;
  oViewMatrix.M23 = this.Direction.Y;
  oViewMatrix.M24 = 0.0f;

  oViewMatrix.M31 = this.RightVector.Z;
  oViewMatrix.M32 = this.UpVector.Z;
  oViewMatrix.M33 = this.Direction.Z;
  oViewMatrix.M34 = 0.0f;

  oViewMatrix.M41 = fX ;
  oViewMatrix.M42 = fY;
  oViewMatrix.M43 = fZ;
  oViewMatrix.M44 = 1.0f;

  return oViewMatrix;
}
```

Die ersten Zeilen sind nicht zwingend notwendig, stellen aber sicher, dass alle Vektoren normalisiert und orthogonal zueinander sind. Damit sind wir am Ende, was die Koordination der Kamera anbelangt.

## 6.7.5 Viewing Frustrum Culling

Mittlerweile dürfte Ihnen das Viewing Frustrum ein Begriff sein. Mit Viewing Frustrum Culling ist das Entfernen von Polygonen gemeint, die außerhalb des Sichtbereichs der Kamera liegen. Zwar zeigt Direct3D die Polygone nicht an, wenn diese vor der Near Plane oder hinter der Far Plane liegen, dennoch durchlaufen auch die nicht sichtbaren Polygone den Prozess der Transformation und Beleuchtung. In diesem Abschnitt lernen Sie etwas über Bounding Boxes, welche als Hilfsmittel zur Sichtbarkeitsprüfung herangezogen werden. Zudem erweitern wir die Camera-Klasse, um die Möglichkeit zu prüfen, ob eine Koordinate im Viewing Frustrum liegt.

### Die Clip Planes aus der View-/ Projection-Matrix extrahieren

Die Information der sog. Clipping Planes können Sie der Matrix entnehmen, welche das Ergebnis einer Multiplikation von View-Matrix und Projection-Matrix ist. Sofern die View-Matrix äquivalent zur Einheitsmatrix ist, dann genügt ausschließlich die Projection-Matrix.

Abbildung 6.27 zeigt die Transformation von einem Vektor mit der Sicht- und Projektionsmatrix. Wem die Schreibweise M( :, 1) nicht bekannt ist, dem sei gesagt, dass dadurch die erste Spalte der Matrix M selektiert wird. Anschließend wird das Skalarprodukt zwischen dem Zeilenvektor und dem Spaltenvektor ermittelt.

$$vM = \begin{bmatrix} x & y & z & 1 \end{bmatrix} \begin{bmatrix} m_{11} & m_{12} & m_{13} & m_{14} \\ m_{21} & m_{22} & m_{23} & m_{24} \\ m_{31} & m_{32} & m_{33} & m_{34} \\ m_{41} & m_{42} & m_{43} & m_{44} \end{bmatrix}^T = \begin{bmatrix} v * M( :, 1) \\ v * M( :, 2) \\ v * M( :, 3) \\ v * M( :, 4) \end{bmatrix}^T$$

\* = Skalarprodukt

**Abbildung 6.27:** Transformation eines Vektors mit der Sicht- und Projektionsmatrix

Nach der Transformation gelten die folgenden Ungleichungen, wenn die Koordinate im Sichtbereich der Kamera liegt.

```
-w < x < w
-w < y < w
 0 < z < w
```

Mit diesen Ungleichungen im Hinterkopf können die entsprechenden Komponenten der Matrix selektiert werden, um die Ungleichung erneut aufzustellen.

```
0 < v * M( :, 4) + v * M( :, 1)
```

Ist die obige Ungleichung erfüllt, dann liegt die Koordinate innerhalb der linken Hälfte des sichtbaren Bereichs. Genauso wird mit allen anderen Seiten des Viewing Frustrums verfahren. Letztendlich kommt ein Quellcode heraus, wie der aus dem unten zu sehenden Listing.

```
protected void BuildViewingFrustrumPlanes()
{
  m_oViewingFrustrumPlanes[0] = new Plane();
  m_oViewingFrustrumPlanes[0].A = this.CombinedMatrix.M14 +
    this.CombinedMatrix.M11;
  m_oViewingFrustrumPlanes[0].B = this.CombinedMatrix.M24 +
    this.CombinedMatrix.M21;
  m_oViewingFrustrumPlanes[0].C = this.CombinedMatrix.M34 +
    this.CombinedMatrix.M31;
  m_oViewingFrustrumPlanes[0].D = this.CombinedMatrix.M44 +
    this.CombinedMatrix.M41;

  m_oViewingFrustrumPlanes[1] = new Plane();
  m_oViewingFrustrumPlanes[1].A = this.CombinedMatrix.M14 -
    this.CombinedMatrix.M11;
  m_oViewingFrustrumPlanes[1].B = this.CombinedMatrix.M24 -
    this.CombinedMatrix.M21;
  m_oViewingFrustrumPlanes[1].C = this.CombinedMatrix.M34 -
    this.CombinedMatrix.M31;
  m_oViewingFrustrumPlanes[1].D = this.CombinedMatrix.M44 -
    this.CombinedMatrix.M41;

  m_oViewingFrustrumPlanes[2] = new Plane();
  m_oViewingFrustrumPlanes[2].A = this.CombinedMatrix.M14 +
    this.CombinedMatrix.M12;
  m_oViewingFrustrumPlanes[2].B = this.CombinedMatrix.M24 +
    this.CombinedMatrix.M22;
  m_oViewingFrustrumPlanes[2].C = this.CombinedMatrix.M34 +
    this.CombinedMatrix.M32;
  m_oViewingFrustrumPlanes[2].D = this.CombinedMatrix.M44 +
    this.CombinedMatrix.M42;

  m_oViewingFrustrumPlanes[3] = new Plane();
  m_oViewingFrustrumPlanes[3].A = this.CombinedMatrix.M14 -
    this.CombinedMatrix.M12;
  m_oViewingFrustrumPlanes[3].B = this.CombinedMatrix.M24 -
    this.CombinedMatrix.M22;
  m_oViewingFrustrumPlanes[3].C = this.CombinedMatrix.M34 -
    this.CombinedMatrix.M32;
  m_oViewingFrustrumPlanes[3].D = this.CombinedMatrix.M44 -
    this.CombinedMatrix.M42;
```

```
  m_oViewingFrustrumPlanes[4] = new Plane();
  m_oViewingFrustrumPlanes[4].A = this.CombinedMatrix.M13;
  m_oViewingFrustrumPlanes[4].B = this.CombinedMatrix.M23;
  m_oViewingFrustrumPlanes[4].C = this.CombinedMatrix.M33;
  m_oViewingFrustrumPlanes[4].D = this.CombinedMatrix.M43;

  m_oViewingFrustrumPlanes[5] = new Plane();
  m_oViewingFrustrumPlanes[5].A = this.CombinedMatrix.M14 -
    this.CombinedMatrix.M13;
  m_oViewingFrustrumPlanes[5].B = this.CombinedMatrix.M24 -
    this.CombinedMatrix.M23;
  m_oViewingFrustrumPlanes[5].C = this.CombinedMatrix.M34 -
    this.CombinedMatrix.M33;
  m_oViewingFrustrumPlanes[5].D = this.CombinedMatrix.M44 -
    this.CombinedMatrix.M43;
}
```

## Sichtbarkeitstest

Nachdem die Ebenen generiert wurden, ist der Sichtbarkeitstest ganz einfach. Bemühen Sie lediglich die Dot()-Methode eines Plane-Objekts. Sofern die Methode einen negativen Wert zurückgibt, dann liegt die Koordinate nicht vor der Ebene, da der Winkel zur Ebenennormalen negativ ist.

```
public bool Intersect(Vector3 oPosition)
{
  foreach (Plane oPlane in m_oViewingFrustrumPlanes)
    if (oPlane.Dot(oPosition) < 0)
      return false;

  return true;
}

public static bool Intersect(Vector3 oPosition, float fRadius)
{
  foreach (Plane oPlane in m_oViewingFrustrumPlanes)
    if (oPlane.Dot(oPosition) + fRadius < 0)
      return false;

  return true;
}
```

## 6.7.6 Die Rolle der Bounding Box

Scene Management zur Reduzierung der Polygonzahl oder zur leichteren Kollisionskontrolle ist zwar nicht Schwerpunkt dieses Buches, dennoch gehört es irgendwo zur Thematik dazu, weshalb Sie wissen sollten, was eine Bounding Box ist.

Unter Bounding Box wird ein imaginärer Quader verstanden, der einen Körper komplett umhüllt (Abbildung 6.28). Folglich kann die Größe und die Position in der virtuellen Welt grob abgeschätzt werden. View Frustrum Culling macht natürlich nur dann Sinn, wenn eine Einsparung erzielt werden kann. Statt alle Vertex-Koordinaten eines Meshes gegen das Frustrum zu testen, generiert man eine Bounding Box und prüft, ob einer der Eckpunkte im Sichtbereich liegt. Wenn das der Fall ist, dann kann das Objekt durch die Render Pipeline geschoben werden.

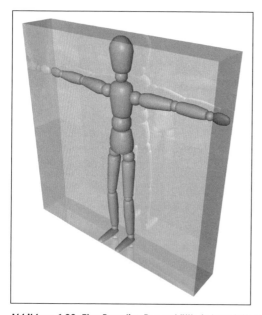

**Abbildung 6.28:** Eine Bounding Box umhüllt ein komplettes Objekt

Mit Kontext zur Kollisionserkennung bringt Ihnen eine Bounding Box insofern den Vorteil, dass Sie erst einmal kontrollieren können, ob eine Kollision mit dem imaginären Quader existiert. Leider reicht dies nicht immer aus. Abbildung 6.28 zeigt sehr schön das Problem von Bounding Boxes im Zusammenhang mit der Kollisionserkennung. Denn trifft beispielsweise ein Projektil unterhalb des rechten Armes ein, dann wird die Anwendung eine Kollision erkennen, obwohl keine Kollision stattgefunden hat. Schlussfolgerung: Im Fall einer Kollision ist immer ein detaillierter Test sinnvoll, der zum Beispiel auf Polygonebene prüft.

Das Problem besteht auch beim Viewing Frustrum Culling, wenn die untere rechte Ecke im Sichtbereich liegt. Da der Quader an jener Position keinen Inhalt vorweist, werden dennoch unnötige Vertices verarbeitet.

## Berechnung einer AABB in Direct3D

Die DirectX-Klassenbibliothek verfügt über eine Klasse namens Geometry, die Ihnen bereits bekannt ist. Jene wiederum stellt Ihnen eine statische Hilfsmethode ComputeBoundingBox() zur Berechnung einer Axis Aligned Bounding Box (AABB) zur Verfügung. Der Name ist Programm, denn die Box wird zu den Achsen des Koordinatensystems ausgerichtet. Soll heißen, die Seiten des Quaders verlaufen parallel zu den Achsen (siehe Abbildung 6.29). Hingegen kann eine sog. Oriented Bounding Box beliebig im Raum platziert und orientiert sein.

Zunächst ein Blick auf die Syntax der genannten Methode.

```
Public static void ComputeBoundingBox(GraphicsStream pontsFvf,
    int numVertices, VertexFormats vertexFormat, out Vector3 min,
    out Vector3 max);
```

Aus dieser Syntax-Definition geht hervor, dass Sie die Vertex-Daten eines Vertex Buffers abfragen und an die Methode als erstes Argument übergeben müssen. Alternativ zur aufgezeigten Überladung können Sie als erstes Argument ebenso einen Array der übergeben. Anschließend folgt die Anzahl der Vertices, dessen Format und schließlich die Ausgabeparameter, jeweils vom Typ Vector3. Anstelle des Formats kann auch die Größe der Struktur in Bytes übergeben werden.

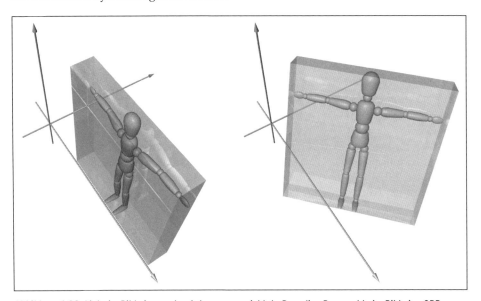

**Abbildung 6.29:** Links im Bild eine an den Achsen ausgerichtete Bounding Box, rechts im Bild eine OBB

Im folgenden Listing vereinfacht die Methode die Berechnung einer AABB für Mesh-Objekte.

```
public void GetBoundingBox(Mesh oMesh,
  out Vector3 oMin, out Vector3 oMax)
{
  using (VertexBuffer oVertexBuffer = oMesh.VertexBuffer)
  {
    GraphicsStream oData = oVertexBuffer.Lock(0, 0,
      LockFlags.None);
    Geometry.ComputeBoundingBox(oData, oMesh.NumberVertices,
      oMesh.VertexFormat, out oMin, out oMax);

    oVertexBuffer.Unlock();
  }
}
```

**Bounding Sphäre**

Bei manchen Körpern bietet sich eher eine imaginäre Kugel an, welche als Bounding Sphäre den Einzug in die Literatur fand. Die Kollisionskontrolle ist anhand einer Kugel leichter durchzuführen, da lediglich ein Vektor vom Mittelpunkt der Kugel zur jeweiligen Position des zweiten Objekts aufgespannt werden muss. Wenn die Länge des Vektors den Radius der Kugel unterschreitet liegt eine Kollision vor.

Auch zur Berechnung der Bounding Sphäre hält die Geometry-Klasse eine Hilfsmethode bereit.

```
Public static float ComputeBoundingSphäre(
  GraphicsStream pointsFvf, int numVertices,
  VertexFormats vertexFormat, out Vector3 center);
```

Obige Methode besitzt einen Rückgabewert vom Typ float, welcher den ermittelten Radius zurückgibt und einen Ausgabeparameter namens center zur Angabe des Kugel-Mittelpunkts. Aller anderen Parameter gleichen der ComputeBoundingBox()-Methode. Auch in diesem Fall existieren mehrere Überladungen, so dass Sie entweder ein GraphicsStream-Objekt oder einen Array übergeben können bzw. dass Sie anstelle des Vertex-Formats die Speichernutzung der Vertex-Struktur in Bytes angeben können.

## 6.8 Zusammenfassung

Während die vorherigen Kapitel fast ausschließlich die Verwendung der Direct3D-Schnittstelle demonstrierten, wurden in diesem Kapitel mehrere Anwendungsgebiete gezeigt bzw. Techniken erklärt, die nicht direkt zum Funktionsumfang der DirectX-Schnittstelle gehören.

Ein Thema war das Terrain-Rendering, wobei die Implementierung einer Klasse nur sehr rudimentär erfolgte. Rudimentär deshalb, weil in jedem Frame die gesamte Landschaft mit all seinen Vertices verarbeitet wurde. Im Fachjargon findet man dafür den Begriff

## Zusammenfassung

Brute Force. Grundlage des Terrains war eine RAW-Datei, welche 8 Bit pro Pixel speichert und keine nebensächlichen Informationen beinhaltet, so dass die Datei direkt von Beginn an eingelesen werden konnte. Jeder Farbwert im Bereich von 0 und 255 repräsentiert dann die Höhe. Wahlweise beeinflusst ein Faktor die Höhenkontraste des Terrains. Das Terrain-Rendering zählt mit zu den interessantesten, aber auch sehr schwierigen Thematiken in der 3D-Programmierung. Bei Interesse wird Ihnen das Internet behilflich sein, die ersten eigenen Scene Management-Methodiken expliziten Code zu konvertieren.

Allein eine Landschaft macht noch keine ganze Szene aus, weshalb zusätzliche Faktoren wie Nebel, ein Himmel oder Rauch dazukamen. Letzteres wird durch sog. Point Sprites realisiert. Vorausgesetzt dass Point Sprites aktiviert sind, „mappt" Direct3D auf jeden Vertex die aktuell eingestellte Textur. Einem Partikelsystem obliegt dann die Aufgabe, jene Technik zu nutzen, um die Partikel darzustellen und zu koordinieren.

> **Hinweis**
>
> Im Englischen wird häufig von Texture Mapping gesprochen, womit gemeint ist, dass ein Objekt von einer Textur überzogen wird.

Einen Himmel könnte man nicht leichter darstellen, als mit einer Sky Box oder Sky Sphäre. Wie der Name schon sagt, ein Objekt mit der geometrischen Form eines Quaders oder einer Kugel, welches anschließend eine Himmeltextur verpasst bekommt. Beide Körper umschließen den gesamten Level bzw. den gesamten sichtbaren Bereich.

Etwas hervorgehoben wird der Himmel beim Einsatz von Lens Flares (Linsenreflektionen), sofern eine Sonne sichtbar ist. Lens Flare-Effekte setzten sich aus unterschiedlichen Formen zusammen, die mit Hilfe eins Billboards immer zum Betrachter gedreht dargestellt werden. Üblich ist die Positionierung entlang eines Strahls, der durch den Ursprung des Koordinatensystems verläuft. Fertig ist die Linsenreflektion!

# 7 Shader-Programmierung

Mittlerweile machen viele Computer-Spiele Gebrauch von einem sog. Vertex Shader bzw. Pixel Shader. Auch die Grafikkartenhersteller nutzen die Unterstützung der Vertex Shader 3.0 und Pixel Shader 3.0 als Verkaufsargument. Irgendwo werden Sie den Begriff also schon einmal gesehen haben. Stellt sich jetzt nur die Frage, was genau Shader denn überhaupt sind, welche Vorteile sie mit sich bringen und wie diese in einer Direct3D-Anwendung untergebracht werden können. All diese Fragen werden im Laufe dieses Kapitels beantwortet.

Abbildung 7.1 demonstriert ein Punktlicht auf Per-Pixel-Basis und liefert somit einen kleinen Vorgeschmack auf das, was Sie in diesem Kapitel erwartet. Die Lichtintensität wird für jeden einzelnen Pixel berechnet. Folglich spielt es keine Rolle wie groß eine Fläche ist und ob diese nur aus zwei Polygonen besteht. Nebenbei sei erwähnt, dass das Beispiel als Bildschirmschoner realisiert wurde.

**Abbildung 7.1:** Per-Pixel Point Light in einem Direct3D-Bildschirmschoner

## 7.1 Grundlagen

In den letzten fünf Kapiteln haben wir die vorhandene Funktionalität von Direct3D genutzt und entsprechend den Anforderungen konfiguriert. Mit Erinnerung an Kapitel 1 wird da der Begriff Fixed Function Pipeline wiederkehren. Auch wenn Direct3D eine Menge zu bieten hat, sind den Möglichkeiten doch Grenzen gesetzt. Schließlich kann man nur Funktionalitäten nutzen, die auch angeboten werden.

Die sog. Vertex und Pixel Shader ersetzen die Fixed Function Pipeline, denn sie zählen zum Bestandteil der sog. Programmable Pipeline. Kurz gesagt handelt es sich bei Shadern um kleine Programme, die von der GPU (Graphics Processing Unit) ausgeführt werden. Sprich, von der Grafikkarte. Sowohl Vertex, als auch Pixel Shader werden mit Assembler Instruktionen geschrieben und sind ein gewisses Stück API unabhängig, weshalb eigens programmierte Shader sowohl in Direct3D-Anwendungen als auch in OpenGL-Applikationen genutzt werden können.

## 7 – Shader-Programmierung

Einige Leser werden bestimmt Luftsprünge gemacht haben, andere wiederum nur den Kopf geschüttelt, als die Rede von Assembler war. In der Tat musste zur Anfangszeit der Shader wieder alles in Assembler programmiert werden. Nachdem die Möglichkeiten von Version zu Version wuchsen, entwickelte Microsoft eine eigens dafür vorgesehene Sprache, die sehr an C anlehnt. Die Rede ist von der High Level Shader Language, kurz HLSL. In Kürze gibt es dazu nähere Informationen.

### 7.1.1 Vertex Shader

Ein Vertex Shader löst die Fixed Function Pipeline ab, wenn es darum geht die Vertices zu transformieren und zu beleuchten. Letztendlich hängt es nur von Ihnen ab, welche Aufgabe im Vertex Shader gelöst wird. Sie müssen sich nur darüber im Klaren sein, dass der Fixed Function Pipeline, speziell der TnL-Einheit (Transform and Lighting), von nun an keinerlei Bedeutung mehr zukommt. Entweder man macht von einem Vertex Shader Gebrauch oder von der Fixed Function Pipeline.

> **Hinweis**
>
> Die Kombination von Vertex Shader und Fixed Function Pipeline ist möglich, wobei die Fixed Function Pipeline dann nur den Pixel Shader vertritt. Allerdings verursachen manche Grafikkarten Probleme, wenn die Fixed Function Pipeline und die Programmable Pipeline gemischt werden.

Die Konsequenz: Beim Einsatz eines Vertex Shaders müssen Sie alle anfallenden Arbeiten selbst bewältigen.

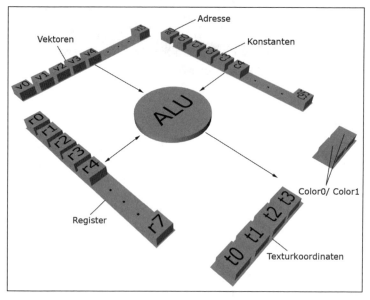

**Abbildung 7.2:** Schematische Darstellung der Vertex ALU

Verarbeitet wird ein Vertex Shader von der Grafikkarte. Genauer gesagt von der Vertex-ALU (Arithmetic Logical Unit). Eine schematische Darstellung der ALU zeigt Abbildung 7.2. Wie dort erkennbar ist, gibt es eine Hand voll Vektoren und Konstanten. Sowohl die Register v0 bis v15 als auch die Konstanten-Register c0 bis cx dienen als Schnittstelle zur Eingabe von Daten. Jedes Register umfasst 128 Bit. Diese 128 Bit sind ausreichend, um einen kompletten Vektor mit vier Komponenten vom Typ float unterzubringen. Wie Sie sehen ist die Grafikkarte bestens für Vektorrechnungen vorbereitet. Eine CPU ist deutlich langsamer in der Verarbeitung, wodurch den Vertex Shadern und Pixel Shadern eine viel höhere Gewichtung zukommt.

Wie viele Konstantenregister zur Verfügung stehen, ist von der verwendeten Grafikkarte abhängig. Auskunft darüber gibt die `MaxVertexShaderConst`-Eigenschaft der `Caps`-Struktur. `MaxVertexShaderConst`. Verwendung finden die Konstantenregister beispielsweise, um von der Anwendung eine Matrix in den Shader zu schleusen.

Als temporärer Speicher stehen die Register r0 bis r7 zur Verfügung. Nachdem der Shader abgearbeitet wurde, sind diese Daten nicht mehr greifbar.

Zum Abschluss bleibt noch zu klären, welche Daten wieder ausgegeben werden. Korrekterweise müsste man von weitergeben sprechen, da ein Shader nicht direkt einen Wert an die Anwendung zurückgibt. Stattdessen können diverse Werte vom Vertex Shader entweder an die Fixed Function Pipeline gereicht werden oder an einen Pixel Shader. Jeder Vertex Shader weist zwei Ausgaberegister auf, die einen diffusen und einen spekulären Farbwert enthalten können. Weiterhin existiert ein Register, um die Vertex-Position weiterzugeben, acht Register für Texturkoordinaten[1], ein Register für den Nebelwert und zu guter Letzt ein Register für die Größe eines Point Sprites.

## 7.1.2 Pixel Shader

Ein Pixel Shader greift genau dann, wenn es darum geht den Farbwert eines Pixels zu ermitteln. Folglich obliegt dem Pixel Shader u.a. die Aufgabe ein Objekt zu texturieren. Hierbei gilt es anzumerken, dass der letztendliche Farbwert, welcher durch den Pixel Shader berechnet wurde, nicht zwingend im Back Buffer landen muss. Direct3D führt nach einem Pixel Shader beispielsweise den Tiefentest durch und wendet Alpha Blending oder Fog Blending an.

Zu den Eingaberegistern zählt `v0` und `v1`, die den Ausgaberegistern `Color0` und `Color1` des Vertex Shaders entsprechen. Weiterhin stehen Ihnen die Register `t0` bis `tn` zur Verfügung, die eigentlich der Haltung von Texturkoordinaten gewidmet sind. Im praktischen Einsatz werden sie doch meist zweckentfremdet und dienen der Übermittlung von Orts- oder Richtungsvektoren von Lichtquellen oder dergleichen. Letztlich definieren Sie, welche Daten in welchem Parameter vom Vertex Shader zum Pixel Shader gereicht werden. Im Gegensatz zum Vertex Shader enthalten die Konstantenregister eines Pixel Shaders ausschließlich Werte zwischen -1 und 1, ebenso vom Typ `float`.

---

[1] Die Anzahl der verfügbaren Register für die Texturkoordinaten kann von Hardware zu Hardware differenzieren.

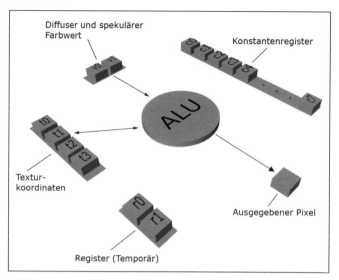

**Abbildung 7.3:** Schematische Darstellung der Pixel ALU

## 7.2 High Level Shader Language (HLSL)

Zur Geburtsstunde der Shader (Version 1.0) war die Anzahl der Instruktionen recht überschaubar. Dennoch mussten sich die Entwickler von Vertex Shadern und Pixel Shadern mit der Belegung der Register „rumplagen". Es ist nicht abzustreiten, dass die Assembler-Programmierung auch Vorteile in sich birgt. Etwa die Optimierung des Codes ist aufgrund der Hardwarenähe wesentlich einfacher. Dennoch lenkt die Assembler-Programmierung in gewissem Maße von der eigentliche Aufgabe ab. Dies nahm sich Microsoft zum Anlass eine eigene Sprache zu entwickeln, mit der Vertex Shader und Pixel Shader geschrieben werden können. In den folgenden Abschnitten liegt der Fokus zunächst auf den Sprachelementen. Im Anschluss daran werden konkrete Beispiele mit Hilfe der High Level Shader Language umgesetzt und von einer Direct3D-Anwendung in Anspruch genommen.

Sofern Sie mit HLSL bereits etwas vertraut sind, können Sie ggf. gleich zu den Beispielen wechseln und bei Bedarf diesen Abschnitt als Referenz nutzen[2].

### 7.2.1 Skalare Datentypen

Die High Level Shader Language kennt die folgenden skalaren Datentypen:

- bool
  Speichert boolesche Werte (true/ false)

---

2 In diesem Buch können nicht alle Elemente von HLSL berücksichtigt werden, da allein mit der High Level Shader Language bereits ganze Bücher gefüllt werden könnten.

# High Level Shader Language (HLSL)

- int
  32 Bit Ganzzahl mit Vorzeichen
- half
  16 Bit Fließkommazahl
- float
  32 Bit Fließkommazahl
- double
  64 Bit Fließkommazahl

## 7.2.2 Vektor-Typen

Überwiegend werden Sie Vektoren deklarieren, um Distanzen zu berechnen oder Positionen von Lichtquellen. Tabelle 7.1 zeigt zwei Deklarationsmethodiken.

| Deklaration | Beschreibung |
|---|---|
| vector | Definiert einen Vektor mit 4 Komponenten vom Typ float |
| vector< type, size > | Definiert einen Vektor der Dimension size, wobei die Komponenten einem skalaren Typ entsprechen müssen. |
| float4 | Float-Vektor mit vier Dimensionen |
| float[4] | Float-Vektor mit vier Dimensionen |

Tabelle 7.1: Vektor-Typen

Interessanterweise kann man auf die Komponenten X, Y und bzw. R, G und B einer float4-Variablen zugreifen.

```
float4 oLightDirection = { 1.0f, 0.0f, 0.0f };
float fX = oLightDircetion.x;
float2 oXY = oLightDirection.xy;
```

Werfen Sie zunächst einen Blick auf das folgende Listing und bestimmen Sie, welche Operation dort durchgeführt wird.

```
float4 oLightDirection;
float4 oCamPosition;

float4 oVector = oCamPosition * oLightDirection;
```

Wenn Sie sofort an das Skalarprodukt gedacht haben sollten, dann liegen Sie leider falsch. Die Standardoperatoren werden immer komponentenweise auf die Vektoren angewendet. Daraus folgt, dass der oben gezeigte Ausdruck den nachfolgenden Zuweisungen entspricht.

```
float4 oVector;
oVector.x = oCamPosition.x * oLightDirection.x
oVector.y = oCamPosition.y * oLightDirection.y
oVector.z = oCamPosition.z * oLightDirection.z
oVector.w = oCamPosition.w * oLightDirection.w
```

### 7.2.3  Matrizen

Analaog zu den Vektoren können Sie Matrizen für jeden skalaren Typ deklarieren. Dem skalaren Typ folgt die Angabe der Dimensionen, wobei diese mit einem x getrennt geschrieben werden.

```
float4x4 oTranslationMatrix;
```

Alternativ steht der Typ Matrix zur Verfügung, bei dem der Typ und die Dimensionen in spitzen Klammern angegeben werden.

```
matrix<float, 4, 4> oTranslationMatrix =
  { 1.0f, 0.0f, 0.0f, 0.0f, //Zeile 1
    0.0f, 1.0f, 0.0f, 0.0f, //Zeile 2
    0.0f, 0.0f, 1.0f, 0.0f, //Zeile 3
    0.0f, 0.0f, 0.0f, 1.0f }//Zeile 4
```

Die Elemente einer Matrix werden entweder wie bei einem zweidimensionalen Array angesprochen oder über dessen „Eigenschaften", wobei sich die Bezeichnung eines Elements aus einem Unterstrich, einem kleinen m und die Kombination aus Zeilen- und Spaltennummer zusammensetzt. Der Index ist nullbasiert.

```
Float4x4 oTranslationMatrix;
float fElement00 = oTranslationMatrix._m00;
```

Bevorzugen Sie lieber Indizes bei Eins beginnend, dann fällt das kleine m weg und der Bezeichner reduziert sich auf einen Unterstrich und die Elementnummer.

```
float fElement11 = oTranslationMatrix._11;
```

Es sei ausdrücklich darauf hingewiesen, dass eine 4x4 Matrix insgesamt vier Register belegt, da ein Register 128 Bit umfasst und genügend Platz für einen Vektor bietet.

### 7.2.4  Typkonvertierung

Sie können wie auch in C# Werte zwischen zwei Datentypen konvertieren, indem der Zieldatentyp in Klammern vor den Wert oder Ausdruck platziert wird. Die Syntax ist folglich dieselbe, das Verhalten der Typkonvertierung in HLSL aber keinesfalls, wie das unten zu sehende Listing beweist.

```
float4 oLightDirection = 0.0f;
matrix<float, 4, 4> = (matrix)oLightDirection;

float fColor = 0.5f;
float fFinalColor = oLightDirection * fColor;
```

Bereits die erste Zuweisung sieht aus den Augen eines C#-Programmierers unmachbar aus. In der Tat erlaubt HLSL die obige Schreibweise, wobei die Zuweisung des float-Werts die Initialisierung aller Komponenten des Vektors bewirkt. Innerhalb der letzten Zeile findet eine Multiplikation zwischen einem Vektor und einer reellen Zahl statt. Normalerweise entspräche das Ergebnis einem Vektor. In diesem Fall ist es äquivalent zu oLightDirection.x * fColor.

Für weitere Details zur Typkonvertierung in der High Level Shader Language konsultieren Sie bitte die Dokumentation des DirectX SDK's.

## 7.2.5 Modifizierer

Konstante werden analog zu C# mit dem Schlüsselwort const gekennzeichnet. Dessen Wert darf zur Laufzeit des Shaders nicht verändert werden.

Die Modifizierer row_major und col_major dürften hingegen nicht bekannt sein. Sie teilen dem Shader mit, wie eine Matrix in den Registern verteilt werden soll. Letzteres Schlüsselwort bewirkt, dass eine Spalte einer Matrix in einem Register abgelegt werden soll. Im Umkehrschluss werden die Zeilen einer Matrix bei row_major in einem Register gespeichert. Standardmäßig gilt col_major.

Modifizierer zur Steuerung der Zugriffsebene und Lebensdauer einer Variablen listet Tabelle 7.2.

| Modifizierer | Beschreibung |
| --- | --- |
| static | Globalen Variablen, die als static deklariert wurden, kann von seitens der Anwendung kein Wert zugewiesen werden. Nicht statische globale Variablen können dank der DirectX-API geändert werden.<br>Lokale statische Variabeln sind zwischen den Funktionsaufrufen persistent. |
| extern | Extern signalisiert bei globalen Variablen, dass diese von der Anwendung aus gesetzt werden können. Dieser Modifizierer entspricht dem Standardverhalten. |
| shared | Globale Variablen können von mehreren Effekten verwendet werden. |
| uniform | Als uniform deklarierte Variablen müssen von der Anwendung gesetzt werden. |

**Tabelle 7.2:** Modifizierer in HLSL

## 7.2.6 Strukturen

Strukturen finden häufig Anklang, um die Daten in eine ordentliche Form zu bringen, die dann vom Vertex Shader ausgegeben werden. Die Deklaration gleicht der in C#.

```
struct VS_OUTPUT
{
  float4 oPos : POSITION;
  float4 fColor : COLOR0;
};
```

## 7.2.7 Funktionen

Die High Level Shader Language unterstützt benutzerdefinierte Funktionen mit einigen Einschränkungen.

- Rekursion ist nicht erlaubt
- Parameter werden immer „by value" übergeben

Die Syntax ist wie in C üblich. Zusätzlich können Parameter um die Angabe von in, out oder inout gekennzeichnet werden. „in" entspricht dem Standard, weshalb Sie das Schlüsselwort eigentlich niemals angeben müssen. Es signalisiert, dass der Wert des übergebenen Arguments kopiert werden soll. Parameter, die mit out gekennzeichnet sind, fungieren ausschließlich als Ausgabeparameter. Parameter, die mit dem Schlüsselwort inout versehen wurden, können sowohl Argumente entgegennehmen, als auch Werte ausgeben.

```
void Transform(float4 oPosition,float3 oNormal,
   out VS_OUTPUT oOut)
{
  //Anweisungen
  return Out;
}
```

## 7.2.8 Programmablaufsteuerung

HLSL kennt diverse Konstrukte, mit denen Sie den Programmablauf beeinflussen können. Im Folgenden sind diese kurz in einem jeweiligen Listing zu sehen. Die Syntax entspricht der von C/ C++, C#, weshalb es keiner weiteren Erläuterung bedarf.

```
if( Bedingung )
{
  //Anweisungen
}

if( Bedingung )
```

# High Level Shader Language (HLSL)

```
{
  //Anweisungen
} else {
  //Anweisungen
}
```

Die for-Schleife:

```
for ( Initialisierung; Bedingung; Inkrementierung)
{
  //Anweisungen
}
```

Die while-Schleife:

```
while ( Bedingung )
{
  //Anweisungen
}
```

Die do-while-Schleife:

```
do
{
  //Anweisungen
} while ( Bedingung )
```

## 7.2.9 Mathematische Funktionen

Die High Level Shader Language dient zur Entwicklung von Shadern. Shader wiederum sind sehr durch die Mathematik geprägt, weshalb eine umfangreiche Funktionsbibliothek zur Verfügung steht. Tabelle 7.3 zeigt die mathematischen Funktionen der HLSL.

| Funktion | Beschreibung |
| --- | --- |
| abs(x) | Absoluter Betrag von x ( \|x\| ) |
| ceil(x) | Gibt die kleinste Ganzzahl zurück, die größer oder gleich x ist. |
| clamp(x, a, b) | Verschiebt x in den angegebenen Wertebereich [a, b] und liefert das Ergebnis. |
| cos(x) | Kosinus eines Winkels. Der Winkel wird im Bogenmaß angegeben. |
| cross(u, v) | Berechnet das Kreuzprodukt von u und v. |
| degrees(x) | Wandelt den Winkel vom Bogenmaß ins Gradmaß um. |
| determinant(M) | Gibt die Determinante der Matrix M zurück. |

**Tabelle 7.3:** Mathematische Funktionen der High Level Shader Language

| Funktion | Beschreibung |
| --- | --- |
| distance(u, v) | Gibt den Abstand zwischen zweier Vektoren zurück |
| dot(u, v) | Berechnet das Skalarprodukt (Punktprodukt) zweier Vektoren |
| floor(x) | Gibt die größte Ganzzahl zurück, welche kleiner oder gleich x ist |
| length(v) | Ermittelt die Länge eines Vektors v |
| lerp(u, v, t) | Führt eine lineare Interpolation zwischen u und v auf Basis des Parameters t aus, wobei t im Wertebereich [0, 1] liegt |
| log(x) | Berechnet den natürlichen Logarithmus ln(x) |
| log10(x) | Berechnet den Logarithmus auf der 10er Basis, $ln_{10}(x)$ |
| log2(x) | Berechnet den Logarithmus auf der 2er Basis, $ln_2(x)$ |
| max(x, y) | Gibt den größeren der beiden Werte zurück |
| min(x, y) | Gibt den kleineren der beiden Werte zurück |
| mul(M, N) | Führt eine Multiplikation zweier Matrizen aus |
| normalize(v) | Normalisiert einen Vektor v, so dass dessen Länge anschließend 1 beträgt (Einheitsvektor) |
| pow(b, n) | Potenziert den Wert b, wobei n den Exponenten stellt |
| radians(x) | Konvertiert einen Winkel vom Gradmaß ins Bogenmaß |
| rsqrt(x) | Gibt den Umkehrwert von der Wurzel aus x zurück |
| saturate(x) | Entspricht der clamp-Funktion mit den Parametern: clamp(x, 0.0f, 1.0f) |
| sin(x) | Berechnet den Sinus von x, wobei der Winkel im Bogenmaß angegeben werden muss |
| Sincos(in x, out s, out c) | Berechnet sowohl den Sinus als auch den Kosinus von x, wobei der Winkel im Bogenmaß angegeben wird |
| sqrt(x) | Zieht die Wurzel aus x |
| tan(x) | Berechnet den Tangens von x, wobei der Winkel im Bogenmaß angegeben wird |
| Transpose(M) | Transponiert die Matrix M |

**Tabelle 7.3:** Mathematische Funktionen der High Level Shader Language (Forts.)

## 7.3 Der erste Vertex Shader

Die Grundsteine zur Verwendung der HLSL sind gelegt. Nun wird der erste Vertex Shader in der Praxis begutachtet. Zunächst einmal wird ein Vertex Shader entwickelt und mit der Fixed Function Pipeline kombiniert[3].

---

3 Normalerweise versucht man die Kombination aus Shader und Fixed Function Pipeline zu vermeiden. Aus didaktischen Gründen wird dieser Vorsatz ignoriert.

## 7.3.1 Der Shader

Welchen Aufgaben muss sich der Vertex Shader annehmen? Ungeachtet von Materialien und Texturen muss der Shader im ersten Schritt die Vertices transformieren. Bei Verwendung der Fixed Function Pipeline setzen Sie dazu die World-, View- und Projection-Matrix. Intern multipliziert Direct3D alle drei Matrizen miteinander und transformiert die Vertices. Dieselbe Aufgabe gilt es nun selbst zu realisieren, wofür eine globale Variable vom Typ float4x4 notwendig ist.

```
float4x4 WorldViewProj : WORLDVIEWPROJECTION;
```

Neben dem Datentyp und dem Variablennamen taucht im obigen Codeausschnitt ein Doppelpunkt gefolgt von dem Schlüsselwort WORLDVIEWPROJECTION auf. Letzteres Schlüsselwort zählt zu den sog. Semantics. Semantics signalisieren den Verwendungszweck einer Variablen oder eines Parameters.

Als Resultat liefert der Shader letztendlich die Vertex-Position und einen Farbwert. Beide Informationen hinterlegen wir in einer eigens definierten Struktur:

```
struct VS_OUTPUT
{
  float4 oPosition : POSITION;
  float4 oDiffuse : COLOR0;
};
```

Sie können einen Vertex transformieren, indem Sie eine Multiplikation zwischen Vektor und Matrix durchführen. Damit das Dreieck nicht einheitlich aussieht, berechnet der Shader eine mehr oder weniger zufällige Farbe. Jene ist wiederum von einer globalen Variablen namens ColorFactor abhängig (Typ: float). Über die Anwendung können Sie der Variablen einen Wert zuweisen.

```
VS_OUTPUT Transform(float4 oPosition : POSITION )
{
  //Komponenten mit 0 initialisieren
  VS_OUTPUT oOut = (VS_OUTPUT)0;

  //Transformation
  oOut.oPosition = mul(oPosition, WorldViewProj);

  //Diffuse Farbe berechnen
  oOut.oDiffuse.r = 1 - ColorFactor;
  oOut.oDiffuse.b = ColorFactor * WorldViewProj[2].yz;
  oOut.oDiffuse.ga = ColorFactor * WorldViewProj[0].xy;

  return oOut;
}
```

Die Funktion Transform() nimmt die Vertex-Daten entgegen und führt die zuvor überlegte Berechnung aus. Über die Semantic POSITION wird der Parameter oPosition an den Ortsvektor des Vertex gebunden. Tabelle 7.4 listet alle Semantics, welche den Funktionsparametern eines Vertex Shaders zugewiesen werden können.

| Semantic |
| --- |
| COLORn |
| NORMALn |
| POSITIONn |
| PSIZEn |
| TANGENTn |
| TEXCOORDn |

**Tabelle 7.4:** Vertex Shader Input Semantics[1]

Ein Vertex Shader kann nur bestimmte Informationen ausgeben, die in Tabelle 7.5 zusammengefasst sind.

| Semantic |
| --- |
| COLORn |
| FOG |
| POSITION |
| PSIZE |
| TEXCOORDn |

**Tabelle 7.5:** Vertex Shader Output Semantics

## 7.3.2 Techniques und Passes

Dateien die Vertex Shader und/ oder Pixel Shader enthalten sind auch als Effect File bekannt. Jeder Effekt besitzt ein oder mehrere sog. Techniques. Ein und dieselbe Effekt-Datei kann mehrere Techniques anbieten, um den Effekt in unterschiedlicher Art und Weise darzustellen. Sie werden später noch lernen, welche Unterschiede zwischen den diversen Vertex und Pixel Shader-Versionen vorherrschen. Bis dato sei gesagt, dass die meisten Entwickler eben eine Technique pro Version anbieten (vorausgesetzt der Effekt lässt sich so stark vereinfachen, dass eine niedrige Shader-Version die Befehle ausführen kann).

Eine Technique wiederum kann mehrere Passes anbieten. Ein Pass ist ein Durchgang. In den Beispielprojekten dieses Kapitels wird kein Shader mehrere Durchgänge benötigen, weshalb in dem folgenden Listing auch nur ein Pass zu finden ist.

---

4  Die Tabelle beschränkt sich auf die wichtigsten Semantics. Eine vollständige Liste bietet das DirectX SDK.

## Der erste Vertex Shader

```
technique TransformDiffuse
{
  pass P0
  {
    CullMode = None;

    VertexShader = compile vs_1_1 Transform();
    PixelShader = NULL;
  }
}
```

Mittels der Schlüsselwörter `VertexShader` und `PixelShader` geben Sie innerhalb eines Passes die jeweiligen Shader an, die zur Anwendung kommen sollen. Der Anweisung `compile` folgt immer ein entsprechendes Profil (Tabelle 7.6) und der Name der Funktion.

Damit ist der Vertex Shader fertig gestellt. Die nächsten Abschnitte kümmern sich um die Integration in einer Direct3D-Anwendung.

| Profil | Beschreibung |
|---|---|
| vs_1_1 | Vertex Shader Version 1.1 |
| vs_2_0 | Vertex Shader Version 2.0 |
| vs_2_x | Entspricht dem erweiterten Vertex Shader 2.0, welcher mehr temporäre Register bereit hält und eine dynamische Programmablaufsteuerung ermöglicht. |
| vs_3_0 | Vertex Shader 3.0 – Entspricht der neusten Shader-Version, die bisweilen von fast allen Grafikkartenherstellern in den neuen Karten integriert wurde. |
| ps_1_1 | Pixel Shader Version 1.1 |
| ps_1_2 | Pixel Shader Version 1.2 |
| ps_1_3 | Pixel Shader Version 1.3 |
| ps_1_4 | Pixel Shader Version 1.4 |
| ps_2_0 | Pixel Shader Version 2.0 |
| ps_2_x | Entspricht der erweiterten Pixel Shader Version 2.0. Änderungen siehe vs_2_x. |
| ps_3_0 | Pixel Shader Version 3.0 – Analog zum Vertex Shader 3.0 entspricht diese Version der aktuellsten Variante und ist somit noch nicht all zu sehr verbreitet. |

**Tabelle 7.6:** Compilation Profiles

### 7.3.3 Vertex Declaration

Bislang musste dem Direct3D-Device das Vertex-Format mitgeteilt werden, wenn nicht gerade ein Mesh-Objekt gerendert wurde. Unter Verwendung der Programmable Pipeline funktioniert diese Vorgehensweise nicht mehr. Stattdessen muss das Vertex Format mittels eines `VertexDeclaration`-Objekts beschrieben werden. Grundlage für jenes Objekt stellt ein Array von `VertexElement`-Objekten dar.

Jede Instanz der `VertexElement`-Klasse beschreibt eine Komponente eines Vertex. Soll heißen, wenn Sie eine Vertex-Struktur gewählt haben, die neben der Position eine Normale und ein Texturkoordinatenpaar speichert, dann benötigen Sie insgesamt vier Elemente. Genau vier, das ist kein Schreibfehler. Das letzte Element ist immer ein `VertexElement.VertexDeclarationEnd`-Objekt. Der Konstruktor der `VertexElement`-Klasse fordert einige Argumente ein:

```
Public VertexElement(short stream, short offset,
   DeclarationType declType, DeclarationMethod declMethod,
   DeclarationUsage declUsage, byte usageIndex);
```

### Stream

Definiert den Stream, von dem die Vertex-Daten bezogen werden sollen. Der Index entspricht demjenigen, den Sie der `SetStreamSource()`-Methode übergeben.

### Offset

Der Offset wird in Bytes angegeben und besagt, ab welchem Byte die entsprechende Komponente des Vertex beginnt. Angenommen die folgende Struktur sei gegeben.

```
struct PositionNormalTextured
{
   Vector3 Position;
   Vector3 Normal;
   Vector2 TextureCoord;
}
```

Dann entspricht der Offset 0 dem Vektor Position. Die Normale fängt hingegen beim Byte 12 an und die Texturkoordinaten sind an der Position 24 zu finden. Verallgemeinert gesprochen, müssen Sie nur den Speicherbedarf der vorangegangenen Komponenten aufsummieren, um einen spezifischen Offset zu berechnen.

### DeclarationType

Als drittes Argument übergeben Sie den Datentyp, welchem sich die Komponente bedient. Übergeben Sie dazu eine Konstanze der `DeclarationType`-Enumeration. Größtenteils werden Sie Gebrauch von diesen vier Typen machen:

- DeclarationType.Float1
- DeclarationType.Float2
- DeclarationType.Float3
- DeclarationType.Float4

### Declaration Method

Definiert die Art der Tessellation. Dieses Argument bleibt in diesem Buch unberücksichtigt, weshalb immer `DeclarationMethod.Default` übergeben wird.

## Declaration Usage

Das fünfte Argument beschreibt den Verwendungszweck der Komponente. Diese stimmen mit den Semantics der Shader überein. Nutzen Sie die Konstanten der Enumeration DeclarationUsage.

## Usage Index

Es ist durchaus möglich mehreren Komponenten denselben Verwendungszweck zuzuweisen. Damit die Komponenten dennoch auseinander gehalten werden können, übergeben Sie zuletzt einen Index. Angenommen Ihre Vertex-Struktur besitzt zwei Texturkoordinatenpaare, dann erhält die erste Komponente den Index 0 und die zweite den Index 1.

## Das Beispielprojekt

Zur Demonstration des Vertex Shaders wird ein Dreieck dargestellt. Die entsprechende Vertex-Struktur kommt allein mit der Positionsangabe aus, da der Vertex Shader die Farbkomponente selbst hinzufügt. Der VertexElement-Array sieht dann wie folgt aus.

```
VertexElement[] oVertexElements = new VertexElement[2];
oVertexElements[0] = new VertexElement(
  0, 0, DeclarationType.Float3,
  DeclarationMethod.Default, DeclarationUsage.Position, 0);
oVertexElements[1] = VertexElement.VertexDeclarationEnd;
```

## Instanziierung der VertexDeclaration-Klasse

Nachdem der VertexElement-Array steht, instanziieren wir die VertexDeclaration-Klasse. Jenes Objekt wird dann der VertexDeclaration-Eigenschaft des Direct3D-Devices zugewiesen, bevor der Körper mit dem Shader gerendert wird.

```
VertexDeclaration m_oVertexDeclaration;
m_oVertexDeclaration = new VertexDeclaration(
  this.RenderDevice, oVertexElements);
```

## 7.3.4 Die Effect-Klasse

Shader oder anders ausgedrückt, Effekt-Dateien werden innerhalb der Anwendung als Effect-Objekte repräsentiert, mittels derer Sie einen Shader auf die Geometrie anwenden können. Als Erstes steht die Parameterliste der statischen FromFile()-Methode im Rampenlicht.

```
Public static FromFile(Device device, string sourceDataFile,
  Include includeFile, string skipConstants, ShaderFlags flags,
  EffectPool pool);
```

Bei den ersten zwei Parametern besteht kein Erklärungsbedarf. Der dritte Parameter gewährt die Übergabe eines Include-Objekts. Include ist eine abstrakte Klasse, von der Sie erben können, um das Verhalten von #include-Direktiven zu bestimmen. Wir übergeben für diesen Parameter immer null. Anschließend folgt ein Parameter vom Typ string, über den Sie Parameter des Shaders ausschließen können. Soll heißen, diese sind dem Effect-Objekt dann unbekannt.

Ein oder mehrere Flags der ShaderFlags-Enumeration sind als fünftes Argument zu übergeben. Eine Auswahl sehen Sie in Tabelle 7.7.

| Flag | Beschreibung |
| --- | --- |
| AvoidFlowControl | Anweisungen zur Ablaufsteuerung werden möglichst vermieden. |
| Debug | Veranlasst den Compiler Debug-Informationen auszugeben. |
| None | Führt bei der Kompilierung keine zusätzlichen Operationen aus (Standardverhalten). |
| PackMatrixColumnMajor | Speichert Matrizen pro Spalte in den Registern. |
| PackMatrixRowMajor | Speichert Matrizen pro Zeile in den Registern. |
| PreferFlowControl | Der Compiler verwendet bevorzugt Anweisungen zur Ablaufsteuerung. |
| SkipOptimization | Unterdrückt die Optimierung des Codes durch den Compiler. |
| SkipValidation | Vom Compiler wird keine Prüfung vorgenommen, ob der Shader-Code lauffähig ist. |

**Tabelle 7.7:** Eine Auswahl der ShaderFlags-Enumeration

Vom letzten Parameter wird definiert, wie sich als shared deklarierte Variablen über verschiedene Effect-Instanzen verhalten. In diesem Buch kommt das Standardverhalten zum Tragen, indem stets null als Argument fungiert.

```
m_oEffect = Effect.FromFile(this.RenderDevice, "VertexShader.fx",
    null, null, ShaderFlags.None, null);
```

Zur Selektion der Shader weist man der Technique-Eigenschaft nach der Objektinitialisierung ein EffectHandle zu. Die statische Methode FromString() der EffectHandle-Klasse greift Ihnen dabei unter die Arme.

```
m_oEffect.Technique = EffectHandle.FromString("TransformDiffuse");
```

### Globale Variablen mit Daten bestücken

Unser Vertex Shader schreit förmlich danach, dass seine globalen Variablen mit Daten gefüllt werden. Wie Sie wissen, fordert der Shader eine Matrix, um die World-, View- und Projection-Transformationen auszudrücken und nach einem float-Wert, welcher die Farbkomponente dynamisch ändert.

Bemühen Sie dazu einfach die SetValue()-Methode und übergeben Sie nach einem EffectHandle-Objekt den Wert, welchen Sie der Variablen zuweisen möchten. Bei Vektoren gilt es, eine Besonderheit zu beachten: Jene müssen immer als 4D-Vektoren übergeben werden. Vektoren mit nur drei Komponenten sind keine gültigen Argumente.

```
m_oEffect.SetValue(EffectHandle.FromString("ColorFactor"),
  (float)Math.Sin(m_fAngle/ 5));
m_oEffect.SetValue(EffectHandle.FromString("WorldViewProj"),
  oWorld * this.Camera.CombinedMatrix);
```

### 7.3.5 Shader einsetzen

Analog zum bisherigen Einsatz von Vertex Buffern, muss der Device über das verwendete Vertex Format in Kenntnis gesetzt werden. Dazu wurde zuvor ein VertexDeclaration-Objekt initialisiert. Weisen Sie jenes Objekt der VertexDeclaration-Eigenschaft zu und bemühen Sie die SetStreamSource()-Methode, um den gewünschten Vertex Buffer zu selektieren.

Anschließend leiten Sie die Shader-Verwendung mit einem Aufruf von Begin() ein. Als Ergebnis gibt Ihnen die Methode einen int-Wert zurück, der die Anzahl der verfügbaren Passes preisgibt. Als einziges Argument verlangt Begin() nach einer Konstanten der FX-Enumeration. Standardmäßig wird FX.None übergeben.

Die eigentliche Aktivierung der Shader erfolgt schließlich mit der Anweisung Effect.BeginPass(), wobei es nötig ist, den Index des Passes anzugeben. Sind die Punkte abgearbeitet, rendern Sie die Primitiven wie gehabt. Beispielsweise mit der DrawPrimitives()-Methode.

```
this.RenderDevice.VertexDeclaration = m_oVertexDeclaration;
this.RenderDevice.SetStreamSource(0, m_oVertexBuffer, 0);

int iNumberPasses = m_oEffect.Begin(FX.None);

for (int i = 0; i < iNumberPasses; i++)
{
  m_oEffect.BeginPass(i);
  this.RenderDevice.DrawPrimitives(
    PrimitiveType.TriangleList, 0, 1);
  m_oEffect.EndPass();
}

m_oEffect.End();
```

Vergessen Sie nicht den Render-Vorgang mit EndPass() und End() abzuschließen. Nun haben Sie Ihren ersten Vertex Shader in einer Direct3D-Anwendung integriert. Das Ergebnis sehen Sie in der Abbildung 7.4.

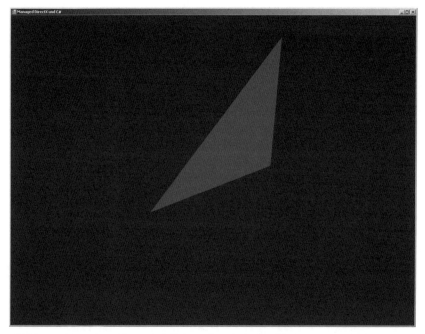

**Abbildung 7.4:** Transformation und Einfärbung eines Dreiecks mittels eines Vertex Shaders

### 7.3.6 Meshes mit Shadern rendern

Prinzipiell gehen Sie genauso vor wie eben beschrieben, wenn Sie Shader auf ein Mesh-Objekt anwenden möchten. Allerdings fordert der Direct3D-Device dann keine Vertex-Deklaration. Folglich genügt die Aktivierung der Shader mit Hilfe von Begin() und BeginPass() bzw. deren Gegenstücke.

## 7.4 Der erste Pixel Shader

Nun ist es an der Zeit die andere Seite zu betrachten. Gemeint sind die Pixel Shader. Wie Sie wissen, kümmert sich ein Pixel Shader um die Berechnung der Farbwerte. In diesem Abschnitt geht es zunächst um die Grundlagen, wobei wir darauf beschränken, eine Textur darzustellen. Zum einen in dessen Originalversion und zum anderen mit invertierten Farbwerten.

### 7.4.1 Der Shader

In diesem Beispiel geht es darum, ein Objekt mit Hilfe eines Vertex Shaders zu transformieren und anschließend den Pixel Shader zu bemühen, damit die Farbwerte der entsprechenden Textur berücksichtigt werden. Die Änderung des Vertex Shaders bezieht sich allein auf dessen eingehenden Daten, denn ohne Texturkoordinaten auch keine Textur. Während die Vertex-Position transformiert wird, bleiben die Texturkoordinaten unberührt und einfach an den Pixel Shader weitergereicht.

## Der erste Pixel Shader

```
float4x4 WorldViewProj : WORLDVIEWPROJECTION;
sampler TexSampler;

void Transform(in float4 oPosition : POSITION,
  in float2 oTextureCoordIn : TEXCOORD0,
  out float4 oPositionOut : POSITION,
  out float2 oTextureCoordOut : TEXCOORD0)
{
  oPositionOut = mul(oPosition, WorldViewProj);
  oTextureCoordOut = oTextureCoordIn;
}

void TexturePixelShader(in float2 TextureCoord : TEXCOORD0,
  out float4 diffuseColor : COLOR0)
{
  diffuseColor = tex2D(TexSampler, TextureCoord);
}

void InvTexturePixelShader(in float2 TextureCoord : TEXCOORD0,
  out float4 diffuseColor : COLOR0)
{
  diffuseColor = 1.0f - tex2D(TexSampler, TextureCoord);
}
```

Auch für die Pixel Shader existieren eine Hand voll Semantics, die Sie in den Tabellen 7.8 und 7.9 finden.

| Semantic |
|---|
| COLORn |
| TEXCOORDn |

**Tabelle 7.8:** Pixel Shader Input Semantics

| Semantic |
|---|
| COLORn |
| DEPTH |

**Tabelle 7.9:** Pixel Shader Output Semantics

## 7.4.2 Sampler und Sampler States

Der Begriff Sampler ist gehäuft in der Digitalisierung von analogen Audiosignalen zu finden. In diesem Kontext bezeichnet man einen Sampler zu Deutsch als Abtaster, da die Sinuskurve zu regelmäßigen Intervallen abgetastet und der aktuelle Wert ins Binärformat umgewandelt wird.

Beim Pixel Shader obliegt einem Sampler die Aufgabe den Farbwert zu einer Texturkoordinate abzufragen[5]. Jede Textur bekommt ihren eigenen Sampler, der über mehrere Aufrufe hinweg die Farbwerte für unterschiedliche Texturkoordinaten abfragt. Der Code im Abschnitt *Der Shader* bemüht die tex2D()-Funktion und übergibt neben dem Sampler zudem die Texturkoordinaten. Doch woher kommt die Textur? Über ein Sampler-Objekt haben Sie Zugriff auf die derzeit gesetzte Textur einer Texturstufe.

Mit Hilfe des Schlüsselworts sampler_state kann ein sampler-Objekt initialisiert werden, wenn Sie beispielsweise einen speziellen Filter wünschen. Im unten zu sehenden Listing ist ein texture-Objekt deklariert und ein Sampler. Für den Sampler wird zudem festgelegt, welcher Filter beim Sampling zur Geltung kommen soll.

```
texture oTexture;
sampler TexSampler = sampler_state
{
  texture = <oTexture>;
  mipfilter = LINEAR;
  minfilter = LINEAR;
  magfilter = LINEAR;
};
```

## 7.5 Per-Pixel Directional Lighting

Nachdem die Grundkenntnisse geschaffen wurden, wollen wir uns nun an konkrete Implementierungen wagen. So gut wie jedes aktuelle Spiel auf dem Markt macht zumindestens vom Per-Pixel Lighting Gebrauch. Die Qualität des Per-Pixel Lightings ist um längen besser, als die des Vertex Lighting. Grund dafür ist die von den Vertices unabhängige Berechnung der Lichtintensität für jeden einzelnen Pixel.

---

[5] Eine einheitliche deutsche Bezeichnung gibt es nicht, weshalb in diesem Buch immer von einem Sampler die Rede sein wird.

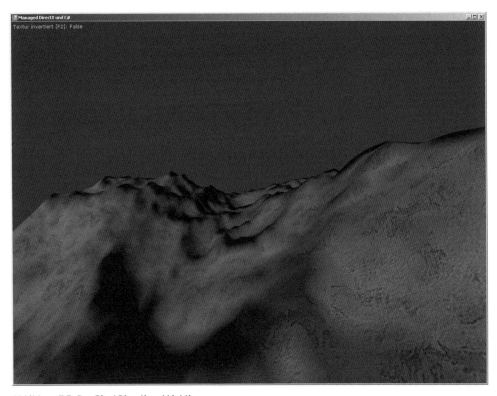

**Abbildung 7.5:** Per-Pixel Directional Lighting

## 7.5.1 Lichtberechnungen

Als Erstes stellt sich die Frage, wie die Lichtintensität für jeden einzelnen Pixel berechnet wird. Allgemein gilt, dass sich die Lichtintensität aus dem ambienten Licht, dem diffusen Licht und dem spekulären Licht zusammensetzt, indem die einzelnen Werte miteinander addiert werden.

```
Lichtintensität = Ambient + Diffuse + Specular
```

Der erste Summand stellt keine Hürde dar. Für den ambienten Lichtanteil richten Sie eine globale Variable im Shader ein, den die Anwendung bestimmen kann. Hingegen bedarf es beim diffusen Lichtanteil einer kleinen Berechnung. Sie wissen ebenfalls, dass die Lichtintensität in Abhängigkeit des Winkels zwischen einer Normalen und dem Richtungsvektor des Lichts steht. Folglich genügt die Berechnung des Skalarprodukts der beiden Vektoren. Hierbei gilt es zu beachten, dass die Lichtintensität quasi dem Prozentsatz entspricht, mit dem der Farbwert der Textur ins Endergebnis eingeht. Als Konsequenz daraus wird es nötig, das Skalarprodukt in den Wertebereich [0, 1] zu verschieben. Zum Abschluss multipliziert man die Lichtintensität mit dem Farbwert der Textur.

## 7.5.2 Der Vertex Shader

Werfen Sie einen Blick auf das nachfolgende Listing, das den Vertex Shader zeigt.

```
float4x4 WorldViewProj : WORLDVIEWPROJECTION;
float4x4 WorldMatrix : WORLD;
float4 LightDirection;
texture MeshTexture;
sampler TexSampler = sampler_state
  { texture = <MeshTexture>; mipfilter = LINEAR; };

struct VS_OUTPUT
{
  float4 oPosition : POSITION;
  float2 oTextureCoord : TEXCOORD0;
  float3 oLightDirection : TEXCOORD1;
  float3 oNormal : TEXCOORD2;
};

VS_OUTPUT Transform(float4 oPosition : POSITION,
   float3 oNormal : NORMAL, float2 oTextureCoord : TEXCOORD0)
{
  VS_OUTPUT oOut = (VS_OUTPUT)0;
  oOut.oPosition = mul(oPosition, WorldViewProj);
  oOut.oNormal = normalize(mul(oNormal, WorldMatrix));

  oOut.oTextureCoord = oTextureCoord;
  oOut.oLightDirection = normalize(LightDirection);
  return oOut;
}
```

Im Vertex Shader wird neben der bekannten Transformation der Vertex-Koordinaten eine Transformation der Normalen vorgenommen. Wenn Sie den Richtungsvektor der Lichtquelle in Weltkoordinaten bestimmen möchten, dann setzt das voraus, dass die Normale ebenfalls in Weltkoordinaten vorliegt, weshalb die Normale im obigen Code mit der Weltmatrix multipliziert wird.

Abschließend verpackt der Vertex Shader alle Informationen in einer Ausgabestruktur namens VS_OUTPUT. Da ein Pixel Shader nur Texturkoordinaten und Farbwerte entgegennehmen kann, werden der Normalvektor und der Richtungsvektor der Lichtquelle als TEXCOORDn ausgeschrieben.

## 7.5.3 Der Pixel Shader

Die in Abschnitt *Lichtberechnungen* besprochenen Theorien wendet der Pixel Shader an. Zunächst ruft er den Farbwert der Textur ab und berechnet anschließend das Skalarprodukt zwischen Normale und dem Lichteinfallsvektor. Saturate() verschiebt die Werte, so dass ein Wertebereich von [0, 1] eingehalten wird. Eine Multiplikation mit dem Farbwert der Textur führt schließlich zum beleuchteten Pixel.

```
float4 Lighting(float2 oTextureCoord : TEXCOORD0,
   float3 oLightDirection : TEXCOORD1,
   float3 oNormal : TEXCOORD2) : COLOR0
{
   float4 oDiffuseColor = 1.0f; //Farbe des Lichts festlegen - Weiß
   float4 oTextureColor = tex2D(TexSampler, oTextureCoord);

   return oTextureColor * (oDiffuseColor *
      saturate(dot(oLightDirection, oNormal)));
}
```

# 7.6 Directional Lighting mit spekulären Lichtanteil

Diffuses Licht ist bestens geeignet, um raue Oberflächen zu simulieren. Doch wie steht es mit glatten Oberflächen, welche im Licht glänzen? Genau diesem Part ist der spekuläre Lichtanteil gewidmet. Leider ist die Berechnung etwas schwieriger als die des diffusen Lichtanteils. Abbildung 7.6 zeigt alle beteiligten Vektoren.

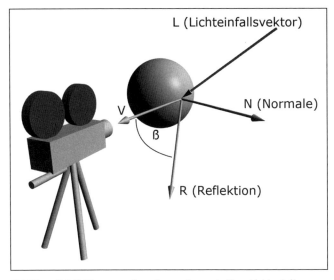

**Abbildung 7.6:** Vektoren zur Berechnung des spekulären Lichtanteils

## 7.6.1 Lichtberechnungen

Insgesamt setzt sich die Lichtberechnung aus zwei Hauptkomponenten zusammen. Zum einen muss der diffuse Lichtanteil berechnet werden und zum anderen der spekuläre Lichtanteil. In diesem Abschnitt widmen wir uns nur dem spekulären Lichtanteil.

Wie in Abbildung 7.6 ersichtlich, sind die folgenden vier Vektoren an der Berechnung beteiligt, wobei die letzten zwei Vektoren erst berechnet werden müssen.

- Lichteinfallsvektor
- Normale
- Reflektionsvektor
- Richtungsvektor

Mit Hilfe der unten zu sehenden Formel berechnet man den Reflektionsvektor[6].

```
R = 2 * (Normal . Light) * Normal - Light
```

Als Nächstes wird der Winkel zwischen dem Reflektionsvektor und dem Richtungsvektor vom Vertex zur Kamera ermittelt. Moment! Wir haben solch einen Richtungsvektor noch nicht, weshalb vom Kamera-Ortsvektor der Positionsvektor des Vertex subtrahiert wird. Es sei ausdrücklich darauf hingewiesen, dass die Vertexposition ebenfalls erst in Weltkoordinaten transformiert werden muss. Doch zurück zur Lichtberechnung.

Nachdem die Reflektion und die Translation von Vertex zur Kamera in Vektoren abgebildet wurde, kann das Skalarprodukt errechnet und in den Wertebereich [0, 1] transformiert werden.

Zum Abschluss wird das Produkt mit acht potenziert und dann liegt der spekuläre Lichtanteil endlich vor.

```
Specular = (saturate(R . V))⁸
```

## 7.6.2 Der Vertex Shader

Im Vertex Shader werden neben allen gewohnten Transformationen die Normale in die Vertex-Position in Weltkoordinaten abgebildet. Anschließend subtrahiert man von der Kameraposition den transformierten Ortsvektor des Vertex. Bis auf die eigentliche Vertex-Transformation werden alle Informationen an den Pixel Shader weitergereicht.

```
VS_OUTPUT Transform(float4 oPosition : POSITION,
   float3 oNormal : NORMAL, float2 oTexCoord : TEXCOORD0)
{
   VS_OUTPUT oOut = (VS_OUTPUT)0;
   oOut.oPosition = mul(oPosition, WorldViewProj);
```

---

6   Der Punkt . signalisiert in dieser Formel das Skalarprodukt

### Directional Lighting mit spekulären Lichtanteil

```
oOut.oLightDirection = normalize(LightDirection);
oOut.oNormal = normalize(mul(oNormal, WorldMatrix));

float3 vertexPosition = normalize(mul(oPosition, WorldMatrix));
oOut.oCamPosition = normalize(CamPosition - vertexPosition);
oOut.oTexCoord = oTexCoord;
return oOut;
}
```

## 7.6.3 Der Pixel Shader

Im Pixel Shder selbst findet die Lichtberechnung statt, wie wir sie uns zuvor überlegt haben. Zusammen mit dem ambienten Licht- und dem diffusen Lichtanteil bildet sich daraus der Faktor, mit dem die Farbwerte der Textur multipliziert werden. Das war auch schon der ganze „Zauber".

```
float4 Lighting(float3 inLightDirection : TEXCOORD0,
  float3 inNormal : TEXCOORD1, float3 inCamPosition : TEXCOORD2,
  float2 oTexCoord : TEXCOORD3) : COLOR0
{
  float4 LightDensity = saturate(dot(inLightDirection, inNormal));
  float4 LightColor = MaterialColor;

  float3 HalfVector = normalize(2 * LightDensity * inNormal -
    inLightDirection);
  float4 Specular = pow(saturate(dot(HalfVector, inCamPosition)),
    8);

  float4 oTextureColor = tex2D(oTextureSampler, oTexCoord);
  return oTextureColor * (AmbientColor +
    LightColor * LightDensity + Specular);
}
```

In Abbildung 7.7 lässt sich das Ergebnis bewundern.

## 7.6.4 Technique

Aufgrund der verwendeten pow()-Funktion ist der Pixel Shader nicht mehr in der Version 1.1 lauffähig. Erst die Pixel Shader-Generation 2.0 kennt den Befehl. Ändern Sie die Technique wie folgt ab.

```
technique TransformLighting
{
  pass P0
```

```
{
    VertexShader = compile vs_1_1 Transform();
    PixelShader = compile ps_2_0 Lighting();
  }
}
```

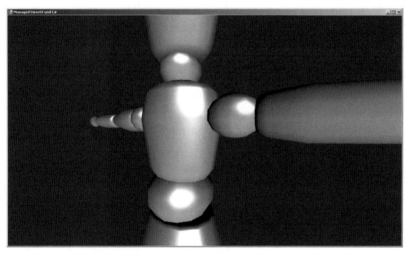

**Abbildung 7.7:** Per-Pixel Directional Lighting mit spekulärem Lichtanteil

## 7.7 Per-Pixel Point Light

Ein Punkt-Light (Point Light oder auch als Omni Light bezeichnet) ist eine Lichtquelle, welche Lichtstrahlen in alle Richtungen gleichermaßen abgibt, weshalb solch ein Licht-Typ keine Richtung, sondern nur eine Position besitzt. Da das Licht nicht unendlich weit strahlt, muss zudem eine Abschwächung definiert werden.

### 7.7.1 Lichtberechnungen

An sich stellt ein Point Light keine Hürde da. Dennoch birgt es einen gewissen Schwierigkeitsgrad in sich. Der Übeltäter ist die Abschwächung (Attenuation). Manche Beispiele bedienen sich einer sog. Attenuation Map, zu Deutsch: Einer Grafik welche die Lichtintensität mit einer Graustufentextur reflektiert. Diesen Weg werden wir nicht gehen und stattdessen auf eine Formel zurückgreifen, die ebenfalls gute Ergebnisse liefert.

```
Attenuation = 1 / (0.8f + 0.8f* LightDistance + 0.01f *
   LightDistance² )
```

Probieren Sie unterschiedliche Faktoren aus, um den eigenen Anforderungen gerecht zu werden. Die Abschwächung der Lichtquelle kann auf unterschiedliche Art und Weise vollführt werden. Sehr beliebt ist die folgende Formel, wobei d für den Abstand zwischen der Lichtquelle und dem Vertex steht.

```
Attenuation = 1 - d * d
```

## 7.7.2   Der Vertex Shader

Innerhalb des Vertex Shaders werden neben den üblichen Aufgaben die Normale und die Vertex-Position in Weltkoordinaten abgebildet und anschließend an den Pixel Shader gereicht.

```
struct VS_INPUT
{
  float4 oPosition : POSITION;
  float4 oNormal : NORMAL;
  float2 oTexCoord : TEXCOORD0;
};

float4x4 WorldViewProj : WORLDVIEWPROJECTION;
float4x4 WorldMatrix : WORLD;

texture oTexture;
sampler TexSampler = sampler_state { texture = <oTexture>; };

float4 LightPos;
float4 LightColor = { 1.0f, 1.0f, 1.0f, 0.0f };
float Range = 1000.0f;

VS_OUTPUT VS_Point_Light(VS_INPUT Input)
{
  VS_OUTPUT oOut = (VS_OUTPUT)0;

  oOut.oPosition = mul(Input.oPosition, WorldViewProj);
  oOut.oTexCoord = Input.oTexCoord;

  oOut.oWorldPosition = mul(Input.oPosition, WorldMatrix);
  oOut.oNormal = normalize(mul(Input.oNormal, WorldMatrix));
  return oOut;
}
```

### 7.7.3 Der Pixel Shader

Zunächst ermittelt der Pixel Shader den Farbwert des Texels. Anschließend wird die Lichtintensität mit dem Skalarprodukt berechnet. Zu den beteiligten Vektoren gehört zum einen die Normale und zum anderen der aufgespannte Vektor zwischen Lichtquelle und Vertex-Position. In der nächsten Codezeile errechnen wir die Distanz zwischen Vertex und Lichtquelle. Zu guter Letzt werden alle Faktoren mit dem Farbwert kombiniert.

```
float4 PS_Point_Light(VS_OUTPUT Input) : COLOR0
{
  float4 fDiffuse = tex2D(TexSampler, Input.oTexCoord);
  float4 fLightFactor = dot(Input.oNormal,
    normalize(Input.oWorldPosition - LightPos));

  float  fLightDistance = distance(Input.oWorldPosition,
  LightPos);

  return fDiffuse * LightColor * fLightFactor * Range *
    (1 / (0.8f + 0.8f * fLightDistance + 0.01f * fLightDistance *
    fLightDistance));
}
```

## 7.8 Versions-Chaos

Sollten Sie zuvor noch niemals mit Vertex Shadern oder Pixel Shadern in Berührung gekommen sein, dann werden Sie durch die ganzen Versionen vielleicht verwirrt sein. Beispielsweise war die direktionale Lichtquelle mit spekulärem Anteil auf einmal nicht mehr mit dem Pixel Shader 1.1 realisierbar.

Im Prinzip ist es so, dass die GPU einen bestimmten Satz von Assembler-Befehlen kennt, welche sich je Version immer erhöht. Der Einsatz von Vertex Shadern und Pixel Shadern setzt voraus, dass die Grafikkarte eine der benötigten Versionen unterstützt. Andernfalls ist der GPU der Befehlssatz einfach nicht bekannt und somit funktioniert eine spezielle Shader-Version auf dieser oder jener Grafikkarte nicht.

Zudem ist in jeder Shader-Version die Anzahl der sog. Instruction Slots begrenzt, wobei Sie beachten müssen, dass nicht jeder Befehl mit einer Assembler-Anweisung korrespondiert. Im Gegenteil, manche HLSL-Befehle werden in mehrere Assembler-Anweisungen übersetzt.

Auch die Anzahl der Konstantenregister ist pro Version auf ein Limit festgelegt oder von der verwendeten Grafikkarte abhängig. Sie sehen, es gilt beim Einsatz von Shadern auf eine Menge zu achten.

In der Praxis greifen die Entwickler für ein und denselben Effekt auf unterschiedliche Shader zu, je nachdem welche Version von der Grafikkarte unterstützt wird. In der Regel verschlechtert sich die Qualität mit abnehmender Versions-Nummer, da auf diverse Befehle verzichtet werden musste. Im DirectX SDK finden Sie eine ausführliche Liste aller unterstützten Befehle pro Shader-Version.

## 7.9 Hardwarefähigkeiten prüfen

In jedem Kapitel tritt sie erneut in Erscheinung, gemeint ist die Caps-Struktur, welche auch diesmal Auskunft über die nötigen Informationen gibt.

- Caps.PixelShaderVersion
  Gibt die maximal unterstützte Pixel Shader-Version zurück

- Caps.VertexShaderVersion
  Gibt die maximal unterstützte Vertex Shader-Version zurück

- Caps.PixelShaderCaps.NumberInstructionSlots
  Gibt die maximale Anzahl an Instruction Slots zurück

- Caps.PixelShaderCaps.NumberTemps
  Liefert die Anzahl der vorhandenen temporären Register

- Caps.VertexShaderCaps.NumberTemps
  Liefert die Anzahl der vorhandenen temporären Register

## 7.10 Zusammenfassung

Die Shader-Programmierung birgt gleich mehrere Vorteile in sich. Zum einen eröffnen sich unendlich viele neue Dimensionen, mit denen sich Effekte realisieren lassen, die Direct3D nicht im Standardrepertoire zählt und zum anderen werden diese kleinen Programme auch noch schneller ausgeführt. Grund ist der, das die GPU für die Vektorrechnung optimiert wurde.

Aber die Shader-Programmierung ist relativ komplex, wobei viele kleine Tücken inbegriffen sind. Sie können vorher nicht wissen, welche Benutzer welche Grafikkarte einsetzen. Folglich können Sie auch keine explizite Shader-Version voraussetzen, es sei denn Sie möchten sowieso nur ein relativ geringes Publikum ansprechen[7].

In diesem Kapitel haben Sie die grundlegenden Elemente der High Level Shader Language gelernt. Eine Sprache dessen Syntax der von C sehr ähnlich ist und die Entwicklung von Vertex Shadern bzw. Pixel Shadern enorm vereinfacht.

Nachdem die Grundsteine gelegt waren, ging es an erste konkrete Implementierungen. Sowohl eine direktionale Lichtquelle als auch ein Punktlicht wurden auf Per-Pixel-Basis umgesetzt. Soll heißen, die Lichtintensität wurde für jeden einzelnen Pixel durchgeführt.

Letztlich einsetzen können Sie die Shader in einer Direct3D-Anwendung mittels eines Effect-Objekts. Wird die Geometrie direkt aus einem Vertex Buffer gerendert, dann müssen Sie zunächst ein VertexDeclaration-Objekt initialisieren. Voraussetzung dafür ist ein Array von VertexElement-Instanzen.

Falls Sie tiefer in die Materie eintauchen möchten und dem Englischen mächtig sind, dann empfiehlt sich die Buchreihe GPU-Gems, erschienen bei Addison Wesley.

---

7   Natürlich sind die Shader-Versionen abwärtskompatibel.

# 8 DirectInput

Es ist nicht abzustreiten, dass dieses Buch mit Schwerpunkt auf Direct3D ausgelegt ist. Dennoch sollen Ihnen die Grundlagen von DirectInput und DirectSound nicht vorenthalten werden. In diesem Kapitel wollen wir uns der Schnittstelle DirectInput widmen, welche dafür ausgelegt ist, Peripheriegeräte anzusprechen.

DirectInput ist darauf ausgerichtet für alle zukünftigen Geräte offen zu sein. Bei einer derartigen Vielfalt von Eingabegeräten ist das nicht gerade eine leichte Aufgabe, weshalb zumindest die folgenden drei Kategorien definiert wurden.

- Zeigegeräte
  Zu den Zeigegeräten gehört neben der Maus beispielsweise das Touchpad eines Notebooks.

- Tastaturen
  Dieses Eingabegerät ist sehr wohl definiert und spricht für sich selbst.

- Joysticks
  Als Joysticks versteht man nicht nur den Joystick im herkömmlichen Sinne, sondern bezieht auch Lenkräder oder vergleichbare Geräte mit ein.

Damit Ihnen alle Klassen, Schnittstellen oder Enumerationen zur Verfügung stehen, muss die Assembly MICROSOFT.DIRECTX.DIRECTINPUT.DLL referenziert werden. Sofern Sie eine bestehende DirectX-Anwendung nicht erweitern, dann muss zusätzlich ein Verweis auf die MICROSOFT.DIRECTX.DLL eingefügt werden.

## 8.1 Devices auflisten

Im Zeitalter von USB-Geräten ist es nicht unüblich, mehrere Eingabegeräte an einem Computer angeschlossen zu haben. Insbesondere Notebooks zählen schnell mindestens drei Eingabegeräte[1]. Analog zu Direct3D können auch in DirectInput alle angeschlossenen Geräte aufgelistet werden.

Die Manager-Klasse von DirectInput verfügt über eine Auflistung namens Devices, welche für jedes Gerät ein DeviceInstance-Objekt beinhaltet, welche neben der eindeutigen Identifikationsnummer auch einen lesbaren Namen enthält.

---

[1] Vorausgesetzt Sie nutzen wie ich standardmäßig eine Maus, mit der es sich einfach besser arbeiten lässt als mit dem Touchpad.

```
foreach (DeviceInstance oInstance in Manager.Devices)
{
  lstDevices.Items.Add(
    string.Format("{0} ({1}) {2}",
    oInstance.InstanceName,
    oInstance.ProductName,
    Manager.GetDeviceAttached(oInstance.InstanceGuid)?
    "- Angeschlossen":"Nicht angeschlossen"));
}
```

DirectInput listet jedes bekannte Gerät, auch wenn dies unter Umständen nicht angeschlossen ist. Übergeben Sie der statischen `GetDeviceAttached()`-Methode die eindeutige Identifikationsnummer (`DeviceInstance.InstanceGuid`), dann bekommen Sie den Status, ob das Gerät angeschlossen ist.

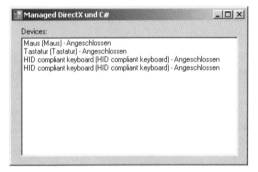

**Abbildung 8.1:** Alle angeschlossenen Eingabegeräte gelistet

Wollen Sie von vornherein nur angeschlossene Geräte listen und sich evtl. noch auf eine bestimmte Kategorie beschränken, dann stellt die `GetDevices()`-Methode die bessere Vorgehensweise dar. Die Methode ist ebenfalls ein Mitglied der `Manager`-Klasse. Im nachfolgenden Listing werden alle angeschlossenen Geräte in die Liste aufgenommen, wenn diese Force Feedback unterstützen.

```
foreach(DeviceInstance oInstance in
  Manager.GetDevices(DeviceClass.All,
  EnumDevicesFlags.AttachedOnly | EnumDevicesFlags.ForceFeeback))
{
  lstDevices.Items.Add(string.Format("{0} ({1}) {2}",
    oInstance.InstanceName,
    oInstance.ProductName,
    Manager.GetDeviceAttached(oInstance.InstanceGuid)?
    "- Angeschlossen":"Nicht angeschlossen"));
}
```

Als Argumente erwartet die GetDevices()-Methode eine Konstante der DeviceClass-Enumeration und als zweites Argument ein oder mehrere Flags der EnumDevicesFlags-Enumeration.

## 8.2 Cooperative Level

Eingabegeräte wie Tastatur und Maus werden vom gesamten System genutzt. Folglich muss eine Einigung zwischen den Anwendungen zustande kommen, um Konflikten vorzubeugen. Genau jene Aufgabe kommt dem sog. Cooperative Level zu, welcher definiert, wie die Eingabegeräte mit anderen Anwendungen geteilt werden. Tabelle 8.1 listet alle Cooperative Levels.

| Cooperative Level | Beschreibung |
|---|---|
| Background | Die Verbindung zum Eingabegerät bleibt auch dann erhalten, wenn die Anwendung den Fokus verloren hat. |
| Exclusive | Beansprucht exklusive Rechte auf das Eingabegerät. Während dieser Zeit ist es anderen Anwendungen nicht gestattet, exklusiv auf dieses Gerät zuzugreifen. Für Tastaturen und Mäuse kann dieses Flag nicht mit dem Background-Flag kombiniert werden. |
| Foreground | Nur während die Anwendung den Fokus besitzt, bleibt die Verbindung zum Gerät erhalten. |
| NonExclusive | Das Gerät kann von mehreren Anwendungen gleichzeitig verwendet werden. |
| NoWindowsKey | Deaktiviert die Windowstaste |

**Tabelle 8.1:** Cooperative Levels

## 8.3 Ansprechen der Tastatur

Im Gegensatz zu Direct3D können im Zusammenhang mit DirectInput mehrere Devices gleichzeitig verwendet werden. Wie gehabt fungiert ein Device-Objekt weiterhin als Vermittler zwischen Ihrer Anwendung und der Hardware.

### 8.3.1 Device initialisieren

Zunächst muss die Device-Klasse instanziiert werden, welche anschließend ein spezifisches Eingabegerät repräsentiert. Als einziges Argument verlangt der Konstruktor der Device-Klasse nach einer eindeutigen Identifikationsnummer (Datentyp: Guid), wodurch DirectInput erkennbar wird, zu welchem Eingabegerät Sie Verbindung aufnehmen möchten. Diese Nummer können Sie entweder über die InstanceGuid-Eigenschaft eines DeviceInstance-Objekts abrufen oder aber Sie greifen auf das statische Feld namens Keyboard der SystemGuid-Klasse zurück.

```
m_oDevice = new Device(SystemGuid.Keyboard);
```

Liegt die Instanz vor, dann obliegt Ihnen die Aufgabe den sog. Cooperative Level festzulegen (siehe Abschnitt Cooperative Level). Zudem erwartet die Methode als ersten Parameter ein Fenster-Handle oder ein Objekt vom Typ `Control`.

```
m_oDevice.SetCooperativeLevel(oParent,
  CooperativeLevelFlags.Background |
  CooperativeLevelFlags.NonExclusive);
```

Zum Abschluss wird die Verbindung zur Tastatur mit der Anweisung `Device.Aquire()` hergestellt.

### 8.3.2 Gedrückte Tasten ermitteln

Nachdem die vorbereitenden Maßnahmen abgeschlossen sind, wollen Sie bestimmt auch ermitteln, welche Tasten vom Benutzer gedrückt wurden. Für diesen Zweck stellt der Device eine Methode namens `GetPressedKeys()` bereit, welche einen Array von `Key`-Elementen zurückgibt (Key ist eine Enumeration, zu finden im Namensraum `Microsoft.DirectX.DirectInput`).

Wenn Sie permanent auf die Eingabe prüfen möchten, dann könnten Sie dies beispielsweise wie folgt realisieren.

```
public void KeyboardLoop()
{
  while (m_bRunning)
  {
    if (KeyPressed != null)
      KeyPressed(this,
        new KeyboardEventArgs(m_oDevice.GetPressedKeys()));

    Application.DoEvents();
  }
}
```

Wirklich optimal scheint die obige Lösung nicht zu sein. Zum einen handelt es sich nicht um den Game Loop und zum anderen möchten wir nicht stets prüfen, ob eine Taste gedrückt wurde. Viel wünschenswerter ist eine Klasse, die uns darüber in Kenntnis setzt, wenn der Benutzer eine Taste gedrückt hat.

### 8.3.3 Die KeyboardInput-Klasse

Die Erkenntnis des letzten Abschnitts wird nun in die Tat umgesetzt und hört auf den Namen `KeyboardInput`. `KeyboardInput` wird eine Klasse genannt, welche sich um die Initialisierung des `Device`-Objekts kümmert und zudem immer ein Ereignis „feuert", sobald eine Taste gedrückt wurde.

Da dennoch eine Loop-Funktionalität implementiert werden muss, die ständig auf neue Aktionen prüft, wird der Großteil in einem extra Thread gestartet. Doch zunächst ein Schritt vor den anderen. Im folgenden Listing ist der Konstruktor bzw. die Initialisierungsmethode erkennbar.

```
public KeyboardInput(Control oParent)
{
  m_oParent = oParent;
  Init(oParent, SystemGuid.Keyboard);
}

protected virtual void Init(Control oParent, Guid oGuid)
{
  m_oDevice = new Device(oGuid);

  m_oDevice.SetCooperativeLevel(oParent,
    CooperativeLevelFlags.Background |
    CooperativeLevelFlags.NonExclusive);

  m_oUpdateDevice = new System.Threading.AutoResetEvent(false);
  m_oShutDown = new System.Threading.ManualResetEvent(false);

  m_oDevice.SetEventNotification(m_oUpdateDevice);
  m_oLoop = new System.Threading.Thread(this.Loop);
  m_oLoop.Start();
  m_oDevice.Acquire();
}
```

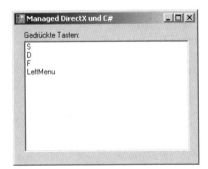

**Abbildung 8.2:** Beispielprogramm „Keyboard"

Als neuen Code kann nur die Multithreadingfunktionalität herausgestellt werden. Erzeugt werden zwei WaitHandle-Objekte, wobei letzteres dazu dienen wird, den Loop zu verlassen. m_oUpdateDevice hingegen wird anschließend der SetEventNotification()-Methode des DirectInput-Devices als Argument mitgegeben. Immer dann, wenn der

Benutzer eine Taste drückt oder wieder loslässt wird das Handle gesetzt. Loop() wertet die Handles aus und läuft in einem extra Thread, der im oben zu sehenden Listing ebenfalls gestartet wird.

Bleibt lediglich die Auswertung über, welche in C# folgendermaßen formuliert ist.

```
protected virtual void Loop()
{
  WaitHandle[] oWaitHandles = { m_oUpdateDevice, m_oShutDown };
  int iIndex = 0;

  while(true)
  {
    iIndex = WaitHandle.WaitAny(oWaitHandles);

    if (iIndex == 0)
      GetPressedKeys();
    else if(iIndex == 1)
      return;
  }
}

protected virtual void GetPressedKeys()
{
  if(m_oParent.IsHandleCreated)
    if (this.KeyPressed != null)
      m_oParent.Invoke(KeyPressed, this,
        new KeyboardEventArgs(m_oDevice.GetPressedKeys()));
}
```

Loop() dürfte für sich sprechen, weshalb es keiner näheren Erläuterung bedarf. Innerhalb der GetPressedKeys()-Methode prüfen wir nun, ob jemand das Ereignis „gebucht" hat. Wenn ja wird der Delegate aufgerufen und mit einem KeyboardEventArgs-Objekt gespeist. Jene Klasse ist ebenfalls selbst definiert und nimmt einen Key-Array auf. Dessen Quellcode können Sie auf der CD-Rom einsehen.

Eine Besonderheit gilt es hierbei zu beachten: Würde man das Delegate direkt aufrufen, dann tritt der Effekt ein, dass die Ereignisprozedur des Empfängers im selben Thread läuft wie die Kontrollschleife, weshalb über der Aufruf mittels Invoke() über das Parent-Formular vollführt wird.

Zu guter Letzt wird die IDisposable-Schnittstelle implementiert und innerhalb der Dispose()-Methode veranlasst, dass der zusätzliche Thread geschlossen wird.

```
public void Dispose()
{
  m_oShutDown.Set();
  m_oDevice.Dispose();
}
```

## 8.3.4 Keyboard State

In der Regel werden Sie prüfen wollen, ob eine bestimmte Taste gedrückt ist. Mittels eines Key-Arrays ist dies etwas umständlich. Zumindest geht es auch einfacher. Die Lösung ist ein KeyboardState-Objekt, welches Ihnen die GetCurrentKeyboardState()-Methode des Devices liefert.

```
protected virtual void GetPressedKeys()
{
  if(m_oParent.IsHandleCreated)
    if (this.KeyPressed != null)
      m_oParent.Invoke(KeyPressed, this,
        new KeyboardEventArgs(m_oDevice.GetPressedKeys(),
        m_oDevice.GetCurrentKeyboardState()));
}
```

Anschließend können Sie die Klasse folgendermaßen verwenden.

```
public Form1()
{
  InitializeComponent();
  m_oKeyboard = new KeyboardInput(this);
  m_oKeyboard.KeyPressed +=
    new KeyPressedEventHandler(m_oKeyboard_KeyPressed);
}

private void m_oKeyboard_KeyPressed(object sender,
  KeyboardEventArgs e)
{
  if (e.State[Key.Escape])
    this.Close();
}

private void Form1_FormClosing(object sender,
  FormClosingEventArgs e)
{
  m_oKeyboard.Dispose();
}
```

## 8.4 Ansprechen der Maus

Unabhängig vom verwendeten Eingabegerät stellt immer das Device-Objekt den Ansprechpartner dar. Aus diesem Grund müssen nicht viele Änderungen am eben vorgestellten Code vorgenommen werden, um die Aktionen der Maus „einzufangen".

Die erste Änderung bezieht sich auf den Aufruf der Init()-Methode, der nun eine andere GUID übergeben wird.

```
public MouseInput(Control oParent)
{
  m_oParent = oParent;
  Init(oParent, SystemGuid.Mouse);
}
```

Innerhalb der Loop()-Methode wird nun bei eingetretener Aktion statt der GetPressed-Keys(), die GetMouseActions()-Methode aufgerufen, welche im folgenden Listing abgedruckt ist.

```
protected virtual void GetMouseActions()
{
  MouseState oMouseState = m_oDevice.CurrentMouseState;
  bool[] bButtonsPressed =
    new bool[oMouseState.GetMouseButtons().Length];
  int iCounter = 0;

  foreach(byte oButton in oMouseState.GetMouseButtons())
    bButtonsPressed[iCounter++] = (oButton != 0);

  if (m_oParent != null && !m_oParent.IsDisposed &&
    m_oParent.IsHandleCreated)
    if (this.MouseAction != null)
      m_oParent.Invoke(MouseAction, this,
        new MouseActionEventArgs(bButtonsPressed, oMouseState.X,
        oMouseState.Y, oMouseState.Z));
}
```

Hinter der CurrentMouseState-Eigenschaft des Device-Objekts verbirgt sich ein Objekt vom Typ MouseState, welches wiederum die Positionsdaten X, Y und Z bereitstellt. Standardmäßig gibt DirectInput die Mausposition in Relation zur vorherigen Position an. Wünschen Sie stattdessen absolute Koordinaten, dann wird eine Zuweisung von true an die Device AxisModeAbsolute-Eigenschaft fällig. Es sei ausdrücklich darauf hingewiesen, dass dessen Eigenschaftswert nur im unverbundenen Zustand möglich ist. Andernfalls ist ein Laufzeitfehler die Folge. Sie können aber die Verbindung mit Unaquire() kurz unterbrechen.

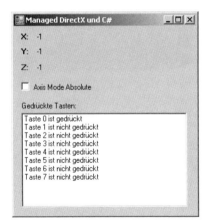

**Abbildung 8.3:** Beispielprogramm „Mouse"

Ein byte-Array ist der Rückgabetyp von MouseState.GetMouseButtons() und signalisiert je Element eine gedrückte Taste, wenn der Wert ungleich 0 ist.

## 8.5 Zusammenfassung

DirectInput abstrahiert den Zugriff auf die Hardware und schafft somit einen komfortablen Weg, um alle Eingabegerät fast gleichermaßen ansprechen zu können. Einzig und allein die Kategorien müssen unterschieden werden.

Für jedes Eingabegerät müssen Sie ein Device-Objekt initialisieren und alle gewünschten Rechte über den Cooperate Level anfordern. Zu guter Letzt baut die Anweisung Aquire() die Verbindung zum Eingabegerät aus und schon können Sie mit der Auswertung loslegen.

DirectInput ist noch leistungsfähiger, als Sie in diesem Kapitel gesehen haben. Denkt man nur an Force Feedbackgeräte. Werfen Sie einen Blick ins DirectX SDK, wenn Sie wissen möchten, wie Force Feedback-Effekte eingebunden werden können.

# 9 DirectSound

Computer-Spiele zählen zu Multimedia, folglich müssen laut der Definition von Multimedia mindestens zwei Sinne des Menschen angesprochen werden. Die Wahrnehmung mit dem Auge wurde bereits in den vorherigen Kapiteln behandelt. Zwar könnte man meinen, dass der Tastsinn mit Force Feedback bedient wird, doch da wir nicht erklärt haben, wie Sie Force Feedback-Effekte nutzen können, zählt diese Eigenschaft nicht. Bleibt lediglich der Hörsinn übrig, dem DirectSound ordentlich was auf die Lauscher geben wird.

Im einfachsten Fall gibt DirectSound WAV-Dateien stumpf wieder. Doch damit haben sich die Entwickler von Microsoft nicht begnügt. Wenn drei Dimensionen in der Optik ziehen, dann kommt bei der Akustik ebenfalls kein Kompromiss in Frage.

Als Bonus gestattet Ihnen DirectSound dann noch, Effekte auf die Audiodaten anzuwenden, so dass Sie denken könnten, Sie seien in einer großen Arena[1].

## 9.1 Die Grundlagen

Ähnlich wie Vertex-Daten in einem Vertex Buffer verwaltet werden, so greift DirectSound zur Verwaltung der Audiodaten auf sog. Secondary Buffer zurück. Jener Buffer wird nochmals in zwei Typen unterschieden. Zum einen existierten sog. Static Buffer und zum anderen die Stream Buffer. Während ein statischer Secondary Buffer die Daten der gesamten WAV-Datei repräsentiert, so verweilen beim Stream Buffer lediglich Ausschnitte der Daten im Speicher, welcher stets aktualisiert wird, wenn die letzten Daten als analoge Sinuskurven die Lautsprecher verlassen haben.

Prinzipiell können so viele Secondary Buffer in den Speicher geladen werden, wie Sie möchten. Lediglich die Kapazitäten des Computers begrenzen Ihre Möglichkeiten.

Als Letztes sei der sog. Primary Buffer genannt. Jener Typ existiert pro Anwendung nur ein einziges Mal. In sein Aufgabenbereich fällt das Mischen der unterschiedlichen Secondary Buffer. Sie können zur selben Zeit mehrere Buffer abspielen, wobei der Primary Buffer dann die Daten miteinander kombiniert. Zudem bestimmt der Primary Buffer die Qualität der abgespielten Daten und konvertiert ggf. die Daten der Secondary Buffer. Abhängig ist die Audioqualität vor allem von der Sample Rate. Die Sample Rate ist die Frequenz, mit der das analoge Audiosignal bei der Digitalisierung abgetastet wurde. In der Regel wird die Sample Rate ein wenig mehr als doppelt so hoch gewählt, wie die höchste Frequenz im Audiospektrum. Sollen beispielsweise Frequenzen von 22000 Hz berücksichtigt werden, dann entspricht die Sample Rate in etwa 44.100 Hz.

---

1 Der Autor spielt damit auf einen Hall-Effekt an.

## 9.1.1 Devices auflisten

Wie auch in allen anderen DirectX-Bestandteilen fungiert in DirectSound ein Device als Schnittstelle zwischen der Hardware und Ihrer Applikation. Unter Umständen sind im System mehr als nur ein Device registriert, so dass dem Benutzer eine Auswahl gewährleistet werden soll. Binden Sie direkt nach Projektbeginn die Assemblies MICROSOFT.DIRECTX.DLL und MICROSOFT.DIRECTX.DIRECTSOUND.DLL in Ihre Solution ein.

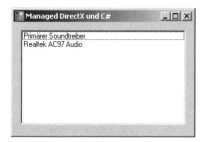

**Abbildung 9.1:** Beispielprogramm „Devices auflisten"

Nachdem die Assemblies eingebunden sind, müssen Sie die Klasse DevicesCollection aus dem Namensraum Microsoft.DirectX.DirectSound instanziieren. Jene Auflistung fungiert als Container für DeviceInformation-Objekte, wobei jede Instanz einem Device im System entspricht.

```
DevicesCollection oDevices = new DevicesCollection();
   foreach (DeviceInformation oDeviceInfo in oDevices)
      lstDevices.Items.Add(oDeviceInfo.Description);
```

Eine allgemeine Bezeichnung des Geräts liefert die Description-Eigenschaft. Die eindeutige Identifikationsnummer hingegen kommt von der Eigenschaft DriverGuid.

## 9.1.2 Initialisierung des Device-Objekts

Wie gehabt entspricht der erste Schritt der Initialisierung des Device-Objekts. Während der Konstruktor der Device-Klasse selbst keine Parameter besitzt, müssen der SetCooperativeLevel()-Methode zwei Argumente übergeben werden. Zum einen ein Fenster-Handle bzw. ein Control-Objekt und zum anderen eine Konstante der CooperativeLevel-Enumeration, dessen Mitglieder in der Tabelle 9.1 erklärt sind.

```
m_oDevice = new Device();
m_oDevice.SetCooperativeLevel(oParent, CooperativeLevel.Priority);
```

| Konstante | Beschreibung |
|---|---|
| Normal | Gestattet keine Änderung des Formats, weshalb die Qualität auf 22 kHz Stereo-Sound festgelegt ist. |
| Priority | Mit dieser Konfiguration darf die Anwendung das Format des Primary Buffers ändern. Standardmäßig kommt ein 8 Bit-Format zur Geltung. |
| WritePrimary | Verleit der Anwendung Schreibrechte auf den Primary Buffer. Unter Verwendung dieser Einstellung ist es nicht möglich, die in Secondary Buffer-Objekten gespeicherten Audiodaten abzuspielen. |

**Tabelle 9.1:** DirectSound Cooperative Levels

## 9.2 WAV-Dateien abspielen

Leider besteht in DirectSound keine direkte Möglichkeit MP3- oder WMV-Dateien abzuspielen. Lediglich WAV-Dateien mit einer fixen Sampling Rate können unmittelbar in DirectSound verwendet werden. Dessen genaue Struktur ist in dem Resource Interchange File Format (RIFF) definiert.

### 9.2.1 Secondary Buffer anlegen und abspielen

In den folgenden Beispielen werden ausschließlich statische Secondary Buffer verwendet. In der minimalen Variante genügt die Übergabe eines Dateipfads und einer Referenz auf das Device-Objekt, um solch einen Buffer mit den gewünschten Daten zu füllen.

```
SecondaryBuffer oSoundBuffer;
oSoundBuffer = new SecondaryBuffer("C:\Entwickler.wav",
  m_oDevice);
```

Im Anschluss daran genügt ein Aufruf der Play()-Methode, um mittels der digitalen Signale die Luft in Schwingung zu versetzen. Für die genannte Methode müssen zwei Argumente parat stehen, welche der Aktion eine Priorität zuweisen und die Art der Wiedergabe beeinflussen, so dass die Audiodaten einmalig oder in einer Endlosschleife ihren Weg zu den Lautsprechern finden.

```
//Einmalig bis zum Ende abspielen
oSoundBuffer.Play(0, BufferPlayFlags.Default);

//In einer Endlosschleife abspielen
oSoundBuffer.Play(0, BufferPlayFlags.Looping);
```

Als Pendant verfügt der Buffer über die Stop()-Methode, welche die Wiedergabe beendet.

```
oSoundBuffer.Stop();
```

Auskunft über den aktuellen Zustand des Buffers geben die Eigenschaften Playing und Looping eines BufferStatus-Objekts. Solch ein Objekt wird von jedem Secondary Buffer mittels der Status-Eigenschaft veröffentlicht.

### 9.2.2 Lautstärke, Balance & Co.

Bisher haben wir uns auf das Wesentliche beschränkt, der Wiedergabe eines Sounds. Meist ist jedoch erwünscht, dass dem Benutzer Optionen wie die Lautstärke- oder Panorama-Regelung zur Verfügung stehen. Um solche Einstellungen vornehmen zu können, müssen diese zunächst frei geschaltet werden. Dies geschieht über eine Buffer-Beschreibung vom Typ BufferDescription. Entweder setzen Sie entsprechende Flags in der Flags-Eigenschaft desselben Objekts oder Sie nutzen stattdessen die booleschen Eigenschaften wie beispielsweise ControlVolume oder ControlFrequency und weisen diesen den Wert true zu. Tabelle 9.2 gibt eine Übersicht über die wichtigsten Flags der BufferDescriptionFlags-Enumeration. Die gleichbedeutenden Eigenschaften des BufferDescription-Objekts hören auf denselben Namen, wie die Enumerations-Mitglieder.

| Flag | Beschreibung |
| --- | --- |
| CanGetCurrentPosition | Ermöglicht den Abruf der aktuellen Cursor-Position. |
| Control3D | Besagt, dass die Audioquelle im 3D-Raum positioniert werden kann. Die Verwendung dieses Flags schließt das Flag BufferDescriptionFlags.ControlPan aus und fordert eine Mono-Quelle. |
| ControlEffects | Legt fest, ob auf den Buffer Effekte angewendet werden können. Voraussetzung für die Anwendung von Effekten ist ein 8 Bit bzw. 16 Bit PCM-Format, wobei nicht mehr als zwei Kanäle (Stereo) vorliegen dürfen. |
| ControlFrequency | Gestattet oder verbietet die Manipulation der Frequenz. Erhöhte Frequenzen spielen die Daten schneller und mit höherer Tonlage ab. |
| ControlPan | Wenn das Flag gesetzt ist, dann kann die Balance für diesen Buffer geregelt werden. Dieses Flag darf nicht gleichzeitig mit dem BufferDescriptionFags.Control3D-Flag verwendet werden. |
| ControlVolume | Gestattet die Regulierung der Lautstärke. |
| GlobalFocus | Normalerweise wird die Wiedergabe unterbrochen, sobald die Anwendung den Fokus verliert. Das GlobalFocus-Flag führt zur kontinuierlichen Wiedergabe, auch dann wenn der Fokus verloren gegangen ist. |
| StickyFocus | Dieses Flags ruft weitestgehend dasselbe Verhalten vor, wie das BufferDescriptionFlags.GlobalFocus-Flag, mit dem Unterschied, dass die Wiedergabe gestoppt wird, wenn die Anwendung welche den Fokus besitzt, ebenfalls von DirectSound Gebrauch macht. |

Tabelle 9.2: Die wichtigsten Flags zum Erzeugen eines SecondaryBuffer-Objekts im Überblick

Nachdem die Buffer-Beschreibung festgelegt wurde, nimmt eine andere Überladung des Konstruktors das Objekt entgegen.

```
BufferDescription oBufferDesc = new BufferDescription();
oBufferDesc.ControlPan = true;
oBufferDesc.ControlVolume = true;
oBufferDesc.ControlEffects = true;
oBufferDesc.ControlFrequency = true;

//Pendant dazu
oBufferDesc.Flags = BufferDescriptionFlags.ControlPan |
  BufferDescriptionFlags.ControlVolume |
  BufferDescriptionFlags.ControlEffects |
  BufferDescriptionFlags.ControlFrequency;

oSoundBuffer = new SecondaryBuffer("C:\Entwickler.wav",
  oBufferDesc, m_oDevice);

//Halbe Lautstärke
oBufferDesc.Volume = -5000;
```

Erstellen Sie einen Soundbuffer, wird dieser automatisch mit der höchsten Lautstärke geladen. Der gültige Wertebereich reicht von -10.000 bis 0. Bei der Panoramaregelung befinden sich alle gültigen Werte zwischen -10.000 und 10.000. Gültige Frequenzen siedeln sich zwischen 100 und 100.000 an. Die dazugehörigen Eigenschaften sind mit Volume, Pan und Frequency benannt.

## 9.3 Effekte

DirectSound bietet einige standardmäßige Effekte, die auf einen Soundbuffer angewandt werden können, um zum Beispiel ein Echo zu erzeugen. Folgende Effekte bietet DirectSound Ihnen an:

- Chorus
- Compression
- Distortion
- Echo
- Environmental Reverberation
- Flange
- Gargle
- Parametric Equalizer
- Waves Reverberation

## 9.3.1 Vordefinierte Effekte

Jeder dieser Effekte besitzt einige Eigenschaften, mit denen sich der Effekt manipulieren lässt. Darum soll es jedoch erst im nächsten Abschnitt gehen. Zunächst wollen wir uns die Standardeffekte zu Nutze machen. Um dieses Feature frei zu schalten, wird das ControlEffects-Flag in der Buffer-Beschreibung gesetzt. Anschließend instanziieren wir die Klasse EffectDescription, um definieren zu können, welcher Filter gewollt ist. In der DSoundHelper-Klasse stehen einige statische Felder zur Verfügung, die einen GUID zurückgeben, durch den ein Standard-Effekt definiert ist. Weisen Sie diese Kennnummer der GuidEffectClass-Eigenschaft eines EffectDescription-Objekts zu. Zum Abschluss müssen die Effekte noch auf den Soundbuffer angewandt werden. Übergeben Sie dafür der SetEffects()-Methode einer Instanz der Klasse SecondaryBuffer einen Array mit allen EffectDescription-Objekten. Wollen Sie stattdessen wieder alle Filter entfernen, übergeben Sie einfach null.

```
EffectDescription[] oEchoEffect = new EffectDescription[1];
oEchoEffect[0].GuidEffectClass = DSoundHelper.StandardEchoGuid;
m_oSoundBuffer.SetEffects(oEchoEffect);
```

## 9.3.2 Effekte manipulieren

DirectSound beschränkt sich nicht nur auf die Bereitstellung vordefinierter Effekte, sondern räumt Ihnen auch die Möglichkeit ein, diese zu manipulieren. Jeder Effekt kann dabei unterschiedliche Eigenschaften besitzen. Die Vorgehensweise ist dabei folgende. Zunächst rufen wir einen oder mehrere auf den Buffer angewandte Effekte über die GetEffects()-Methode ab. Wahlweise kann der überladenen Methode ein int-Wert übergeben werden, welcher dem Index eines Elements entspricht oder zwei Integer-Werte, welche zum einen als Index und zum anderen als Anzahl der abzurufenden Elemente fungieren. Je nachdem welches Element Sie zurückgeben lassen bzw. welches Element des zurückgegebenen Arrays Sie gerade ansprechen, entspricht der Typ beispielsweise der ChorusEffect- oder der FlangerEffect-Klasse. Betrachten wir ein kleines Beispiel:

```
EchoEffect oEcho = (EchoEffect)m_oSoundBuffer.GetEffects(0);
EffectsEcho oEchoParams = oEcho.AllParameters;

oEchoParams.LeftDelay = 1.0f;
((EchoEffect)m_oSoundBuffer.GetEffects(0)).AllParameters =
  oEchoParams;
```

Für eine detaillierte Eigenschaftenliste für jeden Effekt konsultieren Sie bitte die Dokumentation des DirectX SDKs (u.a. zu finden auf der Buch-CD dieses Titels).

## 9.4 Dreidimensionale Akustik

Bisher haben wir uns immer auf eine zweidimensionale Ausgabe beschränkt. DirectSound bietet jedoch noch die dritte Dimension, welche um einiges interessanter ist. Microsoft hat dabei versucht, alle Erscheinungen aus der Wirklichkeit auch in DirectSound zu implementieren. Als Beispiel sei hier der Doppler-Effekt genannt, durch den es zu höheren Tönen kommt, wenn sich uns z.B. ein Polizeiwagen mit Sirene nähert. Nachdem dieser an uns vorbeigefahren ist, werden die Töne wieder tiefer. In DirectSound gibt es grob gesagt zwei Arten von Objekten: zum einen die Soundquelle und zum anderen den Zuhörer (Listener). Wie Audiodaten schließlich auszugeben sind, ergibt sich aus einer Vielzahl von Faktoren. Mitunter sind hier die Position, die Geschwindigkeit oder auch die Ausrichtung der Soundquelle sowie des Listeners zu nennen.

### 9.4.1 Einen 3D-Buffer erstellen

Zunächst verfahren wir beim Erstellen eines 3D-Buffers genauso wie bei einem Soundbuffer für eine zweidimensionale Ausgabe, außer dass wir zusätzlich das `Control3D`-Flag in der Buffer-Beschreibung setzen müssen. Anschließend kann der Buffer erstellt und mit Audiodaten gefüllt werden. Doch beachten Sie, dass DirectSound bei einem 3D-Buffer keine Stereo-Sounds unterstützt, denn in der Realität gibt es auch keine solchen Geräusche. Ein Stereo-Klangbild ergibt sich immer aus einer Vielzahl von Geräuschen, die allesamt mono sind. Ist das `SecondaryBuffer`-Objekt initialisiert, übergeben wir dieses dem Konstruktor der `Buffer3D`-Klasse:

```
oBufferDesc.Control3D = true;

m_oSoundBuffer = new SecondaryBuffer(this.SoundFile, oBufferDesc,
  this.SoundDevice);
m_oBuffer3D = new Buffer3D(m_oSoundBuffer);
```

Nun lässt sich über die Mode-Eigenschaft des eben neu erzeugten Objekts bestimmen, welcher Processing Mode zur Anwendung kommen soll. Setzen Sie dafür einen der drei Werte aus der `Mode3D`-Enumeration (siehe Tabelle 9.3).

| Konstante | Beschreibung |
| --- | --- |
| Disabled | Die 3D-Audioausgabe wird für diesen Buffer deaktiviert. Die Quelle ist beim Listener zentriert. |
| HeadRelative | Der Buffer ist relativ zum Listener ausgerichtet und wird automatisch neu positioniert, wenn der Listener seine Position, Geschwindigkeit oder Ausrichtung ändert. |
| Normal | Die Position und Ausrichtung der Soundquelle ist absolut. |

Tabelle 9.3: Konstanten der Mode3D-Enumeration

Mit Hilfe dieser Eigenschaft bestimmen Sie das Verhalten des Buffers zum Listener. Standardmäßig befindet sich der Buffer im normalen Modus, d.h. sämtliche Angaben zur Position oder Ausrichtung sind absolut durch die Vektoren definiert. Um den 3D-Buffer abzuspielen, sprechen Sie nicht etwa die neue Instanz der Buffer3D-Klasse an, sondern das alte SecondaryBuffer-Objekt.

## 9.4.2 Positionierung, Ausrichtung und Geschwindigkeit

Bei Positionsangaben in DirectSound kommt standardmäßig die Einheit Meter zur Anwendung, wobei durch kleine Modifikationen auch dies an Ihre Bedürfnisse angepasst werden kann. Definiert ist eine Position in einem Raum bekanntlich durch eine X-, eine Y- und eine Z-Komponente. Für diesen Zweck wird Ihnen die Struktur Vector3 gestellt, wie Sie diese auch in Direct3D verwenden. Auch an in DirectSound wird ein linkshändiges kartesisches Koordinatensystem verwendet. Nachdem eine Position mittels einer Vector3-Struktur definiert ist, kann diese der Position-Eigenschaft eines Buffer3D-Objekts zugewiesen werden.

Angenommen Sie stehen vor einem Lautsprecher und führen eine Rechts-, Linksbewegung durch. Sie werden feststellen, dass die Musik geringfügig leiser wird, wenn Sie zu einer Seite hin ausweichen. Dieses Verhalten ist damit zu erklären, dass sich die Schallwellen unterschiedlich ausbreiten. Solch ein Effekt lässt sich selbstverständlich auch mit DirectSound rekonstruieren. Bei einer gerichteten Soundquelle gibt es einen so genannten Inner Cone und einen Outer Cone (siehe Abbildung 9.2). Töne im inneren Schallkegel sind dabei lauter als die im äußeren Kegel. Jeder 3D-Buffer hält die Eigenschaften ConeAngles, ConeOrientation und ConeOutsideVolume bereit, um die Ausrichtung sowie den Abstrahlwinkel festzulegen. Mittels der ConeOutsideVolume-Eigenschaft bestimmen Sie einen Wert zur Abschwächung der Lautstärke vom inneren zum äußeren Schallkegel hin. Die Angabe erfolgt in x/100 db, wobei x meist negativ ist, denn eigentlich soll es zur Verminderung der Lautstärke kommen. Wenn Sie der ConeOrientation-Eigenschaft keinen Vektor zuweisen, besitzt der Buffer standardmäßig keine Ausrichtung.

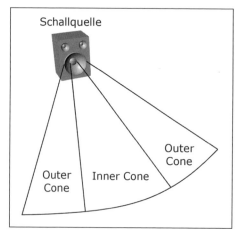

**Abbildung 9.2:** Die Ausweitung der Schallwellen wird mit zwei Kegeln simuliert

Neben der Position sowie der Ausrichtung spielt auch die Geschwindigkeit der Soundquelle eine Rolle, denn diese beeinflusst beispielsweise die Auswirkung des Doppler-Effekts. Alle Angaben der Geschwindigkeit verwenden ebenfalls eine Vector3-Struktur. Durch den Vektor (1, 0, 0) ist beispielsweise definiert, dass sich die Quelle um einen Meter pro Sekunde entlang der X-Achse bewegt, denn Geschwindigkeiten werden immer in Einheit pro Sekunde angegeben. Das Abrufen des aktuellen Vektors bzw. das Zuweisen eines neuen Vektors geschieht über die Velocity-Eigenschaft eines Buffer3D-Objekts.

### 9.4.3 Entfernungen

Wenn sich Objekte nähern, sind die Geräusche nicht immer gleich zu hören. Ein Auto beispielsweise muss sich in einem bestimmten Bereich befinden, damit es vollständig zu hören ist. Ein jeder Soundbuffer hält zwei Eigenschaften, MinDistance und MaxDistance, für Sie parat, um dieses Verhalten an den Tag legen zu können. Letztere Eigenschaft gibt einen maximalen Abstand an, ab dem die Lautstärke des Geräuschs nicht weiter vermindert wird. Falls Sie wollen, dass die Schallquelle gar keinen Ton mehr von sich gibt, muss das Mute3DAtMaximumDistance-Flag in der Buffer-Beschreibung gesetzt sein. Durch die MinDistance-Eigenschaft hingegen wird ein Mindestabstand definiert, ab dem die Schallquelle in voller Lautstärke zu hören ist.

### 9.4.4 Den Zuhörer simulieren

Der Listener in einer DirectSound-Applikation stellt sozusagen die Person des Geschehens dar, die sämtliche Audioquellen wahrnimmt. Ein Listener3D-Objekt kann jeweils nur einmal pro Anwendung existieren und wird direkt vom primären Soundbuffer abgeleitet. Folglich wird als Erstes ein Buffer-Objekt erzeugt, das den primären Soundbuffer repräsentiert. Anschließend wird die Instanz dieser Klasse als Argument an den Konstruktor der Listener3D-Klasse übergeben.

```
BufferDescription oPrimaryBufferDesc = new BufferDescription();
oPrimaryBufferDesc.PrimaryBuffer = true;
oPrimaryBufferDesc.Control3D = true;

m_oPrimaryBuffer = new Microsoft.DirectX.DirectSound.Buffer(
  oPrimaryBufferDesc, this.SoundDevice);
m_oListener = new Listener3D(m_oPrimaryBuffer);
```

Im Grunde gibt es keine großen Unterschiede beim Erstellen eines Listeners im Vergleich zum 3D-Buffer. Wichtig hierbei ist aber, dass Sie anstatt eines SecondaryBuffer-Objekts eine Instanz der Buffer-Klasse erstellen sowie das PrimaryBuffer-Flag in der Buffer-Beschreibung setzen. Das Listener3D-Objekt verfügt genauso wie der 3D-Buffer über eine Position- und Velocity-Eigenschaft. Lediglich die Eigenschaft Orientation ist eine Erklärung wert. Hinter dieser Eigenschaft verbirgt sich eine Struktur namens Listener3DOrientation, welche wiederum zwei Vector3-Strukturen beherbergt. Ein Vektor zeigt in die Sichtrichtung des Listeners und der andere Vektor nach oben, wobei beide Vektoren orthogonal zueinander sind. Wie Sie bestimmt erkannt haben, entsprechen die Richtungsvektoren denen der Kamera in Direct3D.

Zuletzt sei ausdrücklich darauf hingewiesen, dass Sie zur Instanziierung eines Buffer-Objekts, das den primären Soundbuffer repräsentieren soll, zumindest den Cooperative Level Priority festlegen müssen. Andernfalls verfügt Ihre Anwendung nicht über die nötigen Rechte, sich dem Primary Buffer anzunehmen.

### 9.4.5 Doppler- und Rolloff-Effekt

Den Doppler-Effekt haben Sie bereits kennen gelernt. Über die `DopplerFactor`-Eigenschaft eines `Listener3D`-Objekts lässt sich dieser Effekt aktivieren, deaktivieren oder übertrieben darstellen. Der gültige Wertebereich reicht von 0 bis 10, wobei dieser Effekt bei einem Wert von 1 der Realität entspricht.

Als `Rolloff`-Effekt bezeichnen wir die Verminderung der Lautstärke einer Schallquelle bei deren Entfernung vom Listener. Weisen Sie der `RolloffFactor`-Eigenschaft einen Wert zwischen 0 und 10 zu, wobei auch hier wieder die 1 dem reellen Wert entspricht.

### 9.4.6 Ändern der Einheit

Wollten Sie statt der Einheit Meter lieber Zentimeter verwenden, dann muss die `DistanceFactor`-Eigenschaft des `Listener3D`-Objekts auf den Wert 0.01 abgeändert werden. Der Standardwert ist 1 und entspricht einem Meter. Anschließend können sämtliche Positions-, Geschwindigkeits- und Ausrichtungsangaben in Zentimeter gemacht werden.

## 9.5 Zusammenfassung

Dieser kleine DirectSound-Crashkurs hat bereits gezeigt, welche Leistungsfähigkeit sich hinter DirectSound verbirgt. Direct3D und DirectSound passen nahtlos zusammen, wodurch nicht nur das Auge etwas geboten bekommt, sondern Sie dem Spieler auch gehörig etwas auf die Ohren geben können.

In Hinsicht auf Positionierung, Ausrichtung und Bewegung der Schallquellen kommen dieselben Konzepte und Strukturen wie in Direct3D zur Anwendung. Nur wenn Sie sich im rechtshändigen kartesischen Koordinatensystem bewegen möchten, dann müssen Sie ein wenig Mehrarbeit leisten, um die Z-Komponente stets zu negieren.

# A Inhalt der Buch-CD

## A.1 DirectX SDK

Alle Beispiele die Sie in diesem Buch vorfinden wurden mit Visual Studio 2005 und DirectX 9.0c (August 2006) erstellt. Das 500 MByte große Software Development Kit finden Sie auf der CD-Rom zu diesem Buch im Ordner DIRECTX_SDK vor. Das DirectX SDK umfasst neben DirectX 9.0c Runtimes zusätzliche Beispiele, Tools und natürlich eine Dokumentation zu Managed DirectX und zur nativen DirectX-Schnittstelle. Letztere wird bevorzugt von C++-Programmierern eingesetzt und ist für C#-Programmierer nicht unmittelbar einsetzbar.

## A.2 Die Beispielprojekte

Wie bereits erwähnt wurden die Beispielprojekte mit Visual Studio 2005 und der Programmiersprache C# umgesetzt. Alternativ können die Projektdateien auch mit Visual C# 2005 Express geöffnet und ausgeführt werden[1].

Alle Projekte wurden entsprechend der Themen und korrespondierend zu den Kapiteln kategorisiert. Sie finden die Beispiele in den Ordnern KAPITEL 01 bis KAPITEL 09.

## A.3 Zusätzliche Dokumente

Fachbegriffe sind im Zusammenhang mit DirectX an der Tagesordnung, weshalb es schnell vorkommen kann, dass einem der eine oder andere Begriff entfallen ist. Auf der CD-Rom finden Sie im Ordner DOKUMENTE ein Glossar im PDF-Format (Dateiname: ANHANG B – GLOSSAR.PDF). In diesem Glossar sind einige der Begriffe, denen Sie in Zusammenhang mit DirectX des Öfteren begegnen werden, alphabetisch gelistet und kurz erläutert. Damit Sie die Datei öffnen können, benötigen Sie einen Reader der das PDF-Format unterstützt. Adobe bietet hierfür ein kostenloses Programm namens Adobe Reader an.

Im selben Ordner finden Sie zudem eine Übersicht aller Klassen und deren Eigenschaften, die Sie benötigen, um Effekte in DirectSound zu manipulieren (Dateiname: DIRECTSOUND_EFFEKT_KLASSEN.PDF). Wie Effekte auf einen sog. Secondary Sound Buffer angewendet werden verrät Ihnen Kapitel 9.

Weitere Informationen werden in absehbarer Zeit auf der Internetseite des Autors (*www.jenskonerow.de*) zum kostenlosen Download angeboten.

---

1 Kostenloser Download der Express-Version unter
  *http://www.microsoft.com/vstudio/express* erhältlich.

# Stichwortverzeichnis

## A
AABB 245
Adapter auflisten 80
Additives Farbmodell 106
Adjacency-Informationen 151
Alpha Blending 114
    Aktivieren 115
    Blend-Faktoren 115
    Operationen 117
ALU
    Pixel Shader 251
    Vertex Shader 251
Anisotropic Filtering 102
Apha-Testing 120
Aquire()-Methode 282
Aspect Ratio 56
Attenuation 137
Attribute Buffer 149
AudioVideoPlayback 18
Axis Aligned Bounding Box 245

## B
Back Buffer 45
Back Face Culling 57
Beleuchtungsmodell 134
Bilinear Filtering 102
Billboarding 208
    Cylindrical 211
    Rendern 210
    Theorie 211
Blender 143
Border Color Address Mode 95
Bounding Box 244
Bounding Sphäre 246
Buffer3D
    ConeAngles 296
    ConeOrientation 296
    ConeOutsideVolume 296
Buffer3D-Klasse 295
BufferDescriptionFlags-Enumeration 292

## C
Caps-Struktur 77
Clamp Address Mode 94
Clipping 36
Clipping Planes 241
Color Key 209
Compare-Enumeration 184
ComputeBoundingBox()-Methode 245
ComputeNormals()-Methode 149
Cooperative Level 281
CreateFlags-Enumeration 41
Culling 36
CurrentMouseState-Eigenschaft 286
CustomAllocateHierarchy-Klasse 165
CustomFrame-Klasse 166
CustomMeshContainer-Klasse 167
CustomVertex-Klasse 62

## D
Darkmapping 110
Datentypen
    Konvertierung 254
    Matrizen 254
    Skalare 252
    Vektoren 253
DDS-Dateiformat 119
Declaration Method 262
Declaration Type 262
Declaration Usage 263
DepthFormat-Enumeration 182
DestinationBlend 115
Devices-Auflistung 279
DeviceType-Enumeration 40
Direct3D 18
Direct3D-Device
    Initialisierung 39
    Wiederherstellen 61
DirectDraw 18
DirectInput 18, 279
    Cooperative Level 281
    Device initialisieren 281
    Devices auflisten 279

DirectPlay 18
DirectSound 18, 289
   Device initialisieren 290
   Devices auflisten 290
   Dreidimensional 295
   Effecte 293
   Grundlagen 289
   Listener 297
DirectX Texture Tool 119
Direktionales Licht 136
Doppler-Effekt 298
DrawIndexedPrimitives()-Methode 65

## E

Edge Collapse-Verfahren 152
EffectDescription-Struktur 294
Effect-Klasse 263
   FromFile() 263
   SetValue() 264
Einheitsmatrix 27
Einheitsvektor 23
Emit Rate 229
ExtendedMaterial-Klasse 145

## F

Falloff 139
Field Of View (FOV) 55
FilterCaps-Struktur 103
Flexible Vertex Format 62
Fog Blending 204
   Aktivieren 206
   Range 207
   Table Fog 206
Font-Klasse 87
Frame Hierarchien 164
   Frames abrufen 173
   Rendern 171
   Transformationen 170
Fullscreen 83
Funktionen 256
FVF 62

## G

Game Loop 44
GetBackBuffer()-Methode 127
GetDevices()-Methode 280
GetMouseActions()-Methode 286
GetPressedKeys()-Methode 282
GetSurfaceLevel()-Methode 130

## H

Hardwarefähigkeiten 77
Heightmaps 196
HierarchicalMesh-Klasse 168
High Level Shader Language 252
HlSL 252

## I

Index Buffer 63
   Base Vertex 65
   Initialisierung 64
   Lock() 64
   Min Vertex Index 66
   Rendern 65
   Start Index 66
Inner Cone 138, 296
Intrinsics 257

## K

Kamera 235
   Pitch 238
   Roll 238
   Seitwärtsbewegung 236
   Translationen 235
   View Matrix 239
   Yaw 237
Kartesisches Koordinatensystem 18
   Linkshändig 19
   Rechtshändig 20
Keyboard State 285
Kreuzprodukt 25

## L

Leaf 203
Lens Flares 214
   Elemente 214
   Theorie 215
Level Of Detail 152
Lichtkegel 138
Lichtquellen 133
   Typen 135
Lightmapping 107
Lights-Eigenschaft 135
Linear Filtering 101
Listener 297
LoadHierarchyFromFile()-Methode 164
LockFlags-Enumeration 50

## M

Managed DirectX 17
    Komponenten 17
Materialien 132
    Ambient 132
    Diffuse 133
    Emissive 133
    Specular 133
Matrix 26
    Multiplikation 28
    Reflect() 190
    transponiert 28
Meshes 143
    Architektur 148
    Laden 144
    Materialien 145
    Optimieren 150
    Progressive 159
    Simplification 152
    Standardkörper 147
    Tessellation 161
    Texturen 145
    Validate() 153
MipMap Filtering 102
Mipmaps
    Chains 98
    Levels 98
Mirror Address Mode 95
Modifizierer 255
    col_major 255
    extern 255
    row_major 255
    shared 255
    static 255
    uniform 255

## N

Nebel 204
    Exponentieller 205
    Linearer 204
Node 203

## O

OBB 245
Objektkoordinaten 30
Oriented Bounding Box 245
Outer Cone 138, 296

## P

Partikel
    Bewegung 228
    Eigenschaften 224
    Initialisieren 225
Partikel Systeme 221
Partikelsystem
    Eigenschaften 225
    Emit Rate 229
    Rendern 231
    Windeinflüsse 228
Pass 260
Patch Meshes 161
Per-Pixel-Lighting 268
    Directional 269
    Point Light 274
    Specular 271
Pitch 238
Pixel Fog 206
Pixel Shader 251
Pixel-ALU 251
Pixel-Formate 99
Point Light 137
Point Sampling 100
Point Sprites 222
    Aktivieren 223
    Größe 223
Pool-Enumeration 77
PresentParameters-Klasse 41
Primary Buffer 289
Primitive 30
    Rendern 51
    Typen 52
Programmablaufsteuerung 256
Progressive Meshes 159
    Detailstufe regulieren 160
    Rendern 160
Projection Matrix
    PerspectiveFovLH() 55
    PerspectiveFovRH() 55
Punktlicht 137

## Q

Quadtree 202
QueryPerformanceConter-Funktion 72

## R

Range Fog 207
RasterCaps-Struktur 207
Rasterization 36
RAW-Dateiformat 196
Reference Stencil 184
Reflektionstransformation 190
Render States 57
    CullMode 57
    FillMode 59
    FogDensity 206
    FogVertexMode 206
    Lighting 57
    PointScaleEnable 223
    PointSpriteEnable 223
    RangeFogEnable 207
    Shade Mode 59
Rendering Pipeline 35
    Multitexturing-Einheit 36
    TnL 36
RenderToSurface-Klasse 122
Ressourcen 76
RGB 106
Roll 238
Rolloff-Effekt 298
Root-Node 203
Rotationen 33

## S

Sampler 268
Sampler States 268
Saturate()-Funktion 271
Screenshots 127
Secondary Buffer 289, 291
Semantics 259
    Pixel Shader Input 267
    Pixel Shader Output 267
    Vertex Shader Input 260
    Vertex Shader Output 260
SetEventNotification()-Methode 283
SetStreamSource()-Methode 51
SetTexture()-Methode 92
Shader 249
    Caps 277
    Grundlagen 249
    Versionen 276
ShaderFlags-Enumeration 264
Sichtbarkeitstest 243

Sichtkoordinaten 31
Simplification 152
SimplificationMesh-Klasse 158
Simplify()-Methode 153
Skalarmultiplikation 24
Skalarprodukt 25
Skalierung 32
Skelettale Animation 164
Skinned Mesh 164
Sky Box 213
Sky Sphere 213
SourceBlend 115
Spiegelung 188
    Stencil Buffer beschreiben 189
    Theorie 188
    Transformation 190
Spot Light 138
Sprites 128
    Animieren 130
    Draw() 128
    Rotieren 129
    Transparenz 131
Sprites-Initialisierung 128
Stencil Buffer 181
    Clear() 186
    Formate 182
    Inhalt aktualisieren 185
    Initialisierung 182
    Test 183
    Vergleichsoperatoren 184
Stencil Mask 184
Stencil Test 183
Stencil Write Mask 184
StencilOperation-Enumeration 185
Strafing 236
Strukturen 256
Surface
    … als Renderziel 121
SurfaceDescription-Klasse 129

## T

Technique 260
Terrain Rendering 196
    Heightmaps 196
    Normalen berechnen 200
Tessellation 35, 161
tex2D()-Funktion 268

Text 87
  PreloadCharacters() 89
  PreloadText() 89
  Rendern 88
Texte
  Dreidimensional 147
Texture Blending 106
  ... mit Alpha-Werten 113
TextureCache-Klasse 124
TextureFilter-Enumeration 101
Texture-Klasse 91
Texturen 90
  Adressierung 93
  Auflösung 93
  Blending 106
  Filtering 99
  Formate 92
  Koordinaten 90
  Laden 91
  Multiple Texturkoordinaten 111
TextureOperationCaps-Struktur 111
TextureState-Eigenschaft 107
Tiefenspeicher 74
TnL 36
Transformation 31
Translation 33
Transparenz 113–114
Transposition 28
TrueColor 106

## U
Umgebungslicht 135
Usage-Enumeration 48

## V
Vector3-Datentyp 26
Vektor 20
  Addition & Subtraktion 23
  Darstellung 22
  Kreuzprodukt 25
  Länge 22
  Null-Vektor 22

Vertex 30
  Transformiert 49
Vertex Buffer 46
  Dynamisch 231
  Initialisierung 48
  Lock 49
Vertex Declaration 261
Vertex Lighting 134
Vertex Shader 250
  Register 251
Vertex-ALU 251
VertexFormats-Enumeration 62
View Matrix
  LookAtRH() 55
Viewing Frustrum Culling 241
Viewport 56

## W
WAV-Dateiformat 291
Weltkoordinaten 30
Winkelberechnung 25
World Matrix 55
Wrap Address Mode 94

## X
X-Dateiformat 143

## Y
Yaw 237

## Z
Z-Buffer 74
  Aktivieren 75
  Clear() 76
Zeitsynchronisation 71
  QueryPerformanceCounter() 72
  TickCount 72

Buch-CD mit Microsoft® DirectX® SDK (August 2006)

This program was reproduced by Software & Support Verlag GmbH under a special arrangement with Microsoft Corporation. For this reason, Software & Support Verlag GmbH is responsible for the product warranty and for support. If your diskette is defective, please return it to Software & Support Verlag GmbH, which will arrange for its replacement. PLEASE DO NOT RETURN IT TO MICROSOFT CORPORATION. Any product support will be provided, if at all, by Software & Support Verlag GmbH. PLEASE DO NOT CONTACT MICROSOFT CORPORATION FOR PRODUCT SUPPORT. End users of this Microsoft program shall not be considered "registered owners" of a Microsoft product and therefore shall not be eligible for upgrades, promotions or other benefits available to "registered owners" of Microsoft products.